GRAVITARE

Hilary Friedman

[美] 希拉里·弗里德曼 ———— 著

董应之 ———— 译

激到底

在竞争环境中
抚养孩子

Raising Children
in a Competitive Culture

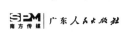

广东人民出版社

· 广州 ·

图书在版编目（CIP）数据

　　一激到底：在竞争环境中抚养孩子 /（美）希拉里·弗里德曼著；
董应之译. 一广州：广东人民出版社，2023.3（2023.9重印）
　　（万有引力书系）
　　书名原文: Playing to Win：Raising Children in a Competitive Culture
　　ISBN 978-7-218-16067-2

　　Ⅰ.①一⋯　Ⅱ.①希⋯　②董⋯　Ⅲ.①青少年教育　Ⅳ.①G775

中国版本图书馆CIP数据核字（2022）第178844号

YI JI DAODI: ZAI JINGZHENG HUANJING ZHONG FUYANG HAIZI
一激到底：在竞争环境中抚养孩子
[美]希拉里·弗里德曼　著　董应之　译　　　版权所有　翻印必究

出 版 人：肖风华

丛书策划：施　勇　钱　丰
责任编辑：刘飞桐　龚文豪
特约编辑：柳承旭
营销编辑：张静智
责任技编：吴彦斌　周星奎

出版发行　广东人民出版社
地　　址：广州市越秀区大沙头四马路10号（邮政编码：510199）
电　　话：（020）85716809（总编室）
传　　真：（020）83289585
网　　址：http://www.gdpph.com
印　　刷：广州市岭美文化科技有限公司
开　　本：889毫米×1194毫米　1/32
印　　张：12.5　字　　数：247千
版　　次：2023年3月第1版
印　　次：2023年9月第2次印刷
版权登记号：图字19-2022-139号
定　　价：88.00元

如发现印装质量问题，影响阅读，请与出版社（020-85716849）联系调换。
售书热线：（020）85716833

目　录

引　言

进门修智慧

我有一扇最喜欢的门。

由马萨诸塞大道通向哈佛大学校园的德克斯特大门（Dexter Gate），位于哈佛书店的街对面，门上写着"进门修智慧"（Enter to Grow in Wisdom）。

第一次走过德克斯特大门的幽暗拱道时，我还是个17岁的愚钝青年。作为被录取的新生，这是我第一次来到这个离我在底特律城郊的家千里之遥的世界。那时我觉得世上的一切皆有可能。我认为成为大学生意味着无限的机会、志同道合的同伴以及一个公平的竞争环境。大多数情况下，我的想法都是对的。

然而，大一学年只过去了几个星期，我就迅速意识到我不懂的东西太多了。同宿舍的同学来自我之前没听说过的、历史悠久的高中。校园里，这些同学通过某些神奇的社交圈子彼此认识，而我仅是知道这种社交圈子的存在就已经自觉幸运，因为它对我而言实属陌生。我没上过全国闻名的高中，不知道"赛艇"是什么运动，我的家庭在本校或者在常春藤盟校中都没有任何人脉关系。事实上，我在电话里告诉父亲我被哈佛大学录取的时候，他说："但只有富人和肯尼迪家族的人才会去哈佛啊！"

　　大学的第一学期，我偶然修了一门社会学课程。在那之前从未考虑过学习历史或政治以外学科的我，一下子就被这门新奇的社会科学吸引了。课程讲到社会分层（social stratification）的时候，我接触到了有关阶级、社会地位和声望的研究，它们极大地帮助了我理解自己突然进入的新社群。

　　14年后，我仍在尝试用在那门课上学到的社会学工具来理解世界。从哈佛大学本科毕业以后，我去了其他几所常春藤大学，开始研究家长对孩子的期望。在此期间，我完成了一篇关于竞争性课外活动（尤其是国际象棋、舞蹈和足球）的论文，我将家长们对于还在读小学的孩子的未来产生的焦虑感（特别是那种因教育文凭日益变得重要所产生的）与他们当下的教养方式（parenting behavior）和策略联系在一起。这篇论文也就是本书的基础。

　　《一激到底：在竞争环境中抚养孩子》这本书的核心是一个关于社会再生产的故事。我所感兴趣的是父母日常的养育决策如何作用于跨代际的社会结构。我的研究揭示了那些教养模式如何通过孩子们的专业化竞争性课外活动而被制度化。

　　当代社会学往往从一种"自下而上"[1]的角度来研究社会再生产，重点关注在社会阶梯底层的人群。但其实同样值得研究的是中产阶级中层和上层如何达到当前的社会地位，以及他们如何让自己的下一代保住当前的地位（或者实现阶级跃升）。美国社会在过去25年里逐渐加剧的不平等，让童年和父母养育的话题变得尤为重要。[2]

　　我对于竞争性课外活动的研究，提供了一个微小而有启发性的窗口，使人们得以窥见社会再生产是如何在父母为了养育下一代而积极制定战略规划的过程中发生的。把关注点对准富裕的中产阶级，有助于我们理解父母在孩子童年时期做出的决定如何对未来文凭的获取和职业生涯产生长期影响，以及为什么会有这些影响——这反过来又会帮助我们理解处境不佳的父母如何利用文化活动来帮助孩子。

　　我的成长路径与我研究的这些孩子大相径庭。我从未踢过巡回足球①，没参加过任何运动队。虽然上过舞蹈课，但没参加过比赛。我甚至没学过国际象棋，更别提参加国际象棋锦标赛了。事实上，我在上中学之前都没有参加过任何有组织的课外活动竞赛，仅在中学时参加过本校举办的阅读和演讲比赛。我是一个很有竞争力的小孩，遇到大场面总是如鱼得水，尤其是在学习方面，但和我如今所研究的这群孩子依然不是同一类型。

　　但我还是走过了德克斯特大门。我自己对于"来自不同背景的人如何聚在一处"的好奇塑造了我的社会学想象力，也是写作这本书的动力之一。

　　我丈夫的童年背景跟我很不一样，却与本书中所写的孩子

_____

　　①　巡回足球（travel soccer）有别于校内足球，更加具有竞争性，孩子需要通过选拔才能加入，每年都会有新的成员加入，并淘汰一部分成员。（本书所有脚注均为译者注，后文不再一一标明。）

们有很多共同点。他小时候生活在邮区编号为02138的哈佛大学附近，毕业于菲利普斯安多佛私立高中（一所我上大学前从未听说过的历史悠久的寄宿学校）。在校期间，他还曾担任越野跑校队队长。小学时他就开始踢选拔性足球比赛，并学会了下国际象棋。他的父亲毕业并任教于哈佛大学，他的母亲曾就读于七姐妹女子学院①之一的史密斯学院。

　　我们虽然成长环境不尽相同，但在大学成了同届同学。有人说，当我们作为大一新生一同走过德克斯特大门的时候，我们就彼此平等了。但拥有社会学认知的我深知这句话并不完全正确。当审阅过我们申请材料的招生官们引导我们进入哈佛校园时，我们每个人都带着截然不同的世界观和资源。比方说，我的丈夫来自精英寄宿学校，拥有属于他的文化资本；而我所有的智慧则来自我的妈妈——一位坚持要给女儿提供最好的教育机会、努力工作的单亲妈妈。

　　所以在1997年11月的某一天，我何以如此有幸，让哈佛大学的招生官认为我有资格成为哈佛的一员？哪怕我没有精英高中的背景，也没参与过许多有组织的竞争性课外活动。这个问题我曾经问过自己许多次，还与常春藤盟校的招生官交流过。一位招生官向我解释了参加课外活动为何如此重要，也让我明白了为

————————

　　①　美国东北部的七所传统精英文理学院，在创建时与常春藤盟校皆有联系。

何我的申请会被接受：常春藤盟校想要的是聪明而有野心的学生。但是一个人的野心是很难衡量的，学生参与的活动以及获得的奖项和领导力可以代表他的野心和抱负。具体活动是什么并不是最重要的，关键在于你得擅长某项运动，或者很认真地投身于辩论或戏剧活动。但是你还需要做点别的什么——也许是会一种乐器、参加模拟联合国①、做义工，又或者是参加舞蹈大赛。而我在高中里参加了模拟联合国、戏剧社、文学社、法语荣誉协会（French Honor Society）、全国高中荣誉生会（National Honor Society）等。

　　哈佛大学和其他同类学校喜爱的正是有抱负、不怕冒险的申请者。当大一新生走进校园，他们会接触到许多新的活动和学科，正如我当年一样。招生官的工作旨在确保校园中的学生们都充满雄心壮志，愿意第一次去尝试游泳、新闻学、合唱团或人类学。所以要被这些大学录取，只参与一项活动是不够的。你需要展现自己的适应力，而且要多才多艺。当然，你要把尝试的事情都做到出类拔萃，尤其是学业，但你首先一定要愿意去尝试。

　　雄心勃勃、多才多艺、愿意冒险在许多人心中是美国人的特征，写在我们国家的DNA当中。一位美国心理学协会（American Psychological Association）的前任主席说过，美国是一个"成功

---

　　①　源自美国的一项学生活动，由学生们扮演不同国家的外交官或代表，按照国际联盟的议事程序讨论国际问题。

导向的社会，对于成就的追求可以追溯到我们的新教传统，这个传统十分强调个人主义和职业道德"[3]。19世纪中期，阿列克西·德·托克维尔到访美国期间曾写下名著，讨论了美国人凡事积极参与的性格，并把这里称作一个参与者的国度。[4]而另一个欧洲人——发展心理学家让·皮亚杰①参观美国时，也被美国人，尤其是美国父母的社会参与度所震撼。皮亚杰惊讶于有如此多的父母会问他有没有可能让孩子成长得更快。[5]他把这种疑问叫做"美国式发问"，因为他认为美国人总是想让一切都快起来。

"美国式发问"不仅彰显了野心和参与，还彰显出竞争性。美国社会学家弗朗切斯科·迪纳（Francesco Duina）在他关于竞争的著作中认为，从物质和象征层面上讲，竞争对于我们摆正自己在这个世界上的位置起到了核心作用。[6]为什么这样讲？因为竞争让我们能（向自己和他人）证明自身的价值，同时它也提供了一种决定孰优孰劣的渠道。

美国人长期以来都热衷于竞争，偏爱赢家，这是不争的事实。乔治·巴顿将军在对二战士兵的演讲中经常这么说："小时候，你们每个人都喜欢弹珠玩得最好、跑得最快、打球能打进联盟、拳击最强的那些人。美国人热爱赢家，不会容忍输家。美国人永远为赢而战。"[7]

---

① 让·皮亚杰（Jean Piaget，1896—1980），日内瓦学派创始人，瑞士儿童心理学、发生认识论的开创者，被誉为近代最著名的儿童心理学家。

在当代美国社会，竞争无处不在。各种日常的、无聊的乃至神秘的领域都会举办比赛。我们有选美大赛、健身竞赛、拼词比赛和电子竞技，更不用说所有你能想到的运动项目，从足球到轮滑，再到小孩子们玩的躲避球，都有比赛。[8]

美国人不但总把任何事都搞得竞争性十足，还总喜欢把赛事办大。在一本有关大胃王比赛的书中，作者这样解释道："（美国的）与众不同在于我们有更多的比赛，在更多的地方举办更多类型的比赛。我们覆盖的范围更大、更广，不像英国人、法国人、德国人……我们就是如此。"[9]

劳动力市场至今仍是美国人生活中最富有竞争性的领域之一。在工作中有竞争力的个人会得到高薪，进而获得社会地位和声望。在一个关于美国与法国中上层社会的比较研究中，米歇尔·拉芒（Michèle Lamont）指出，在美国的工作环境中，拥有"竞争性思维、力争上游、成为'第一名'"的人是最受赏识的。[10]如今的员工不仅需要金钱，更需要头衔和嘉许，以便让别人更容易看出来谁才是真正的第一名。[11]

能否在劳动力市场上获得成功，似乎在很大程度上取决于你是否去了一所"正确"的学校，进而拥有"正确"的人脉。[12]劳伦·里维拉（Lauren Rivera）最近的一项研究显示，优秀的雇主们不仅通过名校毕业的学历来决定是否录用，他们同时也十分看重课外活动，比如曲棍球、壁球和赛艇。[13]若想让孩子们有朝一日任职于管理咨询公司、投资银行以及律师事务所，家长们早做打算是有道理的。

始于童年的对于第一名以及"正确"的学校的渴求似乎不足为奇，而且对美国孩子来说，学会成为竞争者的过程开始得格外早些。不仅大学有全美大学优等生荣誉协会（Phi Beta Kappa），高中有全国高中荣誉生会，现在还出现了全国小学荣誉协会（National Elementary Honor Society，始建于2008年）。不仅有针对研究生院（LSAT①，MCAT，GMAT，GRE）和大学（SAT和ACT）的入学考试辅导，现在还出现了幼儿园和学前班招生考试的辅导。有的家长花费高达每小时450美金的价格来帮孩子准备学前班的入学测试。[14]2009年，纽约市一家叫做"聪明小孩"的公司推出了周末"训练营"来辅导孩子们准备天才班考试，报名这门课程的人很多，甚至很快有了一串候补名单。[15]

如今的孩子们在赢得比赛、考取高分或者通过遴选的时候，往往会得到一个奖杯或某种物质奖励。[16]不过研究表明，若想长期坚持参加某项活动，最好要让孩子有内在动力。对于有内在动力的人来说，他们竞争的目的是不断超越自己的目标与之前的成绩，而不是战胜别人。[17]

心理学家马克·莱佩尔（Mark Lepper）和大卫·格林（David Greene）在一项开创性的研究中观察了一组正在画画的学前班儿童。[18]几周之后，那些期待用自己的表现来换取奖励的

---

① 即法学院入学考试，是美国法学院申请入学的重要参考条件之一。

孩子丧失了对绘画的兴趣。奖励构成的是外在动力，而不是内在动力。

　　我们先用外在动力来激励孩子，而短短几年之后，在大学申请中又要求他们拥有内在动力，这会造成什么结果？这种情况使得美国式童年既令人费解又充满争议。2011年出版的图书《虎妈战歌》（*Battle Hymn of the Tiger Mother*）所掀起的热议凸显了这种围绕着童年成就以及"正确"育儿方式的巨大争议。作者蔡美儿（Amy Chua）是耶鲁大学法学院教授，她期望自己的女儿们在乐器比赛中获奖，她写道："父母唯一应允许孩子参加的课外活动，是那些他们能赢得奖牌的项目，而且必须是金牌。"[19]蔡美儿声称，她在美国出生的女儿们比起那些在中国出生的同龄人有明显的劣势，因为她丈夫与他那边的家庭只想要孩子开心就行。关于婆婆，她写道："弗洛伦斯把童年看作逝去就永不再来的欢乐，我把它看作一个进行基础训练、塑造个性和为未来投资的阶段。"[20]

　　那一年的下半年，蔡美儿的大女儿索菲娅经历了有史以来竞争最激烈的申请季，在哈佛大学（这是很多好胜家长追寻的圣杯）的3.5万名申请者中，她成为被录取的那6.2%中的一位。与此同时，成千上万的家长们开始焦虑，他们的孩子们将在下一个十年申请大学，他们开始思考是否该成为蔡美儿那样的家长。

　　在研究竞争性课外活动的过程中，我接触到的所有家长都对他们还在上小学的孩子们表现出了矛盾的心理。但是没人会拒绝给予自家孩子成功的机会。没有人会冒险不给孩子报名竞争性活动，尤其是当孩子们的所有同学每时每刻都在为赢而战的时候。

　　然而，哈佛大学2011年录取的2000多个学生中，总有一些是像我一样勤奋而有野心，却没怎么参加过有组织的精英赛事的学生。同时，被录取的学生中也有幸运的（像蔡美儿的女儿索菲娅一样），他们出生于富裕的家庭，从小就被按照常春藤名校的方向培养。他们之中有很多人非常努力，理应被录取。但是那些同样天资聪颖却没有同等资源的孩子们该怎么办呢？那些甚至都不了解怎么考入常春藤的孩子们又该怎么办呢？

　　我们常听到寒门学子的故事，比如某个为富人打工的司机的孩子被常春藤录取了，而富人自己的孩子却没有，因为这是个好听的故事。[21]但是在每个成功故事的背后都有上千个失败者，或者完全不去尝试的人。多数时候，人们不去尝试并非基于物质条件，而是因为看待世界的方式不同。社会学家道尔顿·康利（Dalton Conley）所写的一篇有关社会阶级的文章精准指出："正如同工人阶级的社会再生产涉及其成员思维和眼界的限制，上层阶级的建构则涉及可能性的延伸。"[22]

　　本书讲述了家长们是如何通过建立"童年竞争资本"来延伸自家孩子的可能性。本书无意抨击疯狂的家长。我见过的一些家长是否有些过分投入了？是的，但是与其声讨他们，我更想通过详述竞争性课外活动的发展史来更加全面地看待他们的选择。同时，这群家长处在一个充斥着童年竞争的商业世界里。对本书所描述的种种育儿选择，我本人并非没有异议，但我会阐释产生这些选择的背景，并最终揭示中产阶级对于自家孩子落后于人的不安和焦虑。

在本书接下来的部分，你将读到在很多人眼中，为求成功跨入德克斯特大门或其他任何高等学府的门，必须从小就开始培养的东西。本书所要讲述的故事同样关系到竞争如何成为美国家庭生活的核心，而年幼的孩子们又是如何在这种影响下开始以竞争性活动为乐的。

导　论
为赢而战

这是6月里的一个星期六，午餐时间刚过，在一所公立小学的地下自助食堂，空气中弥漫着多力多滋、甜甜圈、比萨饼和麦当劳炸薯条的气味。尽管体育馆里正在举办国际象棋比赛，但不到15米以外的食堂内依然格外热闹。一些孩子在桌子间跑来跑去，自娱自乐。其他几个（几乎都是男孩子）正喧闹地玩着被称为"四狂象棋"的组队象棋游戏[1]。也有少数孩子分散地坐着，全神贯注于玩他们的游戏掌机。年龄最小的孩子们聚在食堂的后面，被银色大冰柜旁边的一张桌子所吸引。这些孩子盯着摆满了整个桌面的闪亮的金色奖杯，有时还试探性地伸出手去摸。他们试图一起数奖杯的数量——但其中有些孩子还没到会数数的年龄。

孩子们的父母自有打发时间的办法。爸爸们扎堆儿坐在一起，有些人在闲聊，也有些人在谈论比赛和别人家孩子的八卦。母亲们或单独或成对地坐着。一位妈妈在读《追风筝的人》，另一位正为了《星期日泰晤士报》（*Sunday Times*）上的填字游戏绞尽脑汁，还有一位妈妈在照顾儿子的同时织着毛衣。

然而，还有近一半的父母并没有坐下。他们正在争抢从食堂通向体育馆的两扇门前的位置，那里面正在举行比赛。离得最近的家长从每扇门上的小窗户里紧张地窥视自家孩子的棋盘。因为在之前的比赛中出现过不良行为，如帮孩子作弊、干扰其他孩子甚至和其他父母打架，父母们都被禁止进入比赛室。有的家长会给其他家长传递信息——例如"他的马被吃了"——但多数人只是默默地揪心。每隔一段时间就会有一个孩子离开体育馆。门被推开，直撞在正透过窗户窥视赛场的父母的脸上。

孩子一出来，盘问就开始了。第一个问题往往是"你赢了还是输了"，比赛的结果从孩子的肢体语言上就能看出来。父母会问："怎么回事呀？"一个女孩简单地回答："我的后走错了。"一个男孩则开始一步步复盘："我把我的马放在e6上，他把他的兵放在f4上，然后……"家长们，尤其是那些对国际象棋的精髓所知甚少的妈妈们，则只是表扬孩子的成功，或者安慰他们的失败。

这场比赛共有140名选手参加，比赛现场的嘈杂声掺杂了许多语言，包括英语、法语、西班牙语、汉语、日语和阿拉伯语。一名参赛者是聋哑人。在拥挤喧闹的食堂里，也并非每个人都那么友善。当一个不超过8岁的男孩问站在他身边的某位孩子的父亲，是否有人叫他的参赛组去决赛圈时，这位男士简短地回答："不知道。我不是这里的工作人员。你去那边问问别人吧。"说着他指了指奖杯桌，比赛的组织者们正站在那里。

即将从幼儿园或学前班毕业、最年幼的一组参赛选手很快完成了他们的四场比赛。主办方在下午早些时候为该组选手举行了颁奖典礼。孩子们坐在他们之前仔细打量过的奖杯桌前，父母们则聚成一团，准备好相机。比赛解说员说，本参赛组共有17名参赛者。他们都奇迹般地获得了并列第一。

"成绩斐然！"播音员面无表情地赞叹道，而父母们互相看了看，不禁莞尔。

孩子们激动地鼓起掌来。这是唯一一个所有参赛选手都会获得奖杯的参赛组。一位父亲因孩子年纪太大，无法参加这个小组的比赛而向另一位父亲感叹："我的儿子如果拿不到奖杯，肯定会发脾气的。"

另一位父亲和他的妻子（他们是为数不多夫妻一起出席的）坐在自助食堂的后方，微笑着看着这组最年幼的孩子。他的儿子上二年级，已经进入了比赛的最高级别组。这对父子间似乎有着一种特殊的纽带，他们的亲子 T 恤上印有电影《玩具总动员》中的角色和一句台词"飞向宇宙，浩瀚无垠"。当他的儿子为最后一轮比赛做准备时，那位男士转过头来对我说："我之前从来没想过，会花周末的时间坐在自助食堂的地下室里等儿子！"

为什么有如此多的家庭会把周末时间花在观看孩子的比赛上？为了回答这个问题，我要提供的例证来自三个被作为案例来研究的活动项目（脑力类的国际象棋、艺术类的舞蹈、运动类的足球）。这些研究证据出自一项为期16个月的田野调查，该调查针对居住在美国东北部主要的大都市地区的95个家庭，包括对父母、孩子、老师和教练的172次单独采访。我认为，父母对于孩子获取文凭的需求驱动了整个家庭向竞赛投入大量时间，在他们的心目中，这是进入中产阶级上层和随之而来的"美好生活"的必要且充分条件。我提出"童年竞争资本"的概念，用来研究"要赢"如何成了美国童年生活的核心。

飞向宇宙，浩瀚无垠？

那位身穿"飞向宇宙，浩瀚无垠"T恤的父亲乔希[2]和他的妻子马拉是皮肤科私人医生，生活在美国东北部的一座大城市（在本书中我称其为梅特罗），他们全职工作的同时养育着8岁的杰里迈亚。马拉和乔希还有一个大女儿，在杜克大学读大一。

杰里迈亚就读于全国最好的私立走读学校之一，并且在校外也有优异的表现。他在全国同龄的棋手中排名前50，还效力于本市竞争最激烈的巡回足球队之一。杰里迈亚还在当地的"顶级"音乐培训学校上钢琴私教课和音乐理论课。

在匹兹堡城郊长大的乔希说，杰里迈亚的童年与他自己的童年"完全不同"。"我从来没有参加过校外的体育活动，"他轻声解释道，"我不踢足球，业余比赛除外，也许还参加了一些社区组织的垒球比赛。但我从来没系统性地学过国际象棋，也从来没参加过有组织的足球赛。我父亲从来没有做过任何教练的工作。"与之形成对比的是，乔希正在杰里迈亚的足球队中扮演着"助理教练"的角色，就像许多巡回足球队一样。该队还雇用了一名带薪的主教练。

马拉和乔希二人都是杰里迈亚国际象棋比赛和足球赛场上的常驻嘉宾。马拉总是坐在椅子上看书，或和主动接近她的家长聊两句，乔希则更喜欢跟与杰里迈亚同校的国际象棋比赛学生的家长进行交际。他感觉这些父母们大都是"非常包容和友善的一群人"。他还告诉我："我正想着（筹建）一个读书俱乐部，因为我们在比赛期间坐在这里无所事事。"

见证杰里迈亚经历一场场比赛的同时，在赛场边激动相拥的时光带给乔希和马拉很多快乐。"我们是一个团队，"乔希解释道，"（我们）两个都很想，或者说非常渴望能参与到他的成功与失败中。"当然，在工作、家庭、社区义务和宗教责任之上，做到这一点并非易事。马拉讲述了杰里迈亚课外生活的一些细节："星期四和星期五，杰里迈亚和保姆一起活动，但星期一、星期二和星期三是乔希和我陪他。星期一和星期三是我；星期二是乔希。"

马拉认为在这个阶段，杰里迈亚不应该只专注于一项活动，而是要同时学习国际象棋、音乐和足球，即使这意味着他们需要聘请额外的人来协助管理后勤工作。"在这个年纪，除非他是某领域的神童，否则我不希望他只关注于一件事情。"马拉认真地说，"说白了，他是我的儿子，我认为他很棒，有各种天赋和才能，但他不是神童。现在这个年龄他需要的是发展各方面的兴趣。"

乔希所阐述的育儿理念略有不同，他解释说杰里迈亚目前有"很多元的能力，他正在最大限度地使用它们，这一点很令人兴奋"。在杰里迈亚的父母眼里，各类活动可以锻炼他不同的能力，全面发展对他益处良多，这对于杰里迈亚来说是个正确的策略，尤其是考虑到他在任何活动中都不是最拔尖的。广度能力，而不仅仅是深度能力，对于"飞向宇宙，浩瀚无垠"的未来而言是很有必要的。

但乔希也形容他的儿子为一个"足球男孩"："嗯，杰里迈亚喜欢任何圆形的东西。从他很小的时候就懂得拨弄小体积的球体，有点运球的意思，你看着那个蹒跚学步的小生命，真是太神奇了……所以很明显他是个'足球男孩'。"

在我们的谈话中，乔希着重提到杰里迈亚的足球技能，这可能是由于足球让他们之间更加亲密。但足球的吸引力还远不止于此。当乔希谈到他儿子的足球生涯时，他的声音深沉起来，态度也有了改变。当他说到"足球男孩"时握紧了拳头，因为竞技运动中的男性形象似乎对他格外有吸引力。

基于他们的"多元能力"理论，乔希和马拉为儿子选择了一系列能提供互补技能的课外活动也就不足为奇了。"就足球而言，团队是最要紧的，"乔希指出，"人们（在球场上）团结协作……国际象棋则完全不是这样，因为当你作为棋手比赛时，你不是和其他队友一起，你本质上是在独自作战。"

马拉列举了另外一些她认为杰里迈亚从国际象棋中获得的技能："国际象棋有助于培养和提升专注力。它赋予孩子的东西也令人惊叹——战略性思考、前瞻思维和后果意识。"

乔希和马拉认为，这些技能——团队合作、专注力和战略思维——在成年人的生活中极具价值。尽管对杰里迈亚来说，大学招生这个最大的考验远在十年之后，但他们常常会想到这件事。乔希认为杰里迈亚的前景很好："（我们的女儿）取得了不错的成果，所以我更觉得杰里迈亚会更优秀，他会成为一个有成就的人，甚至会是一个成就超群的人。"

"我意识到自己对杰里迈亚抱有很高的期望。"马拉补充道，"我知道我是他妈妈，但他真的非常非常聪明，而且他在学校表现特别棒。"她接着说："他有很强的自我驱动力，这在一生之中都会推着他向前，如果他运气比较好，身体一直健康，我可以想象他会上大学，拿到研究生学位，然后无论他选择什么职业，都会有出色的表现。"

他们二人知道这个世界的竞争有多激烈，因为马拉和乔希都经历过许许多多的竞赛。"我是婴儿潮一代的孩子。"马拉说，"当时人口规模（巨大）。而我的孩子是婴儿潮的下一代，所以会面临一个僧多粥少的局面。这也是导致竞争的一部分原因。"她继续说道："我成长的过程中总是感觉必须要做很多事情，课外活动也不算少，但并没有像杰里迈亚那样开始得这么早。"

美国家庭生活的竞争性

为什么竞赛和"课外活动"占据了如此年幼的孩子的生活，为什么像杰里迈亚一家这么忙碌的家庭会为此投入这么多时间？像那些站在国际象棋赛场门外的中产阶级中上层父母一样，乔希和马拉生活富裕，受过教育，一边做着全职工作，一边还要接送孩子参加全明星队、地区和全国性赛事的选拔，以及无数个晚间和周末的训练。许多这样的家庭需要一些外部资源才能跟上节奏——马拉和乔希多年来都雇佣了保姆——尤其是因为他们离孩子的祖父母和其他家庭成员距离较远。家庭聚餐要么在路上、在行驶的汽车里举行，要么就干脆没有。³父母进行"第二轮班"①的同时，⁴孩子们的"第二轮班"也随之而来，其中不仅是单纯的参与，更充满了竞争。

美国家庭的忙碌并不稀奇。由一个人类学家团队完成的著作《越来越忙！》（*Busier Than Ever!*）表明，美国家庭，尤其是那些双职工家庭，正经历着空前繁忙的家庭以外的生活。⁵关于时间使用的研究得出了类似的结果，不仅父母离家工作的时间更长，

---

①　"第二轮班"（second shift）是美国著名社会学家阿莉·拉塞尔·霍克希尔德（Arlie Russell Hochschild）在同名著作（中译本名为《职场妈妈不下班》，生活·读书·新知三联书店2021年出版）中提出的一个重要术语，指的是职场妈妈下班后在做家务、照料子女和老人等方面所耗费的时间。

和前几代美国人相比，孩子们在有组织的活动中花费的时间也更多。[6]与以往的任何时候相比，当下有更多的孩子处于"匆匆忙忙"的状态，每周参加三个或更多的有组织活动，或隔两天就参加单项超过四小时的活动。[7]

关于家庭生活的民族志研究证实了这一发现，并特别记录了中产阶级家庭从工作地到儿童课外班和体育训练再到家里的奔波，他们日复一日地重复这个循环。社会学家朱莉娅·里格利（Julia Wrigley）发现，"孩子在邻里间找不到朋友一起玩，因为（其他的）孩子都在上课"。[8]人类学家玛乔利·古德温（Marjorie Goodwin）解释说："越来越多的中产阶级父母在不遗余力地通过安排时间紧凑的、有组织的课余活动，来培养他们的孩子成才。"[9]

然而事情不只是中产阶级小孩在有组织的活动里投入时间这么简单。十分关键却鲜少被提及的一点是他们课外生活的竞争性本质。安妮特·拉鲁（Annette Lareau）在她有关儿童社会化的开创性著作中研究过"塔林格一家"，她发现在育儿策略方面，阶级的影响远胜过种族，塔林格一家的几个儿子都曾是业余和精英足球队的成员。[10]拉鲁强调了中产阶级家长们为孩子所构建的一种有组织的互动体验，例如不断与他们交流，并鼓励他们在不同情况下向成年人提出质疑。她将这种育儿方式称为"协作培养"（concerted cultivation）。

但在拉鲁的《不平等的童年》（*Unequal Childhoods*）中，这种竞争元素鲜少被提及。她既没有讨论竞争在孩子生活中的明显存在，也没有论述他们的父母对竞争精神的重视。[11]通过审视当今有关高强度育儿最有趣的例子之一：针对小学适龄儿童的竞争性课后活动，本书既更新了拉鲁的研究所得，也进一步扩展了她已有的"协作培养"的发现。

大众媒体已然注意到了年幼儿童之中竞争的加剧以及往往随之而来的冲突。回想一下迪士尼皮克斯电影《超人总动员》以及媒体对它的报道，重点是在于对一句台词——"每个人能当超人，要是每个人都是超人，那就没有超人了"的解构。同时还有许多关于父母在孩子参加体育运动时出现违法行为的新闻报道。但尚未有人系统性地研究过竞争的结构、内容和潜在后果，尤其是针对儿童的研究。

我认为，这种在家庭之外有组织的竞争性要素，是理解中产阶级中层与上层家庭生活的关键。父母担心如果他们的孩子在童年时不参加比赛，就会在人生的比赛中落后。虽然我们并不知道这些父母的想法是否正确，但重要的是他们相信自己是对的，并依此行动。就孩子的竞争性课后活动来说，他们对未来的认知决定了他们现在的行为。

研究孩子和竞争

我所说的"竞争性童年活动"到底是什么意思？在本书中，竞争性童年活动被定义为由成人组织，而且会保存比赛纪录并发放奖品的活动。童年时期的竞争经历是一个连续体。例如，沙池玩耍可以作为一个极端，位于这个连续体的最左侧。而本书中所讨论的活动肯定在中心的相对右侧，但并不在最右端，因为这些孩子大都达不到顶尖级别；事实上，大多数父母也都明确表示不希望自家的孩子成为国际象棋、舞蹈或足球方面的"职业选手"。

儿童时期的竞技活动大都属于以下几大类型之一：体育、艺术或学术。我在三大类型里各取了一个范例来进行研究，分别是：足球、舞蹈[12]和国际象棋。足球是最直接自然的选择，作为最受欢迎的青少年团体运动之一，每年有超过300万儿童在美国青少年足球协会注册。竞技舞蹈也势头正劲，其参与人数估计在40万—60万。[13]自从电视上的舞蹈节目再一次火起来，舞蹈有了一次复兴，这些节目诸如《舞魅天下》（*So You Think You Can Dance*，包装了很多"儿童选手"）和《与星共舞》（*Dancing with the Stars*，该节目有几季以"儿童舞会"比赛为特色）。最后，每年春冬两季，成千上万的小学生在参加当地的周末比赛之外，还会报名参加全国国际象棋锦标赛。在过去的十年中，美国国际象棋联盟（USCF）的学生会员人数几乎翻了一番，儿童现在占所有会员人数的一半多一点，有大约4万人。[14]

　　每个案例研究所针对的活动在强调个人与团队竞争的程度上都有所不同。足球会依赖一个强力的团队结构，舞蹈中展现出的团队元素较弱但仍有存在，而国际象棋在竞争性上涉及团队最少。在本质上，国际象棋和足球都是竞争性的，这意味着在比赛中几乎总要有"赢家"和"输家"，而舞蹈的本质是表现力，因此它的竞争结构是被附加在活动上的。最后，每个案例中的性别构成也各不相同。在每个年龄组内，足球的男女队员数量往往相同。舞蹈以女孩为主，但也有些男孩参与。而国际象棋则以男孩为主，尽管也有少数女孩参与。

　　对于每项活动，我都有两个田野调查的地点：一个在市区，位于梅特罗市区以及周边，另一个在郊区，位于西郡。两个国际象棋田野地点——梅特罗国际象棋社和西郡国际象棋社——都提供团体课程、私人课程、国际象棋训练营和定期的国际象棋锦标赛；但梅特罗国际象棋社比西郡国际象棋社竞争更激烈、更严肃，也更具规模。梅特罗精英舞蹈学院和威斯布鲁克"一起跳舞"舞蹈教室的舞蹈场地情况类似，因为精英舞蹈学院位于都市当中，比郊区的"一起跳舞"舞蹈教室竞争更激烈。两者都提供课程、比赛排练和小组比赛。最后，西田足球俱乐部和梅特罗足球合作社这两个足球场在观感上有一些差别，前者位于郊区，竞争激烈，而后者位于城市，更注重合作而非竞争。两者都是非营利组织，并组织巡回足球队去不同地区参加联赛，也去外地参加地区和国家锦标赛。[15]

我针对每项活动进行了为期六到九个月的密集观察，与参加比赛的相关人员闲聊，并做了大量的现场调查笔记。在此期间，我与遇到的一些家长、教练和孩子进行了半结构化访谈，共计完成访谈172次——其中采访父母95次，采访孩子37次，其余的采访则是针对老师、教练和组织人员——这些访谈的主要目的是探寻竞争如何塑造了当代美国家庭的生活。

正如后文将会详述的那样，我接触的家庭群体比较多元，尽管他们几乎都属于广义的中产阶级。但中产阶级内部也存在差异，特别是在教育和收入方面，这些"为赢而战"的家庭将这一点呈现得淋漓尽致。以教育和收入这两个指标来衡量的话，足球培训班的家长们最为富裕，而国际象棋和足球培训班的父母拥有最高的教育程度。从种族或民族而言，舞蹈培训班的父母群体最为多元（略多于50%是白人），而我接触到的足球培训班的父母几乎全是白人（94%）。

美国的竞争和教育文凭

正如本书的引言中所讨论的，美国经常被称为一个注重成就的竞争性国家。在这种情况下，成就通常体现为获得某种文凭（credential）。[16]学者兰德尔·柯林斯（Randall Collins）和詹姆斯·英格利希（James English）阐述了随着对文凭的关注与日俱增，愈发激烈的竞争环境如何影响了当代美国的各个领域，包括企业界和艺术界。[17]尤其值得注意的是，随着文凭在整个20世纪当中占据了越来越重要的地位，教育系统转变成了一个筛选系统。

马克斯·韦伯（Max Weber）在他的一些社会学奠基著作中认为，在一个阶级分明的科层制社会中，人的社会声望和地位取决于文凭。因此，考试成绩和某些机构的学位变得无比重要。[18]最需优先考虑的是如何在学校表现良好，并在机会有限时从竞争中胜出。家长们纷纷意识到，让孩子为了获得文凭做充足的准备是很有必要的，他们渐渐开始支持一种"受保护的青春期，任何可能使他们的儿子（或女儿）从扎扎实实走向成功的努力上分心的波动或独立行为，都会受到压制"[19]。

资质锦标赛曾经只在青少年和高中阶段存在。在课堂之外，学生们参加体育竞赛，加入辩论队，成为高中校报的编辑，并用千百种其他方法试图在青春期脱颖而出。但在如今的21世纪，对于数百万美国中产阶级家庭的孩子来说，等到高中才证明自己的潜力会是一个错误，因为这些孩子将面临的文凭瓶颈需要更多的准备工作。

就连学前班里的孩子们都忙于脱颖而出。[20]记者兼编辑帕梅拉·保罗（Pamela Paul）解释道："进入一所高质量的幼儿园（这样，理论上孩子就能够进入好的小学、高中和大学）是非常残酷的竞争。"[21]2011年，一位母亲对一家幼儿园提起了诉讼，认为这所幼儿园毁了她4岁的女儿在常春藤盟校接受教育的机会。[22]虽然这起诉讼引来了大量嘲讽，但它的存在表明当今的父母，特别是中产阶级上层的父母，有着严重的焦虑。

要谴责这些极端行为很容易，人们大可将它们看作是神经质父母对他们孩子的生活产生了过度的迷恋，想替孩子生活。许多专家也毫不犹豫地援引了一些不太符合病理学的分析。这些父母被称为"直升机父母"（helicopter parents），从孩子的婴儿期直到大学毕业，甚至直到孩子毕业后找到工作，他们都会随时"空降"到孩子身边。[23]

这些父母疯了吗？他们失控了吗？不。他们的孩子面临着非常真实的高门槛，如果他们想按照自己父辈的路径取得成就，就必须跨越这道门槛。在他们的父母看来，如今取得成功的概率比以前更小了，鉴于21世纪第一个十年的经济危机的状况，这种想法不无道理。人口数据进一步使需求端激增，尤其在已经出现"小婴儿潮"的地区，例如美国东北部。[24]

父母对他们孩子未来的学业选择的担忧可能看似荒谬，因为婴儿潮一代和他们的下一代——回声潮世代，是美国有史以来教育程度最高和最富有的两代。但是婴儿潮一代经历了超乎寻常的稀缺教育资源的竞争，这是由于他们这代人数量庞大，以及很多女性第一次走进了大学校园。[25]因此，如马拉所解释的，这种僧多粥少的竞争性文化体验，使婴儿潮一代更容易将生活视为一场接一场的比赛。[26]

帕梅拉·德鲁克曼（Pamela Druckerman）在她那本引发热议的书中声称，法国人在育儿方面做得比美国人更好，她将美国父母的压力部分归因于20世纪80年代开始的与教育公平有关的变化上："大约在同一时期，美国富人和穷人之间的差距开始拉大。仿佛在一夜之间，培养孩子以便让他们跻身新精英阶层成了家长们的首要目标。让孩子尽早——比周围同龄的孩子更早地——接触正确的活动项目开始成了一件迫在眉睫的事。"[27]

此外，回声潮世代不仅人数众多，且其中大学生的比例也比以往任何时候都高，这使得社会竞争的形势更为严峻。大众媒体在对低迷的大学录取率进行报道时指出，近些年精英私立大学和公立大学的录取率均比以往任何时候都低，[28]这些报道进一步加重了家长的担忧，加剧了本就存在的文凭焦虑，从而造就了更具竞争性的童年文化。最近出版的书籍，如《狂学：一个父亲将孩子送入大学的速成课》（*Crazy U: One Dad's Crash Course in Getting His Kid into College*）和《神经质父母的大学入学指南》（*The Neurotic Parent's Guide to College Admissions*），都描述了家长们对考大学这件事的感受。[29]

大学入学竞赛提早开始的成因

家长们早早就开始努力确保他们的孩子能升入好的大学，获得高等教育学位。在美国，大学教育极为重要，它在"决定一个人未来社会阶层的归属"[30]中发挥着关键作用。对于数百万受过教育的专业劳动者来说，不确定性已经成为生活中困扰他们的主要因素，这提高了精英教育的重要性——也许只有教育才能防止未来家庭向下流动，尽管这存在一定的风险。[31]大多数中产阶级中上层的家庭如今已不再有家族企业可以传承，因此，这些家庭能否让下一代进入更好或哪怕只是相同的社会阶层，在很大程度上取决于他们的下一代是否能成功地取得教育文凭的认证。

中产阶级中上层的父母愿意投入大量的金钱和时间来实现这一点。米歇尔·拉芒在她关于中产阶级中上层的著作中解释道，大多数"中产阶级中上层的美国人把他们一生积蓄的一大部分都花在了孩子的教育上"[32]。这些家庭之所以愿意进行这么大的投资，是因为高等教育是社会再生产的核心。

但是这些钱不仅仅花在学费上。今天的家长们要比以前更加精明，他们将时间和金钱都用于让孩子能够在课堂之外得到专门的辅导。[33]对许多孩子来说，课外生活主要由体育运动和其他有组织的活动构成。课外活动有助于提高入学率，尤其是体育运动，这一点在顶尖的学院和大学最明显。[34]尽管这种提高远远不等于保证，但家长们还是愿意两面下注。

竞争性活动如此吸引人，也是由于这些娱乐性质的比赛就像试验场，能够培养在将来更重要的赛事中起关键作用的技能。许多亚洲国家的家长会鼓励他们的孩子花大量的时间在国外的学校学英语或在国内的补习班里读书，[35]但是多数的美国家长更喜欢让孩子在活动的趣味中历练成长。在美国式的竞争理念当中，很关键的一点是儿童从事的活动看起来不应该太像一份工作，尽管竞争性活动显然是带有工作意味的。[36]

同时，如果你认为在每周六的足球场上，像杰里迈亚这么年幼的孩子，他们的父母内心所想的是某几个大学的招生办公室，那就错了。相反，在父母的认知中，养育孩子是对性情品格的培养，并且让他们在体育、舞蹈或国际象棋比赛中取得优异的成绩。

但哪怕家长们直接从功利的角度来看待未来的一封封录取通知书，这也是有道理的。参加课外活动，尤其是体育运动，确实能通过体育奖学金或入学"加分"带来大学录取上的优势，使学生在申请精英学校时更具优势。[37]

2005年，《纽约时报》（New York Times）的一篇关于长曲棍球越来越受欢迎的文章解释说："许多家庭把长曲棍球看作是一种机会，能让他们的儿女在竞争激烈的大学录取和奖学金申请中脱颖而出。"[38]文章中引用了一位家长的话："我从三级联赛的大学教练们那里听来的消息是，参加长曲棍球运动差不多相当于

SAT考试①中的200分。"（在一个需求回避②招生的时代，参与像长曲棍球这样的运动也是彰显申请人社会阶级的一个标志。）

本书中的家长们都很现实，他们的孩子获得NCAA③奖学金的机会十分渺茫，尤其是一级联赛④的学校。[39]相反，我遇到的家长们看中的是打长曲棍球可以带来的东西：大学申请中的录取加分项。这种录取加分项在常春藤大学和顶级文理学院中最为明显，前者不向学生提供体育奖学金，而后者的学生群体较小，有时学生运动员的数量会超过一半。

高等教育的招生系统当然"与少年棒球联合会和高中体育运动有关，也与我们国家文化中公认的体育价值观有关"[40]。由于孩子们并非被随机分配到竞争性的课后活动中，我们无法确切地判定正是这些活动帮助孩子们在大学入学竞争以及之后的人生道路上取得成功——但重要的是，家长们对这些活动的重要性深信

----

① 　SAT可以理解为美国的"高考"，由美国大学理事会主办、美国教育考试服务中心命题并阅卷，是绝大部分美国高等教育院校招生所参考的重要依据，作者访谈时的SAT总分应为2400分。

② 　需求回避（Need-Blind）是美国大学的一种录取政策，即在招生阶段不考虑学生的经济能力和家庭财力背景。

③ 　即全美大学体育协会（National Collegiate Athletic Association），由一千多所美国和加拿大的高校组成，每年举办各种体育项目联赛，其中以篮球和橄榄球最为著名，同时也会为大学生运动员提供运动奖学金。

④ 　一级联赛（Division I）是NCAA所认可的最高水平的校际体育联赛，此外还有二级联赛和三级联赛。

不疑，并在他们的孩子还很年幼时就采取了相应的行动。

美国学院和大学看重录取类别而不单看学习成绩，这取决于美国独有的历史渊源。杰罗姆·卡拉贝尔（Jerome Karabel）展示了哈佛大学、普林斯顿大学和耶鲁大学这"三巨头"于20世纪20年代新制定的录取标准，其目的是阻止"不受欢迎的人"，即犹太人和移民。[41]这个新的录取体系重视"全方位的人"，也就是那些自然地参与到俱乐部和体育活动中的人。卡拉贝尔解释说，随着时间的推移，录取门槛的定义一直在不断变化，父母对子女申请大学的担忧"并不多余，尤其是在当下的社会，获得教育文凭已经取代了直接继承财产，成为父母向子女传承特权的主要手段。在美国，随着赢家和输家之间的差距越来越大——自20世纪70年代初以来一直如此——人们要尽可能获得一切优势的愿望也只会越来越强烈"[42]。

在进行本书的研究时，我遇到了一位父亲，他本人并没有读过大学，但他这样向我描述他让三年级的女儿参加国际象棋比赛的动机："如果这能帮助她进入哈佛大学……"用另一位母亲的话来说，她儿子的成就"也许会帮助他脱颖而出，进入一所好学校"。当我问她如何定义一所"好学校"时，她答道："常春藤盟校或者类似的学校，比如斯坦福大学。"——尽管她本人没有上过这些学校。[43]

虽然这些父母没有上过他们为孩子选的学校，但我采访到的家庭也不全是如此。卡拉贝尔和记者丹尼尔·戈尔登（Daniel

Golden）发现，在许多机构中，对校友子女的偏好也非常重要；戈尔登发现这一情况在圣母大学尤其明显。我们无法断定这些富裕的孩子童年时期所做的事情会使他们进入某些学校，从而帮助他们保住自身的阶级优势。但我们可以确信的是，他们获得的技能与参加的竞争性童年活动确实是相关的。

在我们的社会里，学士学位比较常见，甚至在许多圈子里是司空见惯的，那么获得学位的学校自然就成了拉开差距的关键。[44]而家长们正确地意识到，这些活动确实对孩子进入更精英的学校有所助益。根据社会学家米切尔·史蒂文斯（Mitchell Stevens）对一所精英私立文理学院入学情况的研究，"为了培养孩子身上可量化的优点，这些家庭形成了一整套的生活方式"。[45]正是家长们为了培养这种可量化的优点所做出的努力，导致了孩子们课余时间的忙碌，形成了我所说的童年竞争资本。

克服文凭瓶颈：获得童年竞争资本

当孩子们参加不受监督的游戏或有组织但非竞争性的活动时，他们会在社交过程中习得技能。[46]我在其他著作中也已经指出过，这种习得同样适用于参加有组织的、不带有明显竞争意味的活动。[47]但很多原本非竞争性的活动正在从只强调学习技能、个人成长和单纯好玩的状态，转向一个竞争性极强的赛场，只有少数学到了竞争和获胜所需技能的人才能在这样的赛场中胜出。孩子们在竞争性活动中可以学到一些从普通儿童游戏中学不到的东西。

　　家长们认为，孩子要从竞争性活动中获得优势，有两条赛道可选：专才赛道和通才赛道。这两条赛道都可以帮助家长们克服文凭瓶颈，因为它们都能让孩子们集中时间和精力，并习得技能。家长相信，竞争性活动可以培养孩子的一些品质，从而有助于他们在大学、研究生院的竞争中取得胜利，并在求职时吸引雇主的注意。

　　通往金字塔顶端的"专才赛道"是让孩子们通过不断竞争去获得全国性的竞赛冠军或者杰出成就奖。然而这条赛道要求从小开始培养、专业的教练、不凡的天资，以及大量的家庭资源。因此，现实中只有少数孩子可以走这条道路。

　　"通才赛道"则相对普通一些，用杰里迈亚父母的话来说，它更注重于培养一个"各项能力全面发展"的学生。选择通才赛道的家长希望他们的孩子在各种竞争性活动中都努力获得成功，哪怕孩子并没有在任何一项活动中成为顶尖选手。像马拉和乔希这样的家长所关心的是孩子们参与活动时习得的某些具体技能，比如体育精神、纪律性，以及专注力和时间管理能力。

　　一般来说，通才孩子们在少年时期就尝试了多种多样的活动，并在每一项活动上都学到了一定技能，除非孩子自身特别擅长其中的一项并且坚持了更长时间。在成长的过程中，孩子们往往会从通才赛道向专才赛道转型，尤其到了高中阶段，全面发展就变得不如某一特长重要了。

基于布尔迪厄[①]关于文化资本（文化资本的定义为对主流行为的熟识和精通，尤其是在教育体系内的熟练程度）和习性（习性的定义为一套可以体现品位的个人风格系统，比如谈吐和穿搭）的研究，[48]我将用"童年竞争资本"一词来形容家长们希望孩子在参与竞争性活动中所学到的经验和技能。家长们期望孩子们养成的、与"童年竞争资本"相关的品质是建立在五种技能和经验之上的：（1）内化（internalizing）获胜的重要性；（2）学会走出失败，赢在未来；（3）学会在有限时间内完成任务；（4）学会在高压环境下获得成功；（5）坦然地在公共场合接受他人的评判。

"内化输赢的重要性"是获得"童年竞争资本"的首要目标。一位家长曾告诉我："我想重要的是让他明白，竞争不仅现在会有，以后也将伴随他的一生。竞争会在他成长的过程中不断出现，在体育竞赛中、在学校录取的过程中、在工作中，以及接下来的许多事情当中。"

竞争性的儿童活动通过给予奖品或奖杯来强化"赢"的概念，并常常以牺牲其他东西为代价。这种心态似乎有助于在学校

---

① 即皮埃尔·布尔迪厄（1930—2002），当代法国著名思想家、社会学家，曾任巴黎高等研究学校教授，法兰西学院院士。

体制和劳务市场中奉行"赢家通吃"的设定。[49]虽然也有不少活动会设置"参与奖"，尤其对那些年幼的小孩，但是人们的关注点始终聚焦在谁赢得了最大的奖杯和最重要的头衔上面。

"童年竞争资本"的另一个组成要素与明白赢的重要性很有关联，那就是从失败中汲取经验，赢在未来。这对于毅力和专注力都有较高的要求，重点在于如何从失败中重整旗鼓，并在下一次取得成功。一位母亲向我解释道："输和赢都很重要，我真希望我早就知道这一点，因为生活总会有高低起伏。你不可能一直赢下去，你必须能够坚持到底，又能够回到起点，重新开始。我不否认他有时候也会哭一场，但这确实是一个很重要的能力。"

组织方会对竞争性活动进行记录，这使其与娱乐性活动相比更为严肃认真。孩子们也会发现比赛纪录所发挥的作用。童年时期的竞争性活动还可以帮助孩子学会如何从当众失败中恢复过来，如何继续努力从而成为长期的赢家。只有经历失败之痛，孩子才能领悟做一名获胜者的意义。一位致力于把孩子培养成人生赢家的父亲是这样形容这种想法的：

> 我想让他明白，他不会一直都赢。从竞赛的角度来说，我希望他能意识到，生活在某种程度上就是输和赢的游戏。你想赢还是想输？你想赢！想赢的话，就要按某种方式去生活，必须要去做一些事。如果做了这些事，你最终成功的可能性就会大一些。

学会在有限时间内取得成功也是一个关键的技能，这是成功的必备能力，也是"童年竞争资本"中非常重要的一项。游戏、锦标赛、每日的例行安排都有它们的时限，再加上这些竞赛的时间安排都相对紧张，可以把一个星期或一个周末塞得满满当当。孩子们还需要学习管理自己的时间表，就像他们有朝一日成为咨询师或首席执行官之后会做的那样。一个男孩告诉我足球教会了他什么："避开所有的人，就像你要赶上一辆还有几分钟就出发的火车，你需要跑着避开所有的人。这就是足球教给我的东西。"

孩子们也要学会在一个需要适应的环境中表演和竞争，这便是"童年竞争资本"的第四个组成要素。这里所说的环境也许比之前预想的更加嘈杂、让人分心、很冷或很热、过大或过小。参赛者（尤其是获胜者）是可以学着去适应的。适应就意味着孩子需要有专注力——只专注于他们自身的表现和在比赛中取胜。下面这段话来自一个四年级学生的母亲，她把良好的表现和标准化考试联系在了一起：

> 当你周围有动静的时候，保持注意力集中是一种能力。当你进入高年龄的比赛分组，人们进进出出，要保持专注，将全部注意力集中在你面前的棋盘上，就算满屋子都是人，你也能丝毫不受影响，这是一项很重要的能力。我指的是那种在会展中心举办的大型比赛，我知道这很难，我考律师资

格证、LSAT还有GRE的时候也是这样过来的。你会身处在一个很大的空间里，有些人光是置身于这样一个环境里就已经败下阵来。这是一种能力，能发挥自身的能力本身就是一种能力。这绝不仅仅是下国际象棋的能力，这是适应环境的能力。

"童年竞争资本"的最后一个组成要素是：孩子们的表现要在一个充满压力的环境下，在公众场合接受一群陌生人的评价。一位舞蹈选手的母亲这样解释道：

> 我认为这能让你对自己的身体更有自知，给你不一样的体态和不同于以往的自信。比如说，跳芭蕾舞时，你必须摆出某种站姿，这在以后都会很有好处。去面试工作的时候，因为受过芭蕾舞训练，她就能站得笔直，不会弯腰驼背，她会扬起下巴，摆出更自信的姿态。在几百甚至几千个陌生观众面前上台表演可不是一件容易事，这肯定会带给你一定程度的自信，你还会把这种自信带到别的领域。如果一个老师要考核她，或者她要申请一份工作，她会更加自信，从而也能更加专注。

孩子们在赛后会有一个排名，其依据是其他参赛者的表现和孩子所属的年龄段。这种评价是公开进行的，而且常常会面对面发生，这一点并不像完全匿名且个人单独完成的标准化考试。在公众的注视下完成比赛能让孩子们变得坚强，无论感到失望透顶还是洋洋得意，都要表现出自己是一个有能力、自信的竞争者。

尽管我采访的所有家长都认为他们的孩子需要拥有"童年竞争资本"才能在以后的生活中成功，但大部分家长也都同时担心他们的孩子会不会没有自由玩耍的时间，或者没办法单纯"当个小孩"。值得注意的是，尽管有时陷入深深的纠结，但家长们依然会带他们的孩子去参加各种竞争性活动。虽然有时候具体的项目会变（比如说，一个孩子不踢足球了，转而去打曲棍球，或者从体操转到舞蹈）。但我认识的这些孩子一直都在积极地参与各项竞赛和学校的课外活动。在这个充满不确定性的世界里，他们的家长希望通过激励他们去获得并累积"童年竞争资本"，来最大限度地增加他们在未来取得成功的机会。

一窥竞赛的究竟

接下来的六章将进一步分析竞争性儿童活动的起源和好处，并阐述父母如何以及为什么希望他们的孩子获得童年竞争资本。每章都致力于回答一些基本的问题：为什么这些竞争性活动会随着时间的推移而发展？如今每项活动里的竞争结构是怎样的？为什么父母认为这些竞争性活动和童年竞争资本对他们孩子的生活如此重要？关于具体的竞赛活动项目，家长是如何决策的？这些有组织的竞争性活动背后是一个怎样的产业？孩子们自己是如何看待这些竞争性活动的？

第一章是对美国儿童竞争性活动的历史分析。在这一章里，我的问题有：从大约20世纪初到现在，是什么社会力量推动了儿童竞争性活动的演变？我发现，有组织的、竞争性的儿童活动最初是为小学年龄段的儿童设立的，和更低社会阶层的儿童相比，这些活动在中产阶级儿童中变得更普遍，这取决于三个社会体制的重大变化：家庭、教育系统、美国竞赛与奖项的组织机构。我大致追溯了儿童竞争性活动的发展史，并对国际象棋、舞蹈和足球的历史逐一进行介绍。

在第二章，我利用混合研究的方法，综合了来自田野观察、成人访谈和儿童访谈三个方面的数据，展示了这些课外活动当下的结构，以及我进行田野调查活动的场所。第三章转向了家长们，通过展示我在每个活动中所访谈家长们的描述性数据，分析促使家长让他们的孩子参加这些活动的理念。我们在这些家长中看到了惊人的相似之处，特别体现在他们对孩子如何开始参加课外活动以及孩子如何受益于这些活动的叙事。他们的叙述十分成熟，体现出无论是选择专才赛道还是通才赛道的家长，他们都对未来都抱有相同的世界观。本章将详细描述这些父母们希望他们的孩子获得的童年竞争资本具体是由什么元素组成的。

第四章将重点区分国际象棋、舞蹈和足球之间的差异，尤其是性别差异。比如，为什么有些父母为他们的女儿策略性地选择了足球而不是舞蹈？我认为不同的性别脚本（gender scripts）解释了父母为孩子选择的道路。送孩子去学舞蹈的父母抱有更传统的性别观念，强调优雅的外表，而将女儿送去踢足球的父母则希望培养出有进取心的或者说更"阿尔法"[50]的女孩。我认为这种区别揭示了女性特质的阶级性差别，这也是本书最能引起争论的地方之一。让孩子学足球的家长很大程度上来自中产阶级上层，而让孩子学舞蹈的家长则更多为中层和下层，这表明了美国社会的中产阶级之中正出现一种性别观念的分裂，这种分裂体现在人们对女孩抱有的不同期望。

第五章深入探讨了父母的决策是在怎样的组织背景下产生的。我观察到的许多育儿方式都与制度密切相关，制度在个人选择和社会"文化"之间扮演了一个关键的媒介角色。我认为，我们身处在一个旨在最大程度地获得童年竞争资本的大环境之中——这样的架构让人能够从这些意图获得资本的父母身上赚钱。我讨论了各项活动在组织方式上的相似之处，包括奖励结构、竞赛组织、选择过程，以及竞争性儿童活动之间的矛盾。我还讨论了如"荣誉分级"和"高成就孩子的问题"等话题。一旦我们理解了商业世界如何运作以使父母相信竞争性儿童活动的好处，就能更好地了解父母的动机。如今的家长已经不再仅仅从学校门口公交车站的其他家长那里获取信息了。

　　第六章把关注点放在了孩子身上，并调查了他们的日常生活和想法。他们如何看待自己参加竞争性活动？他们的观念是否与成年人不同？孩子们对他们的活动表达了明确的看法。这就提出了一个问题：孩子们是否真的获得了父母希望他们拥有的童年竞争资本，又或者在他们修习不同的技能和课程的过程中，他们是否有意无意地变得更具社会性和合作性，而没有不惜一切代价赢得比赛？我强调了在与儿童的互动中不断出现的三个主题：在被评判时处理紧张情绪和失误，个人与团队成功的比较，以及奖杯和其他物质奖励在儿童持续参与这些竞争性活动中发挥的作用。总的来说，孩子觉得参与这些竞争性活动很有趣，他们努力获得父母希望他们拥有的童年竞争资本，并顺便学到其他技能。这一章也讨论了儿童在性别方面强烈且有分歧的想法。

　　结合结论和附录的内容，这六个章节通过研究大多数美国中产阶级家庭的日常生活，体现了文化社会学意义上的不平等。父母努力争夺童年竞争资本，因为他们认为童年竞争资本有助于保证孩子未来的成功（请注意，考虑到中产阶级的多样性，本书所讨论的一部分家庭属于中产阶级上层，其定义为至少有一个父母获得了研究生学位且从事专业或管理方面的工作，并且父母二人都有获得四年制大学学位，另外一部分则属于中产阶级下层家庭，其定义为父母中只有一位拥有大学学位且/或父母二人都没有从事专业或管理方面的工作）。虽然本书只提供了一个简要的概述，但我们所看到的激烈竞争揭示了当今孩了们童年的主要特质，并体现了竞争现已经成为美国式童年的一个核心要素，如今的男孩和女孩们不再只是简单地玩耍——他们为赢而战。

第一章

课堂之外：一段关于美国儿童竞争性课外活动的历史

　　中产阶级孩子们的生活被成年人安排的活动填得满满当当，而工人阶级和贫困的儿童则通过看电视和玩耍来打发时间。[1] 这是安妮特·拉鲁对费城周边三年级儿童家庭进行的民族志研究中所得到的主要观察结果之一。[2] 在拉鲁的调查结果中，中产阶级家庭的孩子正过着一种流行概念所说的"鸡娃"（overscheduled）生活，日复一日被司机接送着，马不停蹄地奔忙于不同活动之间。[3]

　　当然，被"鸡娃"的中产阶级孩子不仅参加了无数的课外活动，也参与各种比赛。这些小学生们参加全明星队选拔，去外地参加地区和全国范围的锦标赛，他们的书架被清空，以便放下他们赢回来的所有奖杯。事情并非一向如此。大约一百年前，往往是社会底层的孩子们在没有家长的监督下参加比赛，而上层阶级的孩子则通常在家里进行一些非竞争性的活动。儿童竞赛，尤其是体育类赛事，主要是生活在大城市的贫困孩子——而且通常是移民家庭的孩子——的比赛。直到第二次世界大战之后，来自中产阶级中上层的孩子才成为竞争性活动中的主体。在20世纪70年代，美国儿童在参与人数和竞赛种类这两方面都呈现出爆炸式的增长。许多付不起钱的人在这次增长中被挤出了队伍。

今天，各种竞争性巡回赛和锦标赛都成了大产业，参加的成本很高。对于未来的魏圣美①们来说，有青少年PGA（高尔夫球联赛）；对于未来的达勒·恩哈德②们来说，有儿童NASCAR（纳斯卡赛车）③赛道；对于未来的大卫·克洛科特④们来说，要参加射击比赛。[4]甚至还有一个青少年骑手（Junior Bull Riders）巡回赛，让3岁的孩子比赛骑羊，骑在羊的身上时间最长者胜。这些竞争性活动皆向参赛者收取费用并公布排名，颁发奖项，而年幼的孩子则冒着受伤的风险争当冠军。[5]那些造成教育、工作和其他领域不平等现象的力量，已经渗入了游乐的世界。也就是说，童年竞争资本出现了分配不均的情况。

从20世纪初到现在，儿童竞争性活动不断演变，这背后起推动作用的社会力量是什么？答案与三个社会制度的重大变化息息相关：家庭、教育体系以及竞赛和颁奖的组织化。本章介绍了竞争性儿童活动在美国的发展史。为了阐明这段历史，我就三种活

---

① 魏圣美（Michelle Wie），美国韩裔高尔夫球选手，13岁便通过资格赛成为历史上最年轻的巡回赛选手，晋级大满贯，2014年获得美国女子公开赛冠军。

② 达勒·恩哈德（Dale Earnhardt），纳斯卡传奇车手。

③ 纳斯卡赛车是一项在美国流行的汽车赛事，被称为美国人的F1比赛。

④ 大卫·克洛科特（Davy Crockett），也译作大卫·克罗，美国政治家、著名民间英雄，在后来的流行文化中被冠以"荒野之王"的绰号。

动的发展进行了案例研究：国际象棋、足球和舞蹈。

竞争性课外活动的发展

自19世纪后期开始，义务教育对家庭和经济产生了重要影响。随着义务教育的推行，儿童的日常生活结构发生了深刻的变化，尤其体现在社会组织对他们的时间规划上。义务教育使课外时间成为了焦点；正因为"上学时间"是被强制规定的，"课外时间"也就随之被划定出来。[6]

这段空闲时间该怎么处理？这成了父母、社会工作者和"专业人士"思考的一个问题，他们需要在育儿方面给出自己的建议。这个答案的一部分来自竞技体育联盟，这些联盟逐渐开始引起孩子们的兴趣，这是儿童竞争性活动发展的第一阶段。总的来说，我们可以界定三个关键的发展阶段：第一个阶段从进步时代①到第二次世界大战；第二个阶段是从第二次世界大战之后到20世纪70年代；而第三个阶段从20世纪80年代一直延续至今。[7]

---

① 美国的进步时代（Progressive Era）一般被认为是19世纪90年代到20世纪20年代。

竞争的萌芽：从进步时代到第二次世界大战

在进步时代中，社会结构的变革不可避免地使儿童的生活成为焦点。[8] 这种思潮催生了美国最早一批有组织的竞争性活动。例如，关注婴儿健康的改革派在1908年发起了"更好的婴儿"比赛，以此主要向移民和下层阶级的母亲灌输重视卫生和营养的价值观。[9] 比赛通常在各州的集市上举行，评委们根据几个标准来评估婴儿，如身体尺寸和外貌，从而选出"最健康"或"最漂亮"的婴儿。[10] 这些婴儿在比赛中仅需要被逗弄和展示，比赛实则是一场成年人之间的较量。[11]

改革派并没有将年长的孩子们遗忘。随着义务教育和限制童工的法律同步出台[12]，人们开始为儿童的课外时间发愁，许多人认为课外时间将会造成更多的犯罪或自我堕落的活动。城市改革者尤为关注来自贫穷移民家庭的男孩，因为居住环境过于拥挤，他们经常流落街头。[13]

改革者的重点并非特定年龄段的某项活动，而是致力于"让儿童更少出现在城市的街道上"。[14] 他们最初致力于建立公园和广场，并在纽约和波士顿发起大规模、有组织的广场活动。[15] 但由于成年人"并不希望城市里的男孩们在无人监督的情况下玩耍"，很快，注意力就转移到了有组织的运动上。[16]

体育被视为传授"美国式"合作、努力和尊重权威等价值观的重要途径。进步时代的改革者们认为体育活动可以让孩子们为

"冉冉上升的新工业社会"[17]做好准备，因为他们需要成为体力劳动者。基督教青年会（YMCA）等青年团体组织承担起了为儿童提供体育活动的责任。

1903年，纽约市公立学校体育联盟（PSAL）的男子联盟成立，这种由成年人发起的儿童间的正式比赛让男孩们重返活动、俱乐部和学校。正式比赛确保了男孩们持续参与，因为他们想捍卫球队的纪录和荣誉。PSAL的创始人卢瑟·古利克（Luther Gulick）认为："对小团体的忠诚变成对球队的忠诚，对球队的忠诚终将提升为对学校的忠诚，因为公开展示出的忠诚和道德精神能感染所有学生，而不仅仅是参赛者。"[18]

PSAL下的女子联盟于1905年成立时，去除了许多男子联盟中针锋相对的竞争性元素。[19]1914年，该联盟正式成为该市教育委员会的一部分。到了1910年，美国其他17个城市也都以纽约市的PSAL为蓝本，组建了自己的竞技体育联盟。很快，聚居点和少数族群也纷纷效仿。男孩体育俱乐部的数量也在20世纪20年代迅速增长，与学校联盟一起发挥作用。

全国拼字大赛作为一项针对儿童的非体育类竞争性活动，在这个时候也越来越受欢迎。拼字比赛在过去也被称为拼字比拼或拼字派对，是美国的一项民间传统。在整个18世纪，拼字活动是典型的殖民地教学中的一部分。19世纪，它已经发展成为一项社区中的社交活动。[20]到了20世纪，拼字比赛已经发展成为一种竞争性教育工具。普丽西拉·弗格森·克莱门特（Priscilla Ferguson

Clement)在一篇研究1850—1950年美国儿童史的文章中这样阐述:"个人竞争在19世纪(晚期)的学校中十分常见。在乡村地区,教师每周举行一次拼字比赛,学生们在老师面前自觉排成一列,个个都争着能站到队伍的最前面。"[21]

大约在20世纪初,出现了一场旨在推广全国性学生拼字比赛的社会运动。第一届全国学生拼字比赛于1908年6月29日举行。然而由于种族矛盾(一名年轻的黑人女孩赢得了比赛),这种全国性的学生拼字比赛直到20世纪20年代才再次举行。到了1925年,全国学生拼字比赛已经像我们今天看到的那样在企业的赞助下进行。[22]

其他的一些社区组织的比赛,如音乐记忆比赛和口琴比赛,也在这个时期流行起来。[23]此外,1934年,后来的"全国钢琴教师协会演奏锦标赛"也有了雏形。[24]

在这个时期,富裕家庭的孩子通常会参与多种课程,以锻炼他们的社交技能,拓展他们的发展空间。哈维·格拉夫(Harvey Graff)在一本关于美国不同阶级儿童发展史的书中,这样描绘了一个处于世纪之交的新中产阶级上层家庭——斯潘塞一家:"斯潘塞家的孩子们都在上舞蹈学校,装扮成不同角色并跟与他们同龄的异性小朋友一起跳舞。女孩们在音乐课上取得了不同程度的成功。"[25]这些活动由成年人组织、监督,但尚未具有竞争性。(正如我将在后文讨论的那样,舞蹈这项活动尤其如此。)

到了20世纪30年代,由于经济大萧条和教育理念的转变,这种模式开始有了变化。大萧条时期，举办体育联赛的俱乐部纷纷陷入财务困境，最终被迫关闭。这样一来，城市里的贫困儿童失去了由成人提供的体育竞技场所。基督教青年会等收费团体开始填补这一空白，但能负担得起的通常只有中产阶级的孩子。[26]

大约在同一历史时期，竞技体育组织开始涌现，很快开始为幼儿举办正式的全国锦标赛，并且收取参赛费。还有一些全国性的付费参赛组织，如分别成立于1929年和1939年的流行华纳橄榄球（Pop Warner Football）和青少年棒球联盟（Little League Baseball）。

与此同时，因为担心联盟只鼓励最优秀的运动员苗子参加比赛而对其他孩子置之不理，许多体育界的专业人士不再支持儿童体育比赛。对只关注尖子运动员的担忧逐渐演变成对于比赛是否有害的质疑。历史学家苏珊·米勒（Susan Miller）解释说："就像所有的团队运动一样，篮球受到抨击是因为运动中存在着无论怎么修改规则都无法纠正的缺陷。批评者指责他们在本质上不必要地鼓励了潜在的恶性竞争。批评者认为，团队运动过于注重取胜而牺牲了良好的体育精神，促成了明星运动员的一枝独秀，却限制了整个团队成员的充分参与。"[27]

最终的结果是，大部分有组织的青少年赛事脱离了学校系统，但它们并没有远离美国人的童年。医学历史学家杰克·贝里曼（Jack Berryman）解释说："通过让高度组织化的儿童运动远离教育环境，专业教育工作者为美国许多青少年志愿团体提供了一个千载难逢的机会。"[28]一连串针对竞赛的质疑，再加上大萧条期间的经济现实营造的环境，使有组织的、竞争性的、付费的体育运动在流行华纳橄榄球和青少年棒球联盟等学校系统之外的地方蓬勃发展起来。

总体而言，在"竞争的萌芽"时期，投入到有组织比赛中的时间以及参加这些活动的儿童群体都发生了变化。21世纪早期，富裕的孩子会参加一些提升自我的活动，但他们并没有遇到太多有组织的竞争，因为这些活动主要是一种社交方面的培养。但随着全国各地义务教育的发展，必须要有一种方法来区分来自不同阶级的孩子的成绩。[意料之中的是20世纪30年代出现了天才班（gifted programs），1941年，亨特学院天才学校在纽约市成立。][29]随着校内的竞争愈演愈烈，孩子们——尤其是对那些来自向上流动的家庭的孩子们来说，他们的校外时光也充满了竞争。

竞争的加剧：战后至20世纪70年代

在这段时期，竞争性儿童活动在可选择的活动种类和参与者数量方面均经历了"爆炸式增长"。[30]在第二次世界大战后的几十年里，中产阶级的孩子开始主导课外活动领域。活动变得更加具有组织性，而中产阶级内部的竞争也随之加剧。

　　青少年棒球联盟是最早以竞争性方式在全国范围内有组织地开展的儿童活动之一，当然也是最著名、最成功的青少年体育项目之一。该联盟于1939年创立，并在仅仅十年后的1949年就举行了首届全球赛事。在随后的几年中，青少年棒球联盟的参与者大幅增长，吸引了来自世界各地的青少年。这种青少年加入国家级联盟组织的活动模式发展了起来，随之而来的是参与活动的费用逐步增加。[31]

　　伴随着这些收费的国家级联盟项目的成功，免费活动渐渐难以维系。20世纪30年代里曾出现过的对竞争给儿童带来影响的担忧，导致大多数小学已经不再发展自己的联盟项目。20世纪60年代开始的自尊运动（self-esteem movement），其主要目标之一就是减少学校课堂里的公开竞争。[32]

　　自尊运动的重点是建立孩子的信心和才能，而不是消极地与别人比较。由于自尊运动并未波及像体育运动这样的户外活动，私营组织迅速行动，填补了这一领域的空白。父母们则越来越希望为他们的孩子提供更多的竞争机会，并愿意为此支付费用。

　　时间来到20世纪60年代，越来越多的成年人也加入到这些组织之中，尤其是父母。父母和孩子一同投身到国民运动的训练当中：如少年篮球运动（Biddy Basketball）、皮威曲棍球（Pee Wee Hockey）和流行华纳橄榄球。甚至非团队运动也发展了他们自己的、由成年人管理的正规国家级组织。举个例子，多人跳绳运动始于20世纪30年代的操场；1975年，美国三人交互绳联赛成立，宗旨是制定比赛规则并赞助比赛。[33]

1978年，美国通过了《业余体育法案》，这是一个在儿童体育运动史尤其是竞技体育史上经常被忽视的事件。根据这项国会法案成立的美国奥委会，在很大程度上取代了业余体育联盟（AAU）的职能。出于冷战期间要在体育项目中战胜苏联的目的，美国奥委会将管理每项奥林匹克运动的机构整合为一，[34]因此AAU不得不探索新的职能。在接下来的20年里，他们转型成了组织儿童竞技体育的中坚力量，成为监督各项儿童竞赛运动（例如游泳和排球）的国家级组织。

非体育类儿童竞赛也是在这个时期萌芽的。儿童选美比赛就是个例子。美国历史最悠久的儿童选美比赛"我们的小小姐"（Our Little Miss）始于1961年。该选美比赛以成人体系中的"美国小姐选美大赛"（Miss America Pageant）为蓝本，先在地方和地区进行选拔，再举行全国选美。在整个20世纪60—70年代，儿童选美比赛"以难以置信的速度取得了突飞猛进的发展"[35]。到了20世纪70年代后期，甚至有了经常出现在媒体上的"选美巡回赛"。1977年《芝加哥论坛报》（Chicago Tribune）上的一篇报道称："参加巡回选美的小不点们学会了随时随地都举止合宜，她们表演得天真又自然，并用妩媚动人的姿态惊艳在场的众人。"[36]

无论是以学业、运动还是外表为衡量标准，20世纪70年代的父母（主要指那些受过教育和渴望向上层社会流动的父母）都希望他们的孩子"在所有方面都优于平均水平，为此他们尽可能地送孩子去参加专业化运营的活动。这些活动丰富思想、锻炼体魄、加强孩子们的运动技巧，并增强他们的自尊心"[37]。国家级组织也通过制定指导方针和组织比赛来顺应这种力争上游的趋势。即便是像美国青年足球协会这样具有"人人参与"理念的组织（下文将详细讨论这个组织），也加入了竞争性比赛的行列，举办了只会产生唯一胜利者的淘汰赛。这些比赛所面向的年龄段也越来越小了。[38]

一些观察者认为，成人组织的儿童竞争性活动之所以会兴起，部分原因是可供儿童独自玩耍的安全区域减少了。[39]诚然，这个观点有一定的道理，城市和郊区的儿童可以安全游玩的空间确实越来越少，然而这并不足以解释竞争为何愈发激烈，因为人们除了竞争路线之外还有别的选择。渴望向上流动的父母争相为孩子安排竞争性活动，这些活动可以给他们贴上"优于平均水平"的标签，而社会地位相对较低的家长则更加重视活动的包容性，其中包括"预防这些青少年被引诱加入帮派、参加吸毒和其他反社会行为，提倡儿童参加由教堂、学校、基督教男女青年会，以及男孩女孩俱乐部发起的有组织的活动"[40]。在这些包容性强的组织中，竞争并非常态，积极参与才是。

于是乎，几十年前最先开创有组织赛事的基督教青年会和男孩俱乐部现在开始向相反的方向发展。他们提供的活动仍然由成年人组织，但几乎不存在竞赛的性质。相反，富裕的孩子则成了当今竞争者的主体，他们正努力确保自身在国家级有组织赛事中的特权地位。即使对于低龄段的儿童来说，赢得这些比赛所需的费用也在节节攀升，许多优势并不明显的孩子被赶出了竞争空间。

超级竞争的爆发：20世纪80年代至今

自20世纪80年代以来，日益提高的不仅仅是参与竞争性儿童活动的成本，还有这些活动的专业水准。越来越多的孩子花着更多的钱在更多的活动中进行角逐。就这样发展了30年，最终的结果就是超级竞争的激增。此外，在中产阶级家庭竞争白热化的情况下，中产阶级儿童与其他层级同龄人之间的差距也在持续扩大。[41]

许多人认为母亲就业率的升高是这个阶段有组织性活动持续增长的原因：若课外时间父母双方都在外打拼，孩子就需要有人监督。但竞争性活动——尤其是最常见于小学阶段儿童的课外活动——实际上为父母制造了额外的任务，迫使他们从其他家务劳动中抽出时间。[42]父母必须确保活动服装和其他装备是干净、完备的，还要接送孩子往返各种课程、训练和比赛之间。（在郊区的儿童尤甚，他们的活动区域基本上局限于开车可以到达的范围之内。但其实在城市中也大致如此，因为就算幼童绑架率有所下滑，父母仍然担心孩子独自玩耍时的人身安全问题。）[43]

　　竞争性活动不仅增加了家长的工作量，还在孩子们的生活中增添了类似工作的元素。[44]父母和孩子经常使用描述工作的话语来描述孩子对活动的参与。例如，如果孩子功成名就后决定退出一项活动，一种很常见的说法是他或她"退役"[①]了。

　　将儿童运动员形容为年轻的专业人士并不是一种夸张的说法。自20世纪80年代以来，儿童竞技体育通过三个途径实现了专业化：[45]（1）在青少年活动中建立层级分明的部门体系。（2）全职带薪教练的兴起。（3）全年赛季制度开始占据主流。

　　20世纪90年代，针对各种活动的精英计划项目研发愈演愈烈（包括巡回运动队、选拔队、精英队、全明星和奥林匹克培养项目）。[46]当时存在许多层级分明的有组织赛事类别，从娱乐赛到精英赛都有。[47]参赛的儿童一般需要在某类赛事内不断进步，才有望进入其所在区域里的顶级团队或组织。这套系统试图以职业体育联赛为样板，俱乐部老板也将业余联赛视为精英或职业球员的培养池。自不必说，这些项目都是学校系统之外的存在。即便是像拼字大赛这样看上去一定会存在于学校系统之中的活动也是如此，在家接受教育的孩子和其他追求智力挑战的孩子们促使了私人拼字大赛的崛起。[48]

　　AAU正是近年来涌现出的层级分明的赛事的一个体现。目前

---

　　①　原文为retired，既可以表示"退役"，也可以表示"退出"。

AAU运动的参与者超过了100万人。在1995年，AAU举办了约100场全国锦标赛，其中大多数参赛者为12岁以上的孩子。时间来到2008年，这一年里AAU举办了250多场全国锦标赛，其中"获得团体冠军荣誉的有1900人次，年龄低至6岁。一般来说孩子们开始参加锦标赛的年龄是8岁左右"[49]。不到20年前，8岁是孩子们开始参加青少年业余运动的年龄，如今的孩子们在这个年龄则要争夺全国的冠军了。

要成为全国冠军，这些孩子自然需要具有专业知识的高水平教练。从事青少年体育训练和其他专业项目培训的教练们提高了体育和其他活动的专业化水平。[50]如今，通常只有娱乐性联盟才会请家长和志愿者来充当教练，一些精英俱乐部和组织则明令禁止父母承担任何教练性的职责。当一支球队必须支付全职教练或培训师的费用时，每个赛季收取的费用往往要超过2万美元，除了那些最富裕的家庭，其他的家庭都很难承担这笔支出。当然，既然成年人也开始在青少年运动这一行业中谋生，那他们必须持续地证明自己能够胜任这份工作，为此他们不断努力，以增加这些青少年活动的专业性。

青少年体育专业化的第三种方式是全年赛季制度的兴起。[51]举例来说，在过去，足球主要在秋季，篮球主要在冬季，棒球主要在春季。现在，在竞技性比赛项目当中，团队训练全年无休——就像职业选手一样——通常需要家庭也能够全年投入。[52]学校放假期间，也会有室内训练设施和专门的训练营，现如今的孩子早在8岁就会被要求全身心投入到某一项运动当中，这么做也迫使孩子们过早地进行专业化训练。

与此同时，最高级别赛事的参赛者数量也有所增加，尤其是在20世纪80年代和90年代，因为获胜的奖励越来越丰厚。体操和花样滑冰就是很好的例子，正如琼·瑞恩（Joan Ryan）在她2000年出版的《漂亮盒子里的小女孩》（*Little Girls in Pretty Boxes*）一书中所详述的那样，年轻女孩及其家人们为了能够在他们选择的运动中为参加奥运会而努力，并与青春期争分夺秒，瑞恩详述了越来越多的家庭正在将他们的女儿送入精英荟萃的赛场，这些家庭会为了与特定教练合作而搬家，辗转全国各地。她描述了一位名叫比尔·布拉格的父亲，他将女儿的监护权交给了她的花样滑冰教练，希望以此帮助年少的女儿霍莉成为奥运赛场上的冰雪公主。瑞恩解释了他的动机：

> 布拉格本人曾是一名游泳教练，但游泳算不上是一项有魔力的运动，并不能把一个挤奶女工变成一位公主。对他来说，滑冰可不仅仅是一项运动。在滑冰上取得成功，就等于在生活中取得成功。这是一条通往财富和名声的道路，或许更重要的一点是，这是一条通往体面生活的道路。滑冰所能带来的那种生活，有配备了布质餐巾的餐厅，有大堂里铺满大理石的酒店，是一个出身平平的女孩逆袭翻身的闪亮生活。[53]

其他竞技体育和活动也可以带来财富和社会地位，尤其是通过代言的方式。这也正是超级竞争开始渗透到儿童活动中并促使低龄儿童参与竞争的另一个原因。《纽约时报》2003年的一篇文章聚焦于年仅4岁的滑板冠军迪伦，他已经被广告商、品牌方和他的父母吹捧为"下一个伟大的童星"。[54]

即使在历史悠久的体育项目，例如高尔夫球中，在竞争里取得成功的孩子们也会获得万众瞩目的注意力，以及随之而来的金钱。2007年夏天，年仅12岁的莱克西·汤普森（Alexis "Lexi" Thompson）成为美国高尔夫女子公开赛有史以来最年轻的资格赛选手，此事也登上了新闻头条。被赞誉为下一个"天才少年"的莱克西·汤普森开始为品牌代言。2011年12月，16岁的她穿着一身赞助商提供的服装，成为LPGA锦标赛有史以来最年轻的冠军。

在音乐领域，这种为神童造势的行为更加常见，也从另一个侧面体现出超级竞争的形势。音乐作家芭芭拉·桑德（Barbara Sand）于2000年出版了一本书，聚焦于茱莉亚音乐学院周六预科班中学习弦乐的年轻学生，她在书中是如此解释的：父母和学生非常渴望获得并保持"神童"的标签，以至于他们时常谎报孩子的年龄。[55]被称为神童（定义为表现出"近乎有天赋、高水平的成年人的才能"的孩子）是一种地位认证，金钱和社会关注也会随之而来。[56]

　　在有如此多的竞争路线可供选择的情况下，优秀的孩子几乎个个都希望被称作神童。到了20世纪80年代，中产阶级父母普遍认为自己家的孩子优于平均水平，[57]自那时起直到今天，他们的期望只增不减。事实上，自20世纪80年代以来，我们已经见证了复杂的竞争性巡回赛在各项活动中的发展，而之前这些活动的竞争元素都小得多。

　　啦啦队是一个展现复杂竞争性路线发展的极佳范例。在美国，从19世纪末的第一批参与者开始，啦啦队的存在由来已久。在20世纪20年代，女性开始充当啦啦队员，并从此主导了这项活动，虽然也有少数例外（比如，得克萨斯农工大学的啦啦队仍由男性队员组成）。啦啦队经常与当地小镇的自豪感、爱国情怀和学校荣誉联系在一起。[58]在啦啦操比赛的全速发展时期，出现了一批以学校——高中和大学皆有——为单位的青年团体赛。1981年，全美啦啦队联盟（United Cheer Association）组织了自己的私人啦啦操比赛。[59]但在20世纪90年代，随着各类私人啦啦操比赛开始盛行，私人的、为比赛而存在的球队也逐渐涌现出来，这类球队既与学生身份无关，也与公民身份没什么联系。如今像"'辣妹''鞭炮'和'烈焰'这样的队伍，它们在'决战全美'（American Showdown）这类的活动中同台竞技，'决战全美'是一场大型的啦啦队锦标赛，有来自幼儿园到12年级的60多支顶级啦啦队争夺现金和奖品"[60]。

　　啦啦操只是20世纪八九十年代开始的超级竞争的一个例子，

像滑板、高尔夫、花样滑冰和体操等许多其他活动一样，啦啦操具备了当今儿童竞技项目的许多普遍特征。那么国际象棋、足球和舞蹈这三项我作为研究课题的活动又如何呢？

国际象棋

随着时间的推移，国际象棋神童屡见不鲜，鉴于该项活动历史悠久，这一点并不令人费解。在公元8世纪，阿拉伯人将国际象棋带到了欧洲南部。国际象棋一直是西方人喜闻乐见的活动项目。[61]美国自殖民时代起就有下国际象棋的风气。美国的第一位国际象棋神童是保罗·摩菲（Paul Morphy），据说他在9岁时曾两次击败了温菲尔德·斯科特（Winfield Scott）将军。后来，摩菲精神失常，1884年，47岁的他死在了自家浴缸里——这对于美国国际象棋神童来说实在算不上一个吉利的先例。

尽管摩菲作为非官方认证的世界冠军取得了成功，但在20世纪初，美国的青少年国际象棋并未取得显著的发展。相反，在世界其他地区，儿童国际象棋有了迅猛的发展。苏联在1917年后专注于发展儿童国际象棋，成为国际象棋运动的真正核心。在苏联，国际象棋变得像足球和冰球一样流行，哪怕是年仅4岁的儿童，也有俱乐部对其进行战术辅导。[62]

美国国际象棋联盟直到1939年才与前文提到的青少年棒球联

盟同时成立（尽管国际象棋联盟不仅限于儿童）。该组织很快就开始资助锦标赛和俱乐部，在不到20年的时间里，它帮助培养了美国最好的国际象棋选手和最著名的国际象棋神童：鲍比·菲舍尔（Bobby Fischer）。菲舍尔6岁时自学了国际象棋，12岁就获得了相当于国家级大师的地位。1956年，他赢得了美国青少年国际象棋锦标赛。一年后，14岁的菲舍尔成为历史上最年轻的全美国际象棋冠军（至今这一纪录仍未被打破）。在菲舍尔之前，苏联在国际象棋领域的全球主导地位是毋庸置疑的，他们在20世纪50年代就已经开始在学校课堂上教授国际象棋了。[63]

20世纪60年代，随着菲舍尔一炮而红，教孩子们学习国际象棋的想法终于开始在美国有了一席之地。但直到1972年菲舍尔对战斯帕斯基[①]的比赛，美国的国际象棋才真正腾飞。那个夏天，菲舍尔在世界锦标赛期间取得的非凡成就促使美国妈妈们让她们的儿子从青少年棒球联盟中退出，转而去学习国际象棋。[64]在1972年之后的美国，国际象棋选手开始能够以教棋为职业来谋生，这正是由于家长们热切地为年幼的孩子报名上课。[65]

与其他竞争性儿童活动一样，国际象棋在20世纪稳步发展，并在20世纪70年代迎来大爆发。在那之后的30年里，针对学生的国际象棋比赛的组织性和竞争性都逐步攀升。1976年，美国国际

---

①　即鲍里斯·斯帕斯基，苏联特级国际象棋大师，在1972年的国际象棋世界冠军赛中败于鲍比·菲舍尔。

象棋联盟举办了第一届专门针对低龄组儿童的国家级国际象棋锦标赛，也称为初级锦标赛。

在20世纪90年代初期，关于另一位年轻的国际象棋神童乔希·维茨金（Josh Waitzkin）的书［该书由他的父亲弗瑞德（Fred）撰写］和电影《王者之旅》（*Seaching for Bobby Fischer*）为国际象棋比赛吸引了更多的眼球。国际象棋记者丹·海斯曼（Dan Heisman）写道，这部电影"取得了惊人的成功，并成为北美学龄段国际象棋发展的催化剂。1990年，美国只有大约10%的锦标赛棋手年龄在19岁以下；今天（2002年）则有一半以上的棋手未满19岁"[66]。这种对于国际象棋的狂热也反映在20世纪80年代父母被禁止进入比赛场这一事实上，因为他们都太热切地想要帮助孩子作弊了。

除了《王者之旅》之外，另一类有关国际象棋的故事在20世纪80年代后期和90年代引起了媒体的关注。这类故事聚焦来自贫穷的、非洲裔美国人聚居的城区（如哈林区和布朗克斯区）的国际象棋队取得的卓越成功。1991年，位于布朗克斯贫民区的一所学校获得了全国冠军，这证明了无论孩子的家境阶层如何，他们都有参加国际象棋比赛的机会。[67]

来自城市贫民区的孩子没法像维茨金那样上私立学校的孩子一样去雇佣私人教练，但他们的社区里往往有非营利项目。这些项目中最著名的是位于纽约市的"校内西洋棋"（Chess in the Schools）。"校内西洋棋"成立于1986年，前身是美国国际象棋基金会，旨在为纽约市各贫困城区的学校提供国际象棋教师。另一个组织"下好每一步"（The Right Move）则为参赛儿童提供赞助，使其无须付费就可以参加一些锦标赛——包括纽约市竞争最激烈的儿童锦标赛。

国际象棋比赛的独特之处在于，它让人们的目光重新聚焦于帮助来自弱势群体的儿童，就像上世纪之交纽约市的定居点和男孩俱乐部所做的那样。能做到这一点，一方面是因为国际象棋活动的成本低，另一方面也因为国际象棋能带来许多显而易见的好处，包括学习成绩（有人说下国际象棋能提高数学成绩，尽管这方面的研究难以被准确评估）和人生道理（例如学会如何在采取行动之前制订计划）。如今，许多大城市都有一个由非营利组织发起的、服务于贫困青少年的国际象棋项目。

除了上述在城市里普遍存在的项目，线上国际象棋的兴起使得乡村地区的孩子们也能够持续接触到国际象棋比赛并获得指导。不断有更好的国际象棋软件被开发出来。特级大师莫里斯·阿什利（Maurice Ashley，第一位也是唯一一位非洲裔美国特级大师）称"神童的数量正迅速增长"[68]，显然，国际象棋领域一直存在这种现象。学生棋手对美国国际象棋联盟的成功起着极为关键的作用，以至于到了2006年4月，他们为其学生棋手成员创办了一份双月刊国际象棋杂志，名为《儿童国际象棋生活》（Chess Life for Kids）。

足球

尽管国际象棋在过去的20年中取得了不小的发展，却仍无法与美国青少年足球的爆炸式增长相提并论。根据足球专家的说法，当下踢足球的孩子比从事任何其他有组织的青少年运动的人数都要多。[69] 当然，这种情形也不是一朝一夕间形成的。

19世纪，足球运动随着欧洲移民（特别是英国移民）的流入传到了美国。[70] 由于在当时的美国，一些项目已经被认定为"美国运动"，比如棒球和篮球，因此足球在20世纪上半叶的大部分时间里并没有获得太多的关注。将足球带到美国的移民和他们的孩子，正是让足球"在20世纪70年代美国的种族联盟、私立学校和大学中保持活力"的那一批人。[71] 大学在20世纪60年代开始设立足球奖学金，以此来确立这项运动的合法性。[72]

随着越来越多的竞技体育活动在第二次世界大战后建立了自己的青年联盟和全国性组织，足球也于1964年成立了美国青年足球组织（AYSO）。球王贝利在那段时间高涨的人气也使得足球在1967年成为美国发展最快的青年运动。[73]

但到了20世纪70年代中期，许多家庭对美国青年足球组织的"人人参与"哲学失去了耐心；他们希望自家孩子能够迎接高于平均水平的挑战。青年足球组织和其他娱乐性组织对日益增长的竞争冲动的抵制，促使父母们发起成立了私人俱乐部。随着这些私人俱乐部的发展，由于其较高的参与费用，许多来自欧洲的移民和工人阶级家庭以及越来越多的拉丁裔移民的孩子被排除在外，而前者正是曾经在美国维持足球活力的主力军。

到20世纪70年代末，这样的私人俱乐部大约有3000家，[74]大多数都与美国青年足球协会（USYS）有关。该协会成立于1975年，与美国青年足球组织是平行竞争关系。美国青年足球协会明确地注重为所谓的精英或巡回足球俱乐部球队组织联赛和锦标赛。这些球队很容易与美国青年足球组织赞助的休闲或"娱乐"球队区分开来，因为他们全年都有赛季，有时每周会参加多场外地的联赛，而且一般都雇有训练员和/或教练。[75]在各项赛事中，这些都是儿童体育活动专业化的表现。

青少年足球试图专业化的另一种方式（这一点在儿童活动中特别值得注意）是要求所有教练——甚至是业余联赛中的家长志愿者教练——都必须获得教练执照。该规则由全国性组织强制执行。这类执照级别从A到F，A是级别最高的，证明该教练具有在国际上执教的水平。大多数青年教练只有E或F执照，是最低等级的，虽然这些执照只需要几个小时的培训就能拿到，但对执照的强制要求，凸显了足球运动在美国青少年项目中力求专业化的态度。

面向美国足球迷的月刊《美国足球》（Soccer America）每个月都至少发表一篇探讨青少年足球相关问题的文章，这也说明这类话题在广大的球迷群体中的重要性。作为一名孩子也在学足球的足球教练，吉姆·哈纳（Jim Haner）在2006年出版了一本回忆录，他在书中写道，足球现在已经是美国人童年的一部分，至少对于某些阶层的人来说，"现在郊区孩子们的童年经历里绝对少不了足球——就像两代人之前的童子军或青少年棒球联盟一样，只不过足球的规模更大——但20年前，足球在美国大多数地方几乎没什么存在感"。[76]

虽然20世纪80年代确实存在青少年巡回足球队，但许多评论者指出，那些巡回足球队与如今这些有着自己的队名、制服和"高度发达的基础设施"的足球队相比，几乎没什么相似之处。[77]鉴于有组织的竞技足球在很晚近的时期才发展起来，对于21世纪的孩子们来说，他们所面临的竞技环境，其专业化和组织化程度都十分显著。

舞蹈

长期以来，舞蹈一直被认为是一种典型的儿童活动，就像当今许多孩子踢足球一样普及。和足球一样，当代舞蹈的形势与30年前完全不同，每年私人公司举办的舞蹈比赛多达数百场。"竞技舞蹈"指的是以任何形式存在的区域和国家级的营利性舞蹈比赛，而不是只为被某个公司录取或能在某个特定作品中得到角色所表演的舞蹈。

在美国，家庭之外的正式舞蹈教学起源于19世纪，而舞蹈教育的历史则贯穿了整个20世纪。很多舞蹈学院于19世纪40年代在纽约成立，如多德沃斯学院（Dodworth Academy）。[78] 这些学院教授儿童交际舞，帮助把美国上流社会的儿童塑造成欧洲上流社会儿童的形象。[79]正是由于美国新贵希望他们的孩子获得适当的文化资本，多德沃斯学院在19世纪90年代达到了全盛；学院在星期六提供的课程可以接收年仅3岁的儿童。但到了20世纪20年代，多德沃斯学院因财务困难和家族政治因素而关闭了。

在那个时期，芭蕾舞学校已经出现并填补了舞蹈教育的空白。比如1909年开办的首家正规芭蕾舞学校，在当时隶属于纽约市的大都会歌剧院。在这样的学校形成规模以前，老师会在家中教学生跳舞。[80]舞蹈学校和舞蹈教室在接下来的几十年里得以发展壮大。舞蹈教师组织，包括1948年成立的美国舞蹈大师会（Dance Masters of America）帮助并促进了舞蹈教育的合法化。在20世纪60年代，这些教师组织开始举办全国性的大会，教师可以参加研讨会并带学生参加比赛，展现他们学到的本领。

然而，舞蹈比赛并不是在20世纪60年代才首次出现的。在此之前的19世纪，儿童和成年人中都存在非正式的舞蹈比赛。例如，"挑战舞蹈"（challenge dancing）在非裔美国人社区很常见，爱尔兰踢踏舞比赛（可以在集市、酒吧，甚至家里举行）常见于爱尔兰和美国的爱尔兰移民社区。[81] 20世纪60年代新比赛的特点是具有组织性，而且组织者有利可图。

美国舞蹈大师会在1963年首次举办了个人舞比赛，另一个舞蹈教师组织"美国舞蹈教育者协会"（Dance Educators of America）也在20世纪60年代初开始举办比赛。这些比赛向获胜的舞者颁发奖学金，以支持他们继续学习舞蹈。舞蹈比赛专家帕姆·钱西（Pam Chancey）解释道，在20世纪60年代，比赛的目的是"挑战专业舞者，提高舞蹈艺术的声望"。当时有许多人批评舞蹈比赛试图将舞蹈这一艺术变成一种"运动"。[82]

然而把舞蹈与体育运动相提并论可能有助于设立比赛，至少在父母考虑参与价值的时候是如此。20世纪70年代末，私人赛事开始兴起，私人赛事组织者们渴望进入这一领域并将舞蹈比赛视为另一种形式的体育竞赛。"满堂彩国家锦标赛"（Showstopper National Championships）是私人赛事领域最早的舞蹈比赛，且至今仍然是最大的舞蹈比赛之一。满堂彩国家锦标赛在1978年首次开赛，并声称自己是舞蹈比赛领域的先行者。创始人黛比·罗伯茨（Debbie Roberts）这样解释她创办这项比赛的动机："我儿子参加的有组织的足球比赛激发了我创办'满堂彩'的灵感。我看到他每周的球赛是如此令人兴奋并具有挑战性。如果输掉了球赛，他离开赛场的时候会说'下周我会更加努力'。他学会了通过坚持训练和努力奋斗，去实现所有他知道自己有能力达到的目标。"[83]另一种形式的竞技舞蹈——尽管并非本书的重点——交际舞，也是依赖类似于田径运动的形式才得以发展。交际舞从像多德沃斯这样的学院兴起的时候就开始流行了，但在20世纪上半叶逐渐失去了人气。当恰比·切克（Chubby Checker）和夜总会舞兴起时，交际舞正处在最低潮的时期。有趣的是，这段时间，也就是20世纪60年代，正是交际舞竞赛体系在美国开始发展的时间。[84]到了20世纪80年代，这种竞技交际舞被称为"运动舞蹈"（Dance Sport），意为"一种竞技性和运动性更强的舞蹈类型，以便将其与娱乐性和社交性更强的交际舞区分开来，而交际舞在大众印象中通常被视为老年人的舞蹈"[85]。

　　从20世纪60年代到80年代，交际舞变得更具竞争性，本书中所关注的舞蹈比赛的竞争也愈演愈烈。早期的私人竞争远没有今天这样激烈。一位舞蹈老师回忆道："我的舞蹈教室在1985年左右开始参加比赛……大概在90年代初，一些实力较强的舞蹈教室活跃了起来。"[86]这位老师继续解释道，当下参加比赛的费用（报名费、服装费等）比20世纪80年代和90年代要高得多，在美国的某些地区，舞蹈教师和舞蹈教室之间过去存在的友谊早已被敌意所取代。"30年前极为稀少"[87]的舞蹈比赛开始激增，也使得数以千计的舞蹈教室如雨后春笋般出现，它们的目标很明确——训练学生投入到舞蹈比赛当中。

　　在21世纪，竞技舞蹈比赛保持着增长的势头，同时一些主要赛事试图联手成立一个舞蹈比赛联盟。《舞魅天下》和《舞动妈妈》（Dance Moms）这样的电视节目进一步推动了人气，这些节目的看点就是众多的"娃娃选手"和他们的拿手绝活。这些技巧，比如9岁孩子表演的转体三周跳，是高度竞争氛围的一种体现。这些孩子们为了赢得比赛而必须要表演的技巧在20年前还十分罕见，绝对不是人们期望他们这个年龄的孩子所要完成的。

同样在20年前不可想象的是一些与这些舞蹈比赛相关的成年人的行为，比如一些老师和家长会谎报参赛者的年龄。由于这种不良行为，现在的比赛经常要求参赛者出示年龄证明。成年人的这些不当行为不仅显示了儿童竞赛的激烈程度，也体现了这些成年人肩负了多少重担。

家庭、教育和奖项的变化

哪些因素可以解释为什么像国际象棋、舞蹈和足球这样的竞技活动会在一个世纪内如此发展？除了上述的变化之外，我还确定了另外三个宏观历史发展因素，以帮助阐明我们是如何走到会让成年人谎报参赛儿童年龄这一步的：（1）美国家庭的变化。（2）美国教育体系的变化。（3）美国文化中奖项和竞赛组织的变化。阶级也是一个重要的因素，它涵盖了历史叙事，也影响着当代的现状及后果。

在《越来越忙》这本书里，人类学家达拉（Darrah）、弗里曼（Freeman）和英格利希-利克（English-Lueck）对21世纪初期的美国家庭为何如此忙碌展开了研究，他们发现"家庭规模较小，父母不愿意让孩子处于无人监督的情况下玩耍，以及他们对正规化的儿童活动有所偏好，这都要求成年人接送和监督他们的孩子。许多父母正越来越多地参与到孩子的教育和活动当中，这反映出育儿方式的一个良好转变"[88]。这些使美国家庭更加忙碌的原因中也包含着导致儿童生活中竞争更加激烈的因素。

人口结构的变化，比如每个家庭中孩子数量的减少，深刻地影响着父母的育儿方式。在较小的家庭中，父母可以把更多的时间和精力放在孩子身上；这同时意味着父母更加焦虑，因为孩子成功的可能性降低了。[89]如今更多的母亲也在外工作，这影响了家庭的育儿安排。对许多母亲来说，在外工作会让她们对孩子产生内疚感，因为一些事务必须交给他人处理。这种心理也可能促使父母更多地参与到孩子们有组织的竞争性活动当中，或者他们会通过其他方式过度参与并过度补偿他们不能在家的时间。

婴儿潮和回声潮世代带来的人口增长，可能是影响竞争性儿童活动最重要的人口变化。虽然婴儿潮一代是美国有史以来受过最好教育和最富有的家长，但这一庞大的群体已经压倒了它所接触的每一个社会分类机构——从幼儿园到养老院。[90]因此，僧多粥少的竞争性文化体验使婴儿潮一代倾向于把生活看作是一连串的竞争。如果说当今的竞争格局有什么不同的话，那就是随着婴儿潮一代子女们的出生，现在的社会竞争要更加激烈，输赢的代价也更高了。

这些变化在高等教育方面尤其明显。20世纪60年代，"竞争日益激烈的大学录取，被视为父母成就感的象征"。[91]父母的焦虑达到新高，因为婴儿潮一代的入学人数激增使大学不堪重负，而且一个愈发鲜明的问题是，顶尖名校无法满足大众的需求，这意味着学生们根据自己的阶级背景所产生的期望可能无法在大学申请中实现。同时，男女同校制度的兴起，高校生源的全国化和大众化，加上《退伍军人权利法案》①、征兵②、帮助申请人提供更好信息的科技手段，这一切都让大学录取更加供不应求。[92]确保自己的孩子成功被大学录取，成了父母要承担的责任。

　　有意思的是，在20世纪70年代和80年代，尽管婴儿潮后的申请人数下降使得拿到大学录取通知书变得更容易，这场大学录取竞赛的激烈程度也并未有丝毫减弱。相反，意识到其中的利害关系之后，美国家庭的竞争意识变得更加强烈。[93]

　　随着20世纪90年代末和21世纪初的回声潮世代出生，进入顶级大学再次变得更加困难。[94]这一方面是因为大学适龄申请者的增加——预计到21世纪第一个十年结束时，大多数地区的大学适龄人数将达到峰值。[95]另一方面，顶级的学院和大学的申请人数也创下了纪录。2009—2013年，哈佛大学、普林斯顿大学、耶

---

　　①　《退伍军人权利法案》（GI Bill）是美国国会颁布的一部安置二战退役军人的法律性文件，于1944年生效，其中规定联邦政府资助退役军人继续接受免费的教育或技术训练。据统计，至1956年该法案到期时，大约有780万名退役军人接受了教育或培训，其中接受大学教育的有220万人。

　　②　20世纪60年代中期，为应对越南战争导致的兵员缺口，美国政府曾一再扩大征兵范围，只有凭学校的录取通知书可以免除兵役。

鲁大学、达特茅斯大学和布朗大学的申请人数都创下了历史新高。[96]

　　这样的现状，加上当下关于大学录取的紧张情绪，给无数家庭制造了一个极其激烈的竞争环境，因此家长们为孩子上大学而奋斗的漫长征程也开始得越来越早。多早开始"鸡娃"似乎和阶级地位有关。在美国的某些地区，社会地位较高的家长开始为了让孩子拿到竞争激烈的学前班录取名额而挤破脑袋，他们的孩子从很小就开始向常春藤盟校进发。[97]

　　课外活动是在校成绩和考试分数的重要补充。在许多家长看来，让孩子在一些正规教育系统涵盖但不着重强调的课外活动中表现出色，将是头等要紧的大事。为什么？因为孩子们可以通过参与这些活动来发展童年竞争资本，这种资本将来可以转化为文凭。某些运动尤其有用，如壁球和击剑——它们在大学录取过程中有助于彰显申请者的精英地位。[98]

　　如果有人想知道为什么竞争性的儿童活动在美国比在世界其他地方更成熟、更有组织，只要看看大学的招生方法就会明白了。诚然，美国社会对竞争的文化态度也相对更为成熟，但最合适的结构性解释是，大学在做招生决定时会将申请者是否参加过有组织的活动考虑在内。而世界上大多数其他顶级高等教育体系（例如日本、韩国、中国、印度和法国）均依靠标准化考试的分数来决定录取，是纯粹靠成绩取胜的。当然，这对学生来说会带来压力和其他问题，但成绩在这些国家绝对是最重要的事情。

　　家长们都知道文凭有多重要。社会学家兰德尔·柯林斯这样解释其的重要性："一个以文凭为形式去生产抽象文化货币的竞争体系的兴起，是造成20世纪美国社会阶级分层的主要力量。"[99]正如前面所提到的，这种新的阶级分配秩序与现存的阶级不平等是紧密相关的。

　　儿童竞争性活动的兴起与教育体系内的另一个重大变化有关，那就是义务教育的兴起。正如维维安娜·泽利泽（Viviana Zelizer）在经典著作《给无价的孩子定价》（*Pricing the Priceless Child*）中详述的那样，义务教育的兴起以及童工的消失，与看待儿童的文化变迁相吻合。即使孩子们对家庭的经济不再那么重要，但依然是情感上的无价之宝。[100]从20世纪初开始，父母在孩子身上的投资越来越多，随着他们生孩子的数量开始变少，每个孩子都变得更加重要。将童年神圣化助长了对童年和童年成就的盲目崇拜。

　　从许多方面来说，在这个时期的美国人之所以会表现出对奖项和奖品的盲目追求，也并非巧合。美国文化特有的"赢家通吃"的理念也始于同一时期。例如，19世纪晚期出现了几种不同类型的比赛，这些比赛至今仍然存在。1874年，第一届肯塔基赛马会举行，1877年出现了首届威斯敏斯特全犬种大赛。[101]参加比赛的不仅限于动物：1913年，第一届玫瑰大赛在美国举行。[102]

　　在20世纪早期的美国，有组织的体育运动的文化得到了发展。NCAA（全美大学体育协会）成立于1910年，各种职业体育联盟在这时期不断发展壮大。不怎么受欢迎的运动项目也发展出了有组织竞赛的基础。例如，美国的第一个花样游泳比赛举办于1939年。[103]社会学家安德烈·马科维奇（Andrei Markovits）和史蒂文·海尔曼（Steven Hellerman）指出，体育培养出了美国人对排名和量化的偏好，二者都是体育文化的重要组成部分，"基于美国人对排名的痴迷，两种表面上相互冲突但都不可或缺的美国价值观也可以相提并论：竞争和公平"。[104] 20世纪下半叶，对竞争和排名的重视更上了一层楼。詹姆斯·英格利希将20世纪70年代描述为奖项设立最密集的时期，各个领域都有新的奖项，电影和文学领域尤甚。[105]音乐竞赛在此期间也有长足的发展。[106]即使是很另类的活动，如大胃王比赛，在20世纪80年代也形成了专门的竞赛和奖励机制。[107]

自20世纪70年代以来，各类奖项逐渐进入大众视野，在体育、文学、儿童活动等不同领域得到广泛宣传。[108]儿童竞争性活动的发展与美国更广泛的、有组织的竞争精神的崛起息息相关。

今天的孩子们所面临的竞争机会之多，已经足以影响到他们的长期发展和社会阶级。在美国，儿童的竞争性活动早在19世纪末就开始萌芽。如今的美国有更多的活动、更多的比赛，参赛者的阶级背景也发生了变化。我们可以从家庭、教育系统和奖项这三方面来解释竞争性活动的变化。

虽然处于弱势环境的儿童仍有机会参与竞争活动——就像哈莱姆区、布朗克斯区和其他城市里的学校举办的国际象棋比赛那样，非营利组织为天才儿童提供财政支持，让他们能得到训练并去外地比赛，[109]但中产阶级显然依旧是这类课外活动中的主力军。随着教练薪酬和参赛费用水涨船高，付不起费用的孩子在小学阶段基本就被挤出了这个体系。初中生和高中生自然可以参加学校主办的活动，但如果没有从小接受专门训练，他们也很难与受过训练的人竞争。

理解上述活动的历史演变和时代背景只是一个开端。不过，我们必须理解在父母和孩子眼里，这些活动在当代生活中处于什么地位——为了获取童年竞争资本，这些孩子们的整个童年和青春期都在应对各类竞赛，以便在这场教育长跑中取得成功。

第二章

不只是玩：研究充满竞争的童年

"你想玩吗？"

我总是害怕这个问题。并非因为我不想玩，而是因为我真的不知道怎么玩。国际象棋我只是入门水平，足球更是踢得糟糕。我完全跟不上我所研究的这些小玩家们的节奏——尽管我很努力地尝试，这很让他们高兴。

在对国际象棋、足球和舞蹈分别进行了长达6—9个月的深入观察后，我了解了这些活动和比赛是如何组织的，负责人是谁，为什么要这样安排。过去的16个月里，我将晚上和周末的大部分时间花在了足球场、舞蹈教室、酒店舞厅、学校教学楼或其他能下棋的地方。我和参与者进行非正式的交谈，参加比赛，并经常为自己设计一个社交角色（通常是作为老师或教练的非正式助理）。然后，我在父母、教练和孩子们的家中、工作地点、咖啡店、图书馆或其他公共场所，对他们进行了172次半结构化访谈。

虽然我从未成为一名专业的棋手、舞蹈家或足球运动员——很遗憾，这永远也不可能了——但我在组织这些活动方面成了名副其实的专家。对于每项活动，我都有两个田野调查的地点，一个在城市，一个在郊区，都位于美国东北部一个主要城市的大都市圈地区。[1]为了最大限度地提高可比性，我在不同的城市和郊区背景下为每项活动选定了田野调查地点，所以三项活动总共有六个田野地点。

所有的城市中的调查地点都在我所称的"梅特罗市"的范围内，而郊区的则在"西郡"内。就收入和种族/民族而言，梅特罗市极其多样化，而西郡则比较单一。西郡由几个富裕的郊区组成，居民大都是受过教育的白人和亚裔家庭。这个郡不同地区的经济情况也有差别，但我所调查的是这个郡最富裕的几个城镇。

因为一开始对国际象棋知之甚少，所以我选择先从国际象棋开始。接下来是足球，我在小学时曾经尝试过踢足球。（事实上，我当时穿的是裙裤而不是短裤，从这一点大概就可以了解我在球场上的能力。）最后以舞蹈项目结束了本次研究，因为这是我最了解的活动，我小时候去过舞蹈比赛——尽管是作为观众而不是参赛者。我本人从未参加过国际象棋、足球或舞蹈的比赛。

我从头开始了解这些课外活动，这一章是关于它们如何运作的一个简短综述。我会着重强调每项活动中的某些惯例做法，以帮助读者理解我将在下一章讨论的童年竞争资本形成的各个方面。在附录中，我详细介绍了我如何选择研究地点、找到采访对象，如何向人们介绍我自己，以及在研究过程中遇到的一些有关研究方法的挑战（特别是由于它涉及与儿童相关的研究）。如果读者已经明白这些竞争活动的运作模式，则可以跳到某个活动的部分，直接从我所研究的组织开始读。对于这三项活动，我会从每项活动的竞争格局开始概述，然后分别讲述六个调查场所的情况：梅特罗市和西郡的国际象棋俱乐部、梅特罗足球合作社和西田足球俱乐部，梅特罗精英舞蹈学院和威斯布鲁克"一起跳舞"舞蹈教室。

学生国际象棋：国王的游戏

国际象棋是为了比赛而存在的项目。一个玩家要与另一个玩家对弈，结果几乎总是会产生一个赢家和一个输家。儿童竞技国际象棋领域通常被称为学生国际象棋（但这并不意味着国际象棋与正式的学校体系有联系；这一称呼只是指参与者的年龄），国际象棋赛事放大了竞争和对抗的强度，并正式设立了地区级和全国级比赛的排名和评级。美国国际象棋联盟在创建和监督学生国际象棋比赛工作中起到了重要作用。

美国国际象棋联盟负责管理学生国际象棋比赛。[2]父母通过国际象棋老师、其他父母、互联网等了解这些比赛的消息，最重要的信息渠道是自家的孩子，他们从学校回到家，兴奋地报告他们从朋友或老师那里听到的即将到来的活动。美国国际象棋联盟每年举办全国性的学生国际象棋锦标赛，并授权个人在各地举办锦标赛。一个比赛若想被美国国际象棋联盟认可，则必须接受经认证的赛事总监的监督。

在许多方面，"学生棋手"都是国际象棋联盟的核心。美国国际象棋联盟会员中最大的一个群体是大约三万名15岁以下的参与者。[3]为了在国际象棋联盟的锦标赛中获得评级，儿童棋手必须成为其会员并支付少量年费；在我进行田野调查期间，12岁及以下会员的收费是17美元。注册会员附赠双月刊《儿童国际象棋生活》。这份刊物每期平均约20页，有丰富多彩的关于全国锦标赛、国际象棋棋局和优秀棋手（包括儿童和成人）的报道。[4]

还不是国际象棋联盟会员的孩子可以参加一些当地的比赛，却不能获得国际象棋等级分。通常这些孩子是在读幼儿园或一年级的初学者。把这些加在一起，参加国际象棋锦标赛的儿童总数超过三万。

美国国际象棋联盟不仅是赛事策划方和出版机构，还通过公布国际象棋等级分而成为学生国际象棋领域内最权威的裁判者。等级分的范围从100到2800，使用复杂的数学统计公式来计算，根据过往的表现给每位棋手一个分数；分数越高，玩家水平越高。[5]国际象棋教练丹·海斯曼在一本为家长们写的指南手册中简洁明了地解释了这个等级分制度："一言以蔽之，赢的棋手等级会上升，输的棋手等级会下跌。你能战胜的对手等级分越高，你的等级分提升就越多；输给等级分越低的对手，自己的等级分往下掉得也越多。"[6]

锦标赛里遇到的对手是根据棋手的级别决定的。[7]每轮比赛前都会对配对结果进行公示，一般会在墙上或海报板上张贴公示图。在为下一轮比赛做准备时，孩子和家长们都先聚集到公示图的周围，又纷纷快速退回到自己的位置窃窃私语，讨论配对信息对他们的影响。公示内容包括每个棋手的姓名、等级分和学校，以及哪一方将在下一轮比赛中执黑子或白子。公示是根据组别（section）分开的。参照年龄和能力，孩子们被分成了不同组别。例如，可能幼儿园到三年级为一个组，等级分低于1000和高于1000的分为两个小组。（也可能还存在两个组，来区分幼儿园到三年级且等级分1000以下和幼儿园到三年级且等级分1000以上的棋手。）

几轮比赛下来，公示图也会显示锦标赛的排名。锦标赛结束时，得分最高的孩子获得冠军。胜一场得1分，败一场不得分，平局或退赛算作0.5分。[8]平局是软件程序决定的，这套程序会根据棋手的等级分登记来判断对手的实力，并奖励那些能击败更强对手的人。

国际象棋联盟每三个月发布一次等级分，但通常一旦比赛结果被报道出来，几天之内，孩子和父母就可以登录联盟的网站查看最新的等级分。所有的比赛结果都公开在网上。你也可以在网站上搜索某个孩子的名字，并查看他或她参加过的每场国际象棋比赛的结果。

这套等级分系统是完全公开且等级分明的，孩子在排名上的下滑无可遮掩。然而，这个体系也是可以被操纵的，懂行的父母也会有一些帮自家孩子钻空子的方法。锦标赛中用来对棋手进行配对的等级和实际比赛数据是有时间差的。只有每季度更新的公开等级会用于锦标赛的配对过程。一个在最近几个月里获得了不少等级分的棋手仍然会因为系统更新的滞后性而被官方评定为较低等级，因此可以在较低等级的组别与更容易战胜的棋手进行比赛。有的父母故意不让孩子在新等级公布前夕参加比赛，这样他们就可以为之后的比赛"保住"较低的等级。

等级公布后，国际象棋联盟会分别公布不同年龄的前100名棋手的名单，从7岁以下开始，然后是8岁、9岁，依此类推。联盟还根据棋手的等级分授予他们国际象棋称号，比如大师。（棋手的等级分一旦超过2000分，这些称号就开始起作用了。[9]）经常榜上有名且拥有称号的孩子可以加入全美国际象棋队，代表美国参加国际赛事，但能达到这个水平的孩子凤毛麟角。

国际象棋联盟也会单独发布排名最高的女棋手的名单和称号。国际象棋的主力军是男孩，从最年轻的组别开始，参与国际象棋活动的男孩越来越多。[10]联盟对女孩格外关注，特别是天资卓越的女棋手们，并希望她们在长大后也能坚持下国际象棋。因此，表现优异的女孩会被列入一份单独的名单之中。

参加锦标赛获得等级和称号的成本极低，不少大城市都会举办免费的锦标赛。地区级锦标赛的报名费从30美元到50美元不等，州级和国家级锦标赛的报名费是80美元。我访谈的孩子们一个学年平均每个月会比一场锦标赛。地区级比赛通常在学校的食堂或体育馆举行；区域级或全国级比赛的地点则一般是酒店的舞厅或会议中心。

　　来参加锦标赛的孩子们不需要任何特殊用品。锦标赛会提供棋盘和棋子。孩子们通常会自带纸和笔，以方便在对弈时做笔记。[11]但有的比赛也会提供纸笔。

　　有实力的孩子们大都有一个国际象棋笔记本，他们在里面不断记录比赛的情况，以便在赛后可以进一步分析研究。一本足以记录100场对弈的精装笔记本售价约为8美元，而能记录50场的活页笔记本售价仅3美元。尽管没人要求，但孩子们通常会带一副国际象棋到比赛现场，这样就能在两轮比赛之间进行练习和分析。类似的用品通常也可以在比赛时购买，组织者会在现场设立一个小商店，出售国际象棋相关的用品、书籍和软件。这类商品也可以在网上买到。孩子们通常会将自己所有的国际象棋用品放在一个大约25美元就可以买到的棋包里。

　　国际象棋专用棋钟是一个重要的附加设备，因为学生国际象棋比赛是计时的。在地区性锦标赛中，时间限制一般是"G30"，即每位玩家的可用时间是30分钟，每场比赛不超过60分钟。每走完一步，棋手要按一下棋钟上的按钮来得知自己还剩余多少时间，然后在国际象棋笔记本上记录下这步棋。棋钟的可选种类很多，有数字的，也有电子的。数字钟价格高些，然而最便宜的棋钟只要30美元［尽管由加里·卡斯帕罗夫（Gary Kasparov）等国际象棋明星代言的产品要价高达200美元］。在锦标赛中，执黑棋的选手有权使用自己带的棋钟，没有钟的人则可以用对手的。

国际象棋界存在一些关于儿童比赛"合理"时长的争论。G30被认为是比较短的。[12]但这种时长在单日比赛中是首选，主要是因为父母不想在周末花12个小时以上待在室内。州级和国家级锦标赛会持续两到三天，比赛时间会更长，通常是G90。有人认为，较长时间的对弈可以促进更深入的国际象棋思维和策略，但考虑到其他家庭成员时间也很重要，G30还是最为常见的。

为了备战锦标赛并针对不同比赛的时长制定策略，很多孩子会上私人国际象棋课。这种课程有时候是小班课，但大多数情况下是在家进行的一对一辅导，线上私人授课也越来越受欢迎。[13]

家长们主要通过口口相传来找到私人教练，有时是通过其他家长，有时是通过学校的国际象棋老师。课程时长一般是一小时。取决于老师的声望和学生的水平，费用在50—150美元之间。国际象棋的教师和教练资格尚未有官方认证，同时因为好教练难找，很多家长们最终只能选择线上教学。但有不少家庭倾向于与教练建立私人关系，他们更喜欢当面授课的方式，希望能与教练讨论自家孩子的目标并商定价格。家庭和教练之间的关系有时会变得异常紧密。当孩子因为赛事需要而不得不离开一个教练而去跟另一个教练学习时，便有可能产生不愉快的感觉，尤其是当旧教练觉得新教练把他的学生"偷走了"的时候，负面情绪尤甚。

　　假期里的国际象棋训练营为强化辅导提供了额外的场所。这些训练营通常由那些提供私人课程和经营私人国际象棋比赛的组织开设，他们创造出一条龙式的国际象棋体验。训练营单日的费用通常在80—100美元之间，地点一般在学校（理论上这些训练营对所有学校的孩子都开放）、私人俱乐部或半公开的社区场所（如宗教组织提供的场所）。

　　在州级和国家级锦标赛这样的重大比赛前夕，训练营和辅导班的频率都会增加。州级比赛向住在任何地方的选手敞开大门，但是如果获胜者并不是该州人，州冠军会顺延到来自该州的下一个参赛者。全国锦标赛由美国国际象棋联盟组织。事实上，针对小学年龄段孩子的比赛每年有两次，分别在5月和12月。[14] 12月的全国锦标赛是"年级"全国锦标赛，被称为全国学生K-12/联合学院锦标赛，这意味着参赛学生只与同年级的对手对弈，不管双方的等级分。于是就出现了全国一年级组冠军、全国二年级组冠军，以此类推至十二年级（实际年龄不在考虑范围内，因此哪怕选手的年龄在本年级算是偏大或偏小，仍然只需与同年级的选手竞争）。5月的全国锦标赛也被称为全国伯特·勒纳小学杯（K-6）锦标赛。[15] 该比赛是基于等级分制度，分设幼儿园至一年级（K1）、幼儿园至三年级（K3）和幼儿园至五年级（K5）三个组别，每个组别当中，低于某等级分（例如1000分）的选手会被分到一起比赛。

　　上述赛制意味着联盟要颁发许许多多不同的奖项——这正

是所有国际象棋锦标赛的一大看点。每个组别的前10名或前20名都会获奖，并且在组别内部还会颁发特别奖项，例如等级分低于500的最佳表现奖。几乎每个孩子离开地区性锦标赛时手里都拿着奖杯、绶带或奖牌，尽管不同奖项的意义天差地别。全国级锦标赛的冠军奖杯往往比参赛选手自己的个头还要大。一些地区性锦标赛也会给每个参赛的孩子颁发奖杯，但通常仅限于最年幼的孩子们。在某些组别，中学以下的所有参赛者都有奖牌可领。

这种地方—州—国家的赛事结构似乎意味着学生国际象棋的参赛者要通过一个向上进阶的过程来获得参加国家级比赛的资格。但事实并非如此，参加全国学生国际象棋锦标赛并不需要严格的资格认证。只要付了报名费，孩子就可以参加比赛。有时甚至连完全没有等级分的选手也可以参加全国性的比赛。

许多学校没有自己的国际象棋队。这种情况下，一个孩子甚至可以在学校不知情的情况下代表学校参赛。在大多数有国际象棋队的学校里，任何人都可以报名入队。参加学生国际象棋锦标赛的团队通常由来自同一个学校的学生组成，他们是每个组别中的前3或4名（学校可以带20个孩子来参赛）。在家接受教育的孩子可以根据他们的实际年龄参加比赛，这么做的人不在少数，但是他们没有资格参加团队赛并获奖。

当孩子们作为校队的一员参加比赛时，他们不仅可以收获友谊，还可以享受一间属于团队的房间。房间一般是由家长或学校付费租下的会议室或酒店套房，大家可以聚在里面一起讨论比赛事宜。通常，学校会雇佣教练，在整个赛事期间，他们会一直待在团队房间里，在比赛间隙与队员一起分析比赛，并给孩子们加油鼓劲。这类学校也经常让孩子们穿上T恤队服来帮助建立队友感情。

虽然有的学校甚至为参赛学生的家属提供了私人房间和食物，但条件不那么优越的学校则没有租房间的资金。这样的团队和他们的家属会使用比赛主办方提供的空间，也被称为"斯基托室"（skittles room），"斯基托"是一个国际象棋术语，指无论结果输赢，都对棋局进行分析以寻求改进。

参加国际象棋锦标赛的父母和孩子们很快就学会了"斯基托"的窍门，他们熟练地说着行话，探讨着选手的等级分、公示的信息和比赛时的笔记。1984年出版的《寻找鲍比·菲舍尔》（*Seaching for Bobby Fischer*）一书和1993年上映的同名电影①十分精妙地刻画出了当代学生国际象棋界的现状。[16]但是书和电影并没有解释现实当中赛事是如何运转的。要想理解高度组织化的儿童竞技国际象棋活动，私教课程、等级分系统、锦标赛制度均是当中必不可少的环节。若要孩子在学生国际象棋中取得优异成果，父母必须参与其中并了解细节，在梅特罗市和西郡，很多学棋孩子的父母正是这样做的。

———————————

①   影片的中译名为《王者之旅》。

梅特罗市和西郡的国际象棋活动

总的来说，因为国际象棋用品和参赛的成本都比较低，国际象棋吸引了十分多元的参与者群体。尤其是在梅特罗市有很多免费参加锦标赛的机会。梅特罗市在美国国际象棋的历史上占据重要位置，也是学生国际象棋的热门地区之一。[17]梅特罗市的许多公立和私立学校都在课外活动之外开设了国际象棋课程。[18]

在梅特罗市，学生国际象棋圈子小而紧密，却又有很明确的界限。教练们带着极强的占有欲守护着他们的地盘（学校和学生），尤其是该市较为富裕的地带。不少组织和老师都在试图控制学生国际象棋的圈子。除了资金充足的学校之外，多位教练和老师占据着该市国际象棋圈子的主导地位。为了与该市下国际象棋的学生和家长建立联系，我与两个组织进行了合作，分别是上城国际象棋社和联合国际象棋社。

通过一个经营国际象棋课程、课后辅导、训练营、锦标赛、私教课程和国际象棋用品的营利组织，我认识了一些加入上城国际象棋社的家长。这个营利组织当时主营四所学校（包括公立学校和私立学校）的国际象棋活动。通过参加在教堂地下室、学校食堂和体育馆举行的夏令营和锦标赛，其他学校的孩子也有机会加入这家棋社。

上城国际象棋社所培养的几个孩子经常出现在排名前100的棋手名单上，有的孩子还赢得过全国冠军，但大多数参加锦标赛、课程和训练营的孩子们并没有达到非常高的级别。这里的男生远多于女生，但也有几个顶尖的女生棋手。有经济实力的家庭会给孩子报名参加辅导班、私教课和锦标赛。出身于这种家庭的学生多数参加过市级和州级的比赛，很多孩子每年至少参加一次全国性的比赛。孩子去参赛时，父母总是陪着孩子。

联合国际象棋社则完全不同。这是一家非营利性质的棋社，他们致力于为贫困儿童提供课外活动项目。国际象棋是他们的一个特色项目，因为许多参与的孩子都取得了不错的成绩。学年期间，联合国际象棋社在星期六上午为社区里的儿童提供免费课程；在暑假则提供为期半天的夏令营。这个夏令营是免费的，所以特别受欢迎。家长们督促着他们的孩子在学年中也坚持下棋，因为他们明白，孩子如果表现出色，就可能会被选中去参加锦标赛——锦标赛同样也是免费的。夏令营和免费课程都设在学校里，夏令营在一所公立小学，免费课程在附近的一所特许学校，尽管这些课程主要针对小学年龄段的儿童。国际象棋日还会供应免费的零食和午餐。

所有在联合国际象棋社下棋的孩子都会被邀请参加梅特罗市举办的免费锦标赛。表现优异的选手还会被邀请（或者通过内部锦标赛获得参赛资格）参加需要缴纳报名费的地区性锦标赛。只有最好的棋手会被邀请参加全国比赛，受邀的人数较少，主要是因为孩子们的旅费要由该组织承担。女孩是联合国际象棋社里的佼佼者，这里女孩和男孩的数量要比上城国际象棋社更平均一些。

　　联合国际象棋社的父母不太经常陪孩子一起参加比赛；相反，带领孩子们去参加活动的是国际象棋老师。参与当地的赛事时，他们周末早上在学校碰面后会一起搭乘地铁。比赛结束后，如果家长没有及时来接，老师经常不得不把孩子带回家。因为联合国际象棋社的父母经常缺席，所以我的数据没能很好地展现他们。但通过在这家棋社的实地考察，包括参加他们的夏令营、每周的周末课程和他们的小组比赛，我有幸得以了解学生国际象棋大千世界的一个部分。

　　我研究国际象棋活动的另一个田野调查地点是西郡国际象棋社，比起联合国际象棋社，这里更接近上城国际象棋社。事实上，西郡的一些老师最初是在上城国际象棋社开始教学生的；他们之中有的人坚持每周往返西郡几次给学生上课。虽然父母经常花钱请私人教练，但在西郡，参加国际象棋比赛、训练营和辅导班的机会却少得多。这里缺少丰富多样的比赛形式，通常一整个月里只有一场营利性锦标赛。（与之相比，上城每个月都有多场营利性比赛，每个周末都有两到三场，此外每个月都会有三到四场免费比赛。）西郡只开设了一个国际象棋训练营，基本上也就是该地区唯一的训练营。

　　不仅可选择的训练营和比赛数量少，西郡国际象棋社对学生国际象棋也表现出了不同的态度；这里的竞争没有那么激烈。虽然西郡和上城的父母从财力上来说相差不大，孩子们本身的水平也不错，但西郡更专注于小组课后国际象棋班和其他形式的课外活动。值得注意的是，我在西郡国际象棋社的孩子们中发现了更多同时参加国际象棋和足球活动的情况。西郡的棋手绝大多数是男生；我只在一个班里见过三个女孩，在锦标赛上则从来没见过。

西郡的这些男孩大多数拥有国际象棋等级分，因此他们自然不会错过学校的国际象棋比赛。但他们中的大多数参加过的最高级别的比赛只是州级比赛，而不是全国比赛。每年会有那么一两个西郡的家长会选择利用一些梅特罗市的国际象棋资源，比如比赛和夏令营，但在接触过城市里更残酷的国际象棋圈子后，他们大都决定返回西郡。

除了去上辅导班和训练营，我还参加了15场锦标赛（其中有1场是全国比赛）。我总共对29个送孩子参加学生国际象棋锦标赛的家庭进行了正式访谈。（考虑到梅特罗市有更多参赛的家庭，我在那里访谈了更多的家长。）我还采访了8对家长，他们的孩子曾经参加过国际象棋比赛，但后来退出了这项活动。此外，我采访了15个学棋的孩子和13个国际象棋老师。8个家庭的孩子同时参加了国际象棋和足球活动，其中4个家庭我是通过国际象棋认识的，另外4个是通过足球认识的。

足球：射门得分！

尽管美国在对足球的热爱方面要落后于欧洲、拉丁美洲和非洲国家，但这项运动在青少年中的发展速度惊人。足球是一项很好的入门团队运动，孩子们只要会跑就可以参加，不需要击球或接球之类的专门技能。两三岁的孩子就可以参加有组织的活动项目，开始踢足球了。

然而，在接触到休闲足球（recreational soccer）的几年之后，许多家长做好了认真起来的准备，打算开始尝试美国青年足球协会等其他本地的足球活动。随着孩子年龄渐长，他们中有很多会决定加入附近的足球俱乐部踢巡回赛或精英赛。[19]如果他们不选择竞争更激烈的路线，则通常会完全退出这项运动，因为休闲足球的机会大约止步于11岁，之后参加巡回足球赛事将成为唯一的选择。在一篇关于足球巡回赛的文章中，美国体育频道的记者汤姆·法雷（Tom Farrey）将他三年级的儿子加入当地俱乐部的行为描述为"一个保守的决定，为他保留了（将来参加高中球队选拔的）选择权"[20]。

美国青年足球协会监管着多个巡回赛队。该足球协会共拥有超过300万名年龄在5岁至19岁之间的注册儿童队员以及近100万名成年人，是一个相当庞大的组织。[21]组成该协会的足球俱乐部几乎全部是非营利组织和/或拥有501（c）（3）①资格。

俱乐部的管理主要由家长志愿者负责，但有的俱乐部会雇佣人员来处理行政方面的细节。父母们往往会成立一个类似选举制董事会的管理架构，由其负责制定政策、收取费用和雇佣员工。这些俱乐部附属于美国青年足球协会，但它们靠收取会费、杂费以及募捐来自给自足。

这些俱乐部会组建巡回赛球队。家长们往往通过当地的广告和口口相传了解到选拔赛和俱乐部。足球队首先按性别区分，其次是年龄，然后是球技。同年出生的孩子被分在一组，比如所有2002年出生的女生都在同一个球队。比班上同学年龄小或大的孩子会被分到别的队伍，因为出生年份是一个严格的选拔标准。之所以设立这样严格的标准，为的是促进公平竞争，并根据儿童的年龄给予相应的指导。[22]球队名称会以"U9"或"U10"开头，如U9老虎队或U10精灵队。U在这里的意思是"以下"，因此队里所有的女孩都在9岁或10岁以下。

虽然球队是按出生年份组建的，但如果表现出非凡的天赋，在俱乐部和教练允许的情况下，年轻的球员可以"跳级"加入更年长的队伍。例如，一个8岁的孩子可以和一个10岁的孩子一起踢球，但是11岁的孩子则不行。为了确保球队中每个成员的年龄

①　501（c）（3）即《美国税法典》第501条第三款，这一条款列举了可以享受税收减免的非营利组织类型及限制条件。符合相应的条件的组织可以向美国国税局申请501（c）（3）资格，获得免税和捐赠抵税待遇。

属实，必须由成年人查看所有孩子的证件，这意味着参加任何比赛或锦标赛时，都必须随时准备好列有每个孩子详细出生日期的身份证明。

在俱乐部里，每一个年龄段都对应两个或更多的团队。这意味着会有一个A队和一个B队。他们不常用这种说法，但每个人心里都明白哪一支是更好的队伍。两个队是可以有人员流动的，但通常一年中只在选拔期间流动一次。

每个俱乐部都有自己的选拔政策和规则。一般来说，选拔赛会安排在春天，以便球队可以一起去参加夏令营和锦标赛。选拔赛通常持续好几天，应征球员人数总比空位数多，这就是为什么每个年龄组通常会组建不止一个球队。这一过程经常需要请一位外部评审员来监督，以防止父母的干涉或者歧视行为。

巡回足球队一旦成立，俱乐部的领导层就将决定要与哪个联盟对接。每个州和地区都有许多足球联盟；在我进行田野调查的地点（西田足球俱乐部，后文将详述）共有15个联赛可供球队选择，球队要决定加入其中的1个或2个。这意味着同一家俱乐部的球队经常在不同的联赛中比赛。

各个联赛的竞争激烈程度各不相同。联赛中有内部排名，有时按字母顺序标记，业内称为"级"（flight），"A"就是顶级。决定一个球队属于哪一级的因素是它在前一个赛季的表现和所在俱乐部的推荐。

联赛就像俱乐部一样，通常由家长管理。真正投入到俱乐部和联盟董事会事务当中的父母几乎像是承担了一份正式工作。足球联盟要求俱乐部证明其合法性（提供组织成立文件、章程、细则或纳税申报单），但联盟本身却无须面对同样的要求。而且大多数联盟似乎并不具备501（c）（3）资格。联盟负责组织比赛、协助安排场地、雇用裁判，记录和报告每场比赛的结果及一个赛季下来的总排名。比赛通常每周举行一次，不是在星期六就是在星期天。一些竞争力较强的球队会加入两个联盟，这样他们就可以在周六和周日都有比赛可踢。

竞争力较强的巡回足球队一般不愿让家长当志愿教练，而是雇佣一名带薪的足球教练。专业人士能带来更严格的训练，往往也有名气加持。这些教练大多数持有E级足球教练资格证，不少甚至拥有更高等级的证书。教练决定了球队将加入哪个联盟踢球，多久训练一次，谁上场踢球，谁坐在场下的板凳上候补。

教练也决定球队将参加哪场比赛，但一旦涉及长途旅行，他们还是会先咨询球员的父母。这类沟通经常由球队经理人或指定的某位家长来完成，这位家长往往被称为"球队妈妈"，自愿充当教练和父母之间的联络人。球队经理人还会料理一些琐事，比如谁会在训练和比赛时带零食（一年几次，费用由家长们自掏腰包），并经常要安排拼车时间表。父母可以通过这些方式加入他们孩子所在的俱乐部球队做志愿者。

在任何一个俱乐部中，带薪教练通常只带两个球队，一般是一支女生队和一支男生队。足球队几乎完全是性别隔离的，但女生有时可以去男生队踢球。但是哪怕只有一个男生加入女生队，这个队就会被认定为混合性别队。

　　教练要为一支球队决定所有与足球有关的事项，例如谁踢什么位置，而俱乐部则负责处理一切行政细节，包括为所有的球队提供训练场地和安排训练时间表。找场地是件难事，许多足球和其他运动的俱乐部都为公共场地的使用权抢破了头。如果一个俱乐部有充裕的资金，便可以买下并管理自己的足球场，还可以在场地配备灯光，这样就可以在天黑后训练队员，然而大多数俱乐部都没有这个经济实力。另一个挑战是年幼的儿童所使用的场地必须十分平坦，不能有坑洞和石块，以免孩子受伤，因此维护费用又是一笔可观的开销。

　　一些俱乐部会设置奖学金项目用以支付巡回赛的相关费用。[23]相关费用大约在每年500—1000美元之间，具体取决于球队参加的巡回赛的数量；每年的队费大概在600—1600美元，而俱乐部收费约为100美元。参加联赛的每支队伍要交的报名费约为450美元（每个队员约40美元）。每个团队成员和家庭成员的旅行和酒店费用是另算的。基本的团队支出涵盖了一名带薪教练、两套球衣、训练队服和其他额外装备，如热身服和背包，当然也有一些俱乐部收取约250美元的服装费。

　　考虑到每周的训练和比赛时长，足球运动的总体成本还算是相当低的，尤其是与竞技舞蹈这类活动相比。即便如此，这些费用对许多美国家庭来说仍是一笔不小的开销，尤其因为所有费用必须在秋季一次性付清，而且孩子的其他活动也需要花钱。此外，家长必须为孩子购买足球鞋、护腿等其他个人装备，一年下来又要花费数百美元。室外防滑钉鞋的价格为20—30美元，室内钉鞋的价格则为30—40美元；护腿要18美元；一双足以盖住护腿的足球袜要10美元。家庭还要承担球队后勤相关的一切费用。

此外，巡回足球赛对一个家庭来说不只是一个赛季的事情；这是一项全年的事务，主要的比赛季节是秋季和春季，在这两个赛季，训练和比赛都在户外进行。冬季是室内赛季，夏季则有许多需要远途旅行的比赛和训练营。教练经常要求孩子们只参加这一项体育运动，巡回足球全年无休的赛事结构使得许多孩子无法参加其他活动，不管是娱乐性还是竞争性的。如果训练和比赛的时间允许，有的孩子可以参加别的运动，但如果他还有兄弟姐妹，这就变得难上加难，更别说家长们每周要往返于各项比赛之间。

在代价如此之大的情形下，教练和成年人有时会做出不端的行为。"挖角"就是问题之一。肆无忌惮的教练可能会试图哄骗一名有天赋的球员离开目前的球队，加入另外一个队；教练可能向球员许诺更多的胜场和上场时间。一些联盟针对"挖角"有明确规定，并制定了惩罚措施来防止这种行为。但这种行为在俱乐部竞争特别激烈的地区依然会发生。大多数挖角事件发生在夏季或选拔赛期间（其实交易此时已经达成，报价也已明确，但仍需要选拔赛走个形式）。很少有人在赛季中期挖角，大概是因为这种交易太过显眼，会招致联盟的批评或制裁。显然，在过去某些联赛中，挖角行为太过猖獗并引起了争议，所以球队名单在赛季中途是不能更改的。

每当州杯锦标赛来临，竞争就格外激烈。每个州都可以通过美国青年足球协会组织本州的锦标赛。这些锦标赛采用淘汰制，也会确定种子队。不是每个州都有州杯锦标赛，但是在那些有比赛的州，这场比赛的重要性非比寻常。州杯冠军的头衔会伴随着整个球队，也伴随着不断长大的每个球员。[24]

每当顶级巡回俱乐部获得重大胜利，如赢得州杯，就会登上《美国足球》，这是一份月刊，有关于青少年足球的定期专栏。像www.Nationalsoccerranking.com这样的网站从U11开始为男子和女子队分别排名。要想登上排行榜，球队需要参加国家和地区级的比赛。像其他活动一样，足球锦标赛哪怕并非全国性的，也依然能享有盛名。

大多数巡回足球队所参加的当地锦标赛并不计入这些排名，这些比赛的规模小于州杯锦标赛。参与并在锦标赛中取胜对小学年龄段的孩子来说不太重要，但对于要在大学申请中"展示"自己的高中球员们则较为关键。无论比赛的规模大小，它们对教练、孩子和父母都是重要的，这些人都盼望着自己的孩子和球队能赢。

与其他活动一样，足球比赛会颁发奖杯。奖杯往往只给获胜的队伍，不过所有的孩子都会拿到一个参与徽章，获胜的队员则会得到一个特别的徽章，很多足球少年热衷于收集很多的徽章，甚至会与其他人进行交换。孩子们常把徽章别在装着他们的钉鞋和护腿的足球背包上展示。

总的来说，足球是三个案例研究活动中规模最大的，也有着一套对球员和球队进行排名的最大的组织结构，全国上下估计有6000个足球俱乐部。在美国，无论是娱乐性还是竞争性的足球都是一项颇受欢迎的活动，尤其是在郊区和中产阶级中上层中［足球运动也经常被当作讽刺的题材，如艾伦·布莱克（Alan Black）的非虚构作品《踢球》（*Kick the Balls*），南希·斯塔尔（Nancy Star）的小说《拼车日》（*Carpool Diem*），以及电影《足球老爹》（*Kicking and Screaming*）］。[25]

梅特罗足球合作社和西田足球俱乐部

与我对国际象棋和舞蹈的所见相反，就足球运动来说，西郡的竞争比梅特罗市更为激烈。与其他活动不同的是，尽管俱乐部向孩子们收取入场费，但两个足球场地都是由非营利组织提供的。梅特罗足球合作社和西田足球俱乐部的男女生成员数量都比较平均，但在这两个俱乐部小学年龄段的球队中，男孩的数量略多一些。

西田足球俱乐部非常有竞争力。该俱乐部开设了好几个项目，包括为9岁以上儿童设立的巡回足球队，为7—8岁儿童设立的巡回"培训学院"，以及为7岁及以下儿童设立的周末娱乐赛。他们还在冬天组织训练营和室内足球赛。每个项目都是为了下一阶段做准备，意图将孩子们训练成为优秀的足球运动员。每年西田足球俱乐部都有多支球队去参加州杯锦标赛，其中有几支球队还拿到过冠军。

尽管组建了多支战绩显赫的球队，但西田足球俱乐部却并没有自己的足球场。相反，他们不得不付费租用附近大学的场地进行训练，然后用市政府的场地进行比赛。但是大学和市政府的球场都没有灯光，所以球队晚上不能训练。这意味着西田足球俱乐部无法控制球队的训练时间。市政部门和大学也会因天气原因而关闭场地。此外，俱乐部不得不将这些场地的维护外包给其他人。考虑到这个富裕地区高昂的地价，除非得到一笔巨额捐款，否则他们短期之内不可能买得起自己的场地。

参与竞争的并不仅仅是西田足球俱乐部里的孩子们，父母也热衷于在球队中争名夺位。俱乐部领导层内部也有圈子和小团体，这种氛围助长了父母之间的钩心斗角。尽管俱乐部聘请了全职员工，但管理俱乐部的家长们手握员工的任免权，员工们则要在针锋相对的斗争中选边站。在这种剑拔弩张的氛围里，许多刚成立的球队表现不佳，致使球员受家人影响转去了其他足球组织，或者转向曲棍球、篮球以及本地区流行的其他运动项目。

梅特罗足球合作社在球场上也颇有竞争力，每年都会有几支球队出战州杯锦标赛，在这家合作社，负责管理和组织球队的中产阶级上层的家长们很有合作意识。他们常常一起拼车，无论是领导层还是球队内部，都很少发生冲突。

这家足球合作社只提供巡回赛的机会，但它与一个广受好评的非竞争性娱乐赛事联盟关系密切，这个联盟还是在合作社一些高层的帮助下成立的。12年前，这群父母意识到孩子们需要更多的比赛机会，于是成立了自己的俱乐部。为了阻止父母之间可能出现的内斗，合作社的章程规定，每个球队都必须雇佣一名非球员父母出身的教练。

过去几年里，这家足球合作社培养的几支球队获得了国家级的荣誉，许多球员也获得了大学的足球奖学金。这些成绩增强了合作社家长们的使命感和合作意识。据我观察，这群家长之所以能够相处融洽，一部分原因是他们太相似了。

他们中的大多数人不仅同样生活在梅特罗市同一个富裕的地段，而且教育和收入水平也都差不多。加入合作社的都是富裕家庭，一方面因为在梅特罗市参加足球赛的费用比较高，另一方面由于到达市政府训练场的公共交通不太方便，所以大多数家庭都要开车接送孩子——这在梅特罗市是一种奢侈。同时这意味着该合作社在种族/民族和社会阶级方面不太多元。[26]参赛的双方都位于梅特罗中心的外围，因此需要开车来接送孩子参加周末的比赛，车程长达两个小时。

我总共采访了来自西田足球俱乐部和梅特罗足球合作社的

41个足球家庭的父母；其中有32个家庭的孩子目前正在参加巡回赛，9个家庭的孩子之前有过比赛经历。由于竞争的激烈程度存在差别，我在西田足球俱乐部采访到了更多目前活跃在球场的球员和家庭，而在梅特罗足球合作社则接触了更多现阶段并不活跃的球员和家庭。另外，我跟17个踢足球的孩子和10个教练交谈过。因为家长在足球活动中的参与度很高，我又额外访问了担任领导职务的家长（基本都是俱乐部领导，但也有联赛和全国性组织的领导）。通过家长领导层，我不仅参加了两个俱乐部的多场董事会议，还实地参与了孩子们的训练、周末比赛、夏季训练营（当地的和地区的）、一次本地锦标赛和一次州政府会议。（在我实地考察期间，没有任何小学年龄段的球队去参加过全国比赛。）与之前提到的国际象棋和足球之间的高度重叠不同，同时参加竞技舞蹈和足球活动的只有两个女孩，我也是通过调查舞蹈活动而非足球才认识了这两个家庭。

竞技舞蹈：五，六，七，走!

因为《舞魅天下》、《与星共舞》、《艾比终极舞蹈大赛》（Abby's Ultimate Dance Competition）和《全美街舞大赛》（America's Best Dance Crew）等节目，舞蹈在最近的电视上迎来了一次复兴。真人秀节目《舞动妈妈》的卖点是青春期的女孩和她们的妈妈在舞蹈老师的带领下，在全国各地参加舞蹈比赛。这档节目特别突出了舞蹈大赛，吸引了人们的兴趣和关注。不过，"竞技舞蹈"到底是什么？

我先来说说竞技舞蹈不是什么：它既不是芭蕾舞，也不是交际舞。芭蕾舞是最古典的舞蹈形式，进入芭蕾舞团要经过十分激烈的竞争。芭蕾舞有自己的赛事，如每四年一次在密西西比州杰克逊市举行的美国国际芭蕾舞比赛，该比赛在2012年上映的纪录片《起点》（*First Position*）中吸引了不少眼球。[27]但是这些赛事中的舞者一般年龄稍大，他们拥有用脚尖跳舞所必须具备的身体发育条件。交际舞的特色是一个男孩和一个女孩一起跳舞，交际舞也有比赛，而且有专门针对儿童的赛事。纪录片《狂热舞厅》（*Mad Hot Ballroom*）追踪了纽约市五年级学生的年度交际舞大赛。[28]节目《与星共舞》的重点也在于儿童竞赛，这档电视节目还直播了年仅6岁的孩子的参赛过程。

本书中所写的竞技舞蹈主要在营利性比赛当中进行，融合了多种舞蹈风格。这些风格可能包括芭蕾舞和交际舞，但主要是爵士舞、踢踏舞和抒情/当代舞（即融合爵士舞、芭蕾舞和现代技巧的舞蹈，通常伴随慢节奏歌曲）。专业舞蹈中最接近这种风格的是百老汇舞蹈。电视上最能代表竞技舞蹈的节目是《舞魅天下》，节目中时不时提到舞蹈的具体"比赛类型"，其中包含许多"技巧"，如足尖旋转、跳跃、踢腿，甚至一些杂技动作，这些在《舞动妈妈》中也十分常见（通常没有芭蕾舞元素）。

　　竞技舞蹈的主体是女孩。这是显而易见的事实，因为竞技舞蹈不像交际舞甚至芭蕾舞，不需要两人搭档来跳。一支竞技舞蹈里的动作可以由多人团体（有时一套动作要由近百人一起完成）、小型团体（通常指十人以内的团体）、双人、三人或一人完成。舞蹈教室也会将自己列为大赛中的一个参赛单位，团体舞的组合方式全由舞蹈教室来决定。同样地，每个舞蹈教室自行决定是通过试演还是邀请的方式来选拔学生进入参赛团队。

　　舞蹈教室还能决定参加哪些比赛以及派多少学生参加。春季和秋季的周末举行的营利性比赛活动是"地区赛"，而"国家赛"在夏季举行，为期4—7天。参赛费是按照每支舞蹈收取的，一支舞蹈中的每一位参赛选手都要交费。例如，一个独舞选手需要支付80美元，但如果她还参与了其他4支团体舞，那么每支团体舞她都还要额外支付30美元，总费用为200美元。如果她所参加的其中一支团体舞有5个人，那么这支舞蹈的参赛费是150美元，而如果另一支舞蹈有50个人参与，那么参赛费就是1500美元，尽管这两支舞在台上花费的时间是一样的。虽然不同比赛有不同的时间要求，但同一次比赛当中，所有的舞蹈的时长都是相同的，一般是3分钟。

　　全国范围内约有200家筹办舞蹈比赛的公司。拥有和/或经营这些比赛的个人通常受过一些舞蹈训练或有相关背景，但情况也并非总是如此。任何人都可以举办比赛，不存在任何限制。尽管一些比赛场所（例如学校和会议中心）会要求主办方购买保险，但大多数赛事的主办方并不持有商业改进局①的认证。[29]

　　有的竞赛公司，也被称为"系统"，规模相当庞大，每年在全国各地举办数百场的比赛。有的公司则只在少数几个地区举办活动。所有这些公司的共同点是它们都向参赛选手收取费用。其余的细节——舞蹈时长、年龄组别和竞赛规则、舞蹈分类——没有统一要求。

　　2007年，一个比赛负责人成立了一个名为"舞蹈比赛联合会"（Federation of Dance Competitions）的非营利组织，试图建立一套行为规范。这家联合会由数百家竞赛公司中的少数几家组成，除此之外，不存在任何一家全国性组织可以对舞蹈选手（在舞蹈教室或个人的层面）进行排名。这意味着没有一个像美国国际象棋联盟这样的组织来追踪参赛选手的人数和他们的身份信息，如年龄和性别。[30]因此，我们无法对于舞蹈比赛参赛者的总数做出准确的估计。一个重要的全国性比赛"满堂彩"锦标赛声称，每年有超过十万名舞蹈选手在他们的比赛中同台竞技。[31]鉴于还有其他200个比赛，我们可以假设舞蹈比赛的总人数远高于学生国际象棋的五万人，但可能少于参加巡回足球赛的数百万人。

---

　　① 商业改进局（Better Business Bureau，简称BBB）成立于1912年，是一家专注于促进市场信任的非营利组织，商业改进局有一套评级系统，其认证能够体现一个企业符合诚信经营、合法宣传、兑现承诺、保护消费者隐私等方面的水平。

舞蹈比赛联合会试图在他们的会员中将评判程序标准化，这么做可能也将影响到其他比赛的制度。一般来说，每场比赛有三名评委，但有些比赛会多请几位评委，并去掉最低分或最高分。评委们有时和指导老师认识，有的评委甚至认识台上表演的选手。评委们都是职业舞蹈家，但在很多比赛中，他们的名字和资历并不出现在节目单上，甚至在颁奖仪式上也不会宣布。

比赛通常在酒店、大型高中或社区空间内举行。一个拥有足够大的舞台和观众席的舞厅是必需的。理想的情况下，带有内置舞台的会堂是最好的，但比赛中供表演的舞台并不总是标准大小，台面材质也不一定适合跳舞。有时舞台是升降表演台，所以跳舞时会晃动；有的临时搭成的舞台就是在混凝土上铺了一层光滑的材料。

评委们所坐的位置在舞台下面，通常与观众席保持着一定的距离，如此一来，他们身后的人就无法偷看分数或恐吓评委。评委席的末端坐着一个统计员，以便在每支舞结束后统计分数，这样，表演一结束，很快就可以宣布奖项。

比赛现场还必须有一个较大的空间作为女生更衣室，也要有一个小一点的给男生。许多舞蹈教室用隔断划分出属于自己的空间，用于化妆和更换服装。理想情况下会另有一个房间供团体舞参赛者热身和排练，但并不是每场比赛都有。一般会有一家附近的酒店为参赛人员提供团体住宿（价格每晚100—250美元不等）。为了参加清晨和深夜的比赛，大多数参赛者都需要住在这家酒店，即使她们的家就住在开车可以到达的距离之内。

　　国家级赛事所选的地点一般是比较合适阖家前往的地方，如佛罗里达州、加利福尼亚州、南卡罗来纳州，全家人可以将比赛当作一次为期一周的度假。国家级赛事往往于夏季在全国几个不同的地方举行，东海岸、中西部和西海岸都有。许多参赛选手在夏季的几个月里四处旅行，参加多个国家级赛事。

　　舞蹈老师通过各种舞蹈杂志来获取信息，选择要参加哪些比赛，例如《舞蹈教师》（Dance Teacher）、《舞蹈精神》（Dance Spirit）、《舞者》（Dancer）和《舞蹈杂志》（Dance Magazine），这些杂志上都登满了将要举办的比赛的广告。这些出版物一年会推出一整期刊物来专门报道舞蹈比赛。另一种寻找将要举办的比赛的方式是通过互联网，尤其是通过舞蹈论坛或脸书。多年来一直参与比赛的舞蹈教室都在某几个比赛系统的定期邮件列表中，系统还会追踪他们喜欢参加哪些比赛。多数教师评估比赛的标准是：比赛是否按时进行，宣传的奖品是否真的发放了，评分是否能尽快公布，以及比赛结果是否公平（主办方没有篡改结果，评委也尽可能客观）。

　　虽然每个赛事系统都可以制定自己的规则和评审标准，但其实舞蹈比赛也都大同小异。例如，大多数比赛都以两岁为跨度来划分年龄组，比如7—8岁、9—10岁等。在团体舞中，年龄是由所有选手的平均年龄决定的。一些老师会故意让更年轻的选手加入，哪怕只是在舞蹈中短暂地露个脸，也能达到降低平均年龄的

目的，这样做可以帮助整个团队进入年龄更小的组别，高水准的
表现在低龄组会得到更高的回报。

大多数比赛中，选手的年龄是按照截至比赛年份1月1日的年
龄进行计算的。这就是所谓的"倒算年龄法"，生日早的参赛者
有优势。举个例子，他们在10岁时还可以按照9岁的年龄参赛。
有些比赛要求提供出生证明的复印件，或者要求参赛者带好复印
件来参加比赛，以防年龄受到质疑。然而，这种做法似乎只是嘴
上说说，因为我从未见过或听说过任何人必须出示他们的证件副
本（尽管这确实在《舞动妈妈》的一集里发生过）。同样，因为
比赛根据孩子们的年龄和他们舞蹈的水平和难度来评分，所以如
果一个孩子在注册时谎报年龄，她就有可能会得到更高的评分。
当比赛为某些特定年龄组提供奖金时，这可能会是个问题。

爵士舞、芭蕾舞、踢踏舞和抒情舞几乎会出现在所有的比
赛中。在此基础上还有很多选择空间。例如，可能会有一个"角
色"类别，它可以是任何类型的舞蹈，但顾名思义，要选手扮演
一个角色。另外"开放"也是一个类别，允许在爵士舞甚至踢踏
舞中穿插杂技动作，如侧空翻。

在舞蹈种类和年龄外，还有另一个细分项：比赛类型。例
如，每周练舞不超过三个小时的选手有时可以选择报名"娱乐"
赛事。其他细分选项还包括竞技、精英、预备专业和专业等，每
项赛事都有自己的规则。专业类是指能靠跳舞赚取收入。每项赛
事也都受成本限制。主办方几乎不可能核实每位选手自主选择类

别的真实程度，这也导致了舞蹈教室之间的冲突和相互投诉。

一旦一支舞在比赛中的类型被确定下来，主办方会为其分配一个单独的条目编号。上述的所有选项——包括年龄、类别，甚至团体的规模——都使竞赛主办方和舞蹈教师能够最大化地赚取利润，并让各方都满意。如果有更多的舞蹈入选，主办方和老师都能赚到钱：老师向家长收取更多的课程和排练费用，主办方则向每一段表演收费。两者都还会有额外的获益，那就是孩子们会更快乐——他们跳得越多，就越有可能获奖（也更可能拿第一名）。这意味着他们的父母也会更开心。

比赛主办方用一套裁判系统来决定赛事的走向，其目的是最大限度地提高奖项数量。在这套裁判系统里，每支舞首先得到评委所给的评分，然后根据其所属的条目编号颁发奖项。大多数比赛用分数来评判舞蹈动作，每个评委有100分（所以总分为300分），评分结合技巧和表演两个方面，其中包括服装、化妆和整体形象。分数最高的，通常会在290—300的区间，将被授予最高奖项。在不同的比赛中，奖项的名称也不同。常见的最高奖项是"钻石奖"或"白金奖"，其次是高级金牌、金牌、高级银牌、银牌、铜牌或荣誉奖。值得注意的是，因为这些比赛既不公布评分项，也不公布具体分数，所以我们一般很难确切掌握裁决的标准。[32]

在对所有的舞蹈动作进行完评判后，分别对各个年龄段、舞蹈种类、比赛类型和动作规格进行数值比较，得出排名。一般来说，只有一到两名参赛选手会表现得很全面，因而顺理成章地"拿下"第一名或第二名。主办方会试图将类型相同的选手的舞蹈安排在一起表演，以便于评委们进行比较。但是，如果孩子们在多支舞蹈表演的间隙需要更换服装，这样做又行不通。总而言之，这些比赛的胜负在本质上取决于裁判结果，而不是当面对决。

那些更有竞争力的舞蹈教室只看"总体表现"，即某一特定类别的所有参赛舞蹈的裁定结果都出炉之后，再进行比较才有意义。相同规模的团体舞被放在一起比较（大团体、双人舞、三人舞或独舞）。奖项通常也是根据年龄分组颁发的，例如14岁以上或10岁以下为一组。总冠军有时会得到现金奖励。舞蹈教室会在团队成员之间分配奖金，或者交由老师保管。奖金数额通常不会提前公布，因为这取决于这场比赛有多少支舞蹈参赛。奖项之所以吸引人，是因为它既能吸引关注，又能带来金钱奖励。对于那些想要吸引高质量生源的舞蹈教室来说，赢得奖项能带来好处，因为许多学生都想去一个有获奖纪录的舞蹈教室。

理论上来说，根据裁判标准，参加全国赛的每一支舞都应该有资格参加地区级赛事。但实际上全国赛的门槛往往很低。为了鼓励尽可能多的人参加全国赛，主办方往往会在全国赛正式开始前先组织一场半天或者全天的比赛，这样的资格赛对那些没有通过地区赛的选手开放，给了他们一个进入全国赛的机会。有时候同样的一支舞在第二天正式比赛时又会出现。

　　比赛期间，通常一天会举行二次颁奖典礼。因为总体表现奖通常会颁发给上次颁奖典礼结束之后进行的那些表演，这又提供了另一个颁发更多奖项的机会。但在全国赛上，总体成绩会被持续记录，并在比赛结束时颁发总体表现奖。

　　在颁奖仪式上，孩子们大都坐在台上，一名播音员站在中间用麦克风宣读结果。在宣布裁判结果的过程中，播音员会念到每一支舞蹈的编号、名称（通常是舞蹈伴奏歌曲的名称）和获奖级别，并一一致谢。裁判结果公布后，按照常规，会有一个儿童作为代表领奖。不少女孩把所获奖项的绶带都一起挂在一个毛绒玩具身上（有时是一个穿着芭蕾舞裙或类似服装"翩翩起舞的"毛绒动物），她们的父母常常在比赛期间设立的特许摊位上购买这类东西。在公布了所有参赛选手的评分结果后，赛事便会宣布总体表现奖的获得者，并为他们颁发奖杯。无论一个舞蹈团体人数多少，每支舞只颁发一个奖杯。舞蹈教室通常会保留奖杯，并将绶带分发给参赛的孩子们。

　　颁奖仪式过后，老师们可以拿到评委们的意见，意见可能是书面的，也可能是录音。参赛家庭经常光顾出售各种产品的特许摊位。父母可以为孩子购买奖杯（如果孩子的舞蹈确实赢得了奖项）、舞蹈录像[33]或其他小玩意儿，如印有比赛名称的T恤或与舞蹈相关的小饰品，如舞蹈鞋形状的钥匙链。

　　我之前已经提到了参赛费用和比赛主办方能获得相当可观的收入。对每个家庭来说，舞蹈比赛的相关费用也是一大笔钱。每支舞都需要报名费（每次30—90美元）。此外，每支舞都要有单独的服装（通常是定制的），还往往要搭配定制的舞鞋（颜色要与服装相配）。平均来说，每跳一支舞要花费200美元。由于每场比赛都有不少表演三四支舞的选手，成本也逐渐攀升——特别是如果孩子的脚长大了，还必须在赛季中途更换鞋子。踢踏舞鞋是最贵的，一双要40—60美元，还不包括其他的附件，比如加在鞋底的防滑橡胶。爵士舞鞋40—50美元一双，芭蕾舞鞋一双20美元左右。孩子们经常为每支舞准备一双训练鞋，以免在练习时磨损比赛用鞋。

许多舞蹈教室要求学生穿统一的衬衫或热身服，这要花费100美元左右，他们还叮嘱家长要用哪些化妆品。所有这些都是学舞蹈的家庭要负担的开销。舞蹈教室对头型也常有规定，一些家庭会花钱雇人为女儿做发型。除了比赛费用和做造型的成本，还要加上每个周末大约几百美元的往返赛场的路费和住酒店的费用。

当然，还有平时上课的学费以及彩排和练习的费用。每周一节/一小时的舞蹈课，一年下来的费用大约是450美元。但是大多数参加比赛的孩子除了花钱购买的额外彩排时间外，每周还要上五到六节课。孩子们训练也需要服装，包括紧身衣和紧身裤，一件紧身衣的价格在15—20美元（孩子们通常会有三件以备换洗），一条紧身裤则要10美元。我实地调查过的父母每年可以动辄为一个孩子在竞技舞蹈上花费5000—10 000美元。这显然是一大笔钱，许多不熟悉舞蹈的人可能会对此感到惊讶，但这笔开销与花样滑冰和体操等类似活动差不多，甚至还比它们低。[34]

显然，竞技舞蹈是一项昂贵的活动，许多家庭最初参与进来的时候，并没有意识到费用和业内缺乏统一标准的问题。没有全国性的组织机构意味着儿童竞技舞蹈缺乏统一标准。但哪怕赛事安排和规则令人费解，依然有着成千上万的儿童（主要是女孩）年复一年地跟着他们的舞蹈教室一起参加地区性和国家级的比赛。

梅特罗精英舞蹈学院和威斯布鲁克舞蹈教室

来自梅特罗精英舞蹈学院和威斯布鲁克"一起跳舞"舞蹈教室的学生是每年参加舞蹈比赛的成千上万的学生中的一小部分。像国际象棋一样，梅特罗精英舞蹈学院内的竞争要远比威斯布鲁克"一起跳舞"舞蹈教室更为激烈。这两家都是专门为儿童开设舞蹈课程的营利性企业。

梅特罗精英舞蹈学院位于梅特罗市核心区域的旁边，这里的族群较为多样。这里有一个较小的富裕街区，主要由白人组成，还有一个不同族群混杂的贫困街区，里面有许多讲西班牙语的族裔、亚裔和非裔美国人家庭。精英舞蹈学院大约有30年的历史。[35]它在全国范围内享有很高的声誉，拥有两个舞蹈教室（从前几年的三个减少到了两个）。就像《舞动妈妈》节目中所呈现的那样，有些孩子的妈妈小时候就曾是精英舞蹈学院的学生。舞蹈教室的创立者从20世纪70年代末开始教授舞蹈，属于20世纪80年代竞技舞蹈早期浪潮的那部分先行者。她的许多学生都踏上了职业舞蹈的生涯，要么加入火箭女郎舞蹈团[①]，要么闯进百老汇，还有学生参加过电视舞蹈节目。

顾名思义，精英舞蹈学院的老师、家长和学生把这个竞技项目看作一种舞蹈教育。学院的学生每周排练四至六天，这当然也取决于一年中不同的时间点，但基本上全年都是如此。在大约700名学生中，有80名已经加入了"舞团"，其中只有4名是男孩（尽管他们都不是小学生，我还是采访了其中三位的家长）。

学院舞团没有正式的面试程序，学生要在课堂上被反复评估，然后会于初冬得到一封宣布选拔结果的信。所有加入精英舞蹈学院舞团的成员都必须签署一份合同，和他们的父母一起承诺全年都参加训练和活动，由老师们来决定哪些学生去参加哪些舞蹈比赛，其中哪些人将被选中跳独舞，这些决定同样会以私人信件的形式告知，能跳独舞在精英舞蹈学院的"舞团"里是一项崇高的荣誉。

精英舞蹈学院的老师们在每年的赛季要编排大约12—15支团队竞赛舞蹈，以及大约20支独舞。被选中的独舞者必须签署一份

---

① 火箭女郎（The Rockettes）成立于1925年，是当今世界最著名的舞蹈团之一。

合同，承诺每周参加大约两个小时的私人课程；该合同还禁止独舞者在赛季参加其他体育活动。每位参赛选手都会得到一套由舞蹈教室的设计师为每支舞蹈手工制作的服装。

学院的所有成员每年参加三到四次地区赛以及一次全国赛。他们的舞技很好，经常在全国赛中赢得总体表现奖。但由于这里的不少家庭财力有限，该学院每年只参加一次全国性活动。一些高级学员会在夏季前往亚洲和欧洲跳舞，这基本上就相当于又一次参加全国性的比赛。

有这么多需要排练的参赛舞蹈，再加上学院学生的常规课程，场地便十分珍贵。虽然学院有两个舞蹈教室，彼此相距10—15分钟的车程，但额外的场地还是必不可少的。尤其是在赛季，精英舞蹈学院会向宗教团体和体育团体租用场地，这些地方拥有适合跳舞的木地板，可以满足他们对场地的需求。

威斯布鲁克"一起跳舞"舞蹈教室也有两个场地，但这几乎是它和精英舞蹈学院唯一的相似之处。"一起跳舞"成立不算久——只有五年历史——它的竞技舞蹈项目也没有那么发达。舞蹈教室的创始人之一以前是专业舞蹈演员，在一家位于郊区的购物中心里开了他们的第一家舞蹈教室。这家购物中心跟杂货超市和药店在同一栋建筑里，创始人选址的初衷是父母可以在孩子上舞蹈课的时候去购物。遵循同样的策略，他们选择的第二个场地也在一个有超市的购物中心里。

"一起跳舞"在比赛中属于"娱乐"水平。他们的舞蹈团队每年参加三到四次地区赛，但不参加任何全国赛。"一起跳舞"每年春季和秋季都会为其舞蹈团队举办一次公开试镜，基本上所有参加试镜的人都会被录取。针对12岁及12岁以下儿童准备的"初级"舞蹈课中大约有20个女孩和1个男孩。每支舞蹈每周只练习一次，因为舞蹈教室不要求学生签合同，所以不少学生屡次错过排练也没有什么后果。

"一起跳舞"的学生一般每年选一两支舞去参赛，一般是踢踏舞和爵士舞。他们的服装是从舞蹈服装杂志上订购的，但妈妈们有时会给这些跳舞服加一点装饰性的点缀。独舞者屈指可数，也并非精挑细选出来的，而是这些女孩的母亲要求老师给女儿上私教课。说到底，因为她们的家庭可以支付所有的额外费用，所以她们就有跳独舞的机会。

我一共采访了26位舞蹈妈妈。退出舞蹈的人不像退出国际象棋或足球的人那么多，所以我只访谈了2位女儿在小学期间退出竞技舞蹈的母亲。我还采访了11个女孩，其中大多数都在精英舞蹈学院。在田野调查期间，我跟随这些舞蹈演员参加了三次地区比赛和一次全国赛，并采访了8位舞蹈老师。

在对所有上述三项课外活动的调查中，我采访了95个家庭，每个家庭至少采访了1位家长，这些家庭的孩子都有很强的竞争力。在许多这样的家庭中，我要么单独采访另一位家长，要么连同主要看护者一起采访，也会采访他们家庭中的一个孩子。除了正式采访近50名教师、教练和活动负责人，我还花了数百个小时在训练和比赛当中。通过将正式采访和人物志观察相结合，我得以动态地去审视和我交谈的人的一举一动。我所得到的是一个丰富的数据库，它不仅描绘了个人，也刻画出了体制。下一章将深入探究关于童年竞争资本的更多细节：赢的重要性，被评价和排名的感觉，以及在时间压力下的行动。

第三章

培养童年竞争资本：通才和专业赛道上的家长怎么说

"你采访过'象棋女士'吗？"

路易丝，也被称为"象棋女士"，在梅特罗市的国际象棋圈子里赫赫有名。但路易丝算不上真正的"象棋女士"，她甚至不懂下棋。凭借高超的组织能力、昂扬的斗志以及对女儿在竞赛中获胜的投入，路易丝得到了一部分人的赞赏，也遭到了一部分人的唾骂——特别是在她促使她女儿的学校以移民身份为由解雇了一名国际象棋教练之后，而这样做仅仅是因为她认为女儿没有从教练那里得到足够个性化的关注。

路易丝40岁出头，已婚，有两个年幼的女儿，一个上三年级，另一个上幼儿园。她的丈夫是一名需要随时接诊的急诊室医生，她曾经在投资银行工作，在经历了与不孕症的斗争后，她选择了辞职备孕。她将自己的不孕归因于工作压力太大。路易丝说话时总是声如洪钟、精力充沛，一头卷曲的黑发也跟着晃动。她时常穿着颜色鲜艳的卡骆驰鞋，每个肩膀上都挂着好几只大包，一边安排着女儿的课程、预约和玩耍聚会的时间，一边摆弄着手上的黑莓手机。路易丝不再管理员工和客户，而是事无巨细地管理着她女儿的生活。

　　一次，路易丝在诊所候诊时听说了一个孩子学国际象棋的事情，于是她的大女儿夏洛特（也叫洛蒂）开始学国际象棋。路易丝迅速为她还没上幼儿园的女儿洛蒂安排了私教课。洛蒂上小学后，路易丝开始帮助并基本接管了学校的团队和竞赛项目。她解释道：

　　　　有些孩子真的很喜欢国际象棋，但学校并没有为这些孩子提供真正适合他们的帮助，所以我就成了承担这项任务的家长。这当中有一部分是出于个人目的，但不是你所想的那种。在我们学校，下国际象棋的孩子都是好孩子，但是在这所学校里，总的来说，非常、非常有钱的家庭太多了。现在，有的家长做得很好，培养的孩子非常优秀，有些人则做得不太好。有些学生一年级就有iPod了，有些一年级学生知道他们的信托基金里有几百万美元，这非常令人不快。我发现下国际象棋的孩子不会这样，无论他们的经济状况如何，他们都不会这样——他们就是非常聪明且善良的一群孩子。就我个人而言，在这样一个大的学校社区中建立起这样一个小集体感觉很棒，因为这样做让我在学校里更有了家的感觉。

　　路易丝非常重视"对家庭模式的投入"。[1]她定期参加离家距离较远的育儿妈妈小组；她愿意来回奔波是因为她喜欢这个特定群体中关于童年、竞争和活动的讨论。她还向我讲述了她与心理学家的对话："抚养孩子是一项浩大的实验，我要等到以后才能知道（我做得对不对）。我有自己的心理咨询师……她尤其对国际象棋持怀疑态度，因为国际象棋中的回报都在于取得的成就，而不是对这项活动的体验。"我们所有的会面和讨论都发生来往接送洛蒂和她妹妹的路上，从国际象棋比赛到花样滑冰课程，从网球课和私人希伯来语辅导。（洛蒂太忙了，没时间上希伯来语学校，所以他父母请了一位家教，在方便的时候来他们家授课。）

路易丝眼里的洛蒂是一个发展均衡的孩子："我的女儿，她真是一个全面发展的孩子，她喜欢国际象棋、网球和滑冰，但她也玩电子游戏，毕竟只是个孩子而已。"其他家长对此表达了不同的观点（并不是我主动询问的），他们说即使在锦标赛中间的休息时段，洛蒂也"被迫"做数学练习题。（我并未亲眼看到她在比赛期间做下棋之外的其他事情。）家长们还描述说，洛蒂在比赛中输掉一局就会变得非常沮丧，开始流泪，有时甚至会号啕大哭，我确实目睹了她的这些行为。还有几位家长指出，当洛蒂的母亲在她身边时，她会变得特别不安。路易丝发现了这个问题，并聘请了一名国际象棋老师陪同洛蒂参加比赛，并在比赛期间和她一起复盘并讨论战术。为了帮助女儿在竞争中获胜，路易丝甘愿放弃一些控制权。

当洛蒂表现好时，路易丝会给她丰厚的奖励。路易丝向我描述了她的奖励系统，但是这套系统实在太出名了，以至于其他家长也向我讲过。总的来说，洛蒂所做的各种事情都可以获得积分——她学习国际象棋、练习滑冰的小时数，学校作业完成得好，没有和妹妹打架——在这个复杂的积分系统中，每项行为都对应一定的积分。当洛蒂积累了几千积分时，就可以得到"超大"奖励，比如一个电子游戏机。这套精妙的系统是路易丝设计的，她给出丰厚的奖励来让洛蒂明白努力和竞争的意义：

　　她和那些有信托基金的孩子在一起上学，你可以看到，那些孩子的父母并不关心孩子在学校的表现。她知道自己必须在学校表现出色，因为她需要走一条自食其力的道路。我能看得出她班上有一些女孩，她们的父母在教育她们的时候就认为将来有人会养她们，但现实并非如此……就像，当她长大后说，她想当一名诉讼律师……但让我震惊的一点是，有很多二年级女生的母亲担心的是她们的女儿有多胖。比如在她的生日会上，我们准备了纸杯蛋糕，有一个妈妈说："不要给我的女儿纸杯蛋糕，她已经有小肚子了，穿衣服上镜可是很重要的。"还有一些妈妈们更关心自己女儿受欢迎的程度，对我来说，这些都不是我在洛蒂身上最关注的，我关注的是她学到了什么技能，我要把我的孩子培养到足以参与市场上的竞争的程度。

后来，路易丝若有所思地补充道："当然了，我希望她快乐、全面，而不是像我一样神经质。"

像路易丝这样的母亲和父亲让他们的孩子参与竞争性课外活动的动机是什么，他们如何解释和理解这些动机？虽然路易丝显得有些极端，但她作为一名合格母亲的动机和经历并不少见。根据经济学家理查德·弗兰克（Richard Frank）的说法，像路易丝这样的父母十分理性，因为他们"试图采取各种措施来跟上或超过他们的竞争对手，来让自己的孩子以后过得更好"[2]。他们的决定基于自身的经历和背景，也应该被放在由历史和企业家们塑造的充满竞争的童年这一背景下去理解。

虽然父母们无法百分之百地确定这些课外活动能保证孩子短期或长期的成功，但他们都在两面下注。他们深知自己的下一代长大后将进入教育和就业的市场，因此希望孩子尽可能地为这两个市场都做好准备。从很多方面来说，他们为孩子选择的具体活动内容并没有参与竞争性活动本身重要，这主要是因为参与竞争性儿童活动可以培养一系列的能力。这里就要提到童年竞争资本，这一概念将在后文详细介绍。

在这一章中，我描述和分析了父母们对于孩子为何参加国际象棋、舞蹈和足球活动的解释。由于这是一种文化分析，这些解释也揭示了他们希望孩子成年后能够过上什么样的生活，以及在他们眼中孩子需要做什么来真正实现这些愿景。这些家庭可能背景各异，每家孩子参加的活动也不尽相同，但他们持有的充满竞争性的世界观是一致的。这些家长试图为自己孩子培养必要的技能；他们也处于第五章中所描述的竞争性童年的大格局当中，在这种社会结构之下，在童年竞争资本相关行业中谋生的成年人影响了父母世界观的形成，不断强调童年竞争资本对孩子未来的重要性。

在这一章中，我将首先简要描述这些家庭，以及他们是如何进入竞争性儿童活动这一领域的。然后，我将详细介绍构成童年竞争资本的技能，并提出父母成功培养出有竞争力的孩子的两个策略——通才和专才。

竞争开始

父母有时无法解释或回忆起自家孩子是如何开始参加业余娱乐活动的。在模糊的记忆中，他们经常用运气来解释他们最初是如何加入到某些活动和环境当中的，这一点与人们会解释说他们能找到一份工作全是凭运气没有什么不同。[3]即使是井井有条的路易丝也认为她在医生的候诊室里遇到那位家长是一种"幸运"，这种偶然的相遇开启了洛蒂的国际象棋生涯。

对于父母来说，解释他们的孩子如何成为一名竞赛选手就要容易许多。在所有此类活动中，相比业余水平的选手，走竞争路线都是一个需要投入更多金钱和时间的选择。父母不会仅凭运气，而是在牛刀小试之后，刻意地为孩子选择一条竞赛的道路。

　　关于孩子为什么从娱乐参与转向竞赛方向，家长们普遍提供了三种类型的解释：（1）父母中有一方曾经是这项活动或相关活动的竞赛选手；（2）兄弟姐妹或其他家庭成员曾经或现在仍是竞赛选手；（3）孩子的朋友或社区中的其他人参加了竞赛，从而使他们能够接触到竞赛的圈子。这些原因与其他学者的发现是一致的，从事"儿童参与结构化活动"研究的霍弗思（Hofferth）、金奈（Kinney）和邓恩（Dunn）发现，孩子们参与课外活动要么是出于个人兴趣，要么是出于父母的兴趣，或者是因为想和朋友在一起。[4]

　　这并不是说父母们不会有一种被其他成年人甚至自己的孩子"拉上贼船"的感觉，正如这位国际象棋妈妈所讲述的故事一样：

　　　　在我们交谈的过程中，莎莉（另一位母亲）总想要拉上我。她应该是第一个告诉我有比赛的人。我总是责怪她，因为是她告诉我有一个锦标赛，她说："你为什么不试试这个锦标赛呢？"于是我们去参加了那个比赛，我女儿赢得了第一名……这几乎就像一个营销手段，因为现在我的女儿总是想赢，好吗？（笑）所以就像前几年一样，每次我都会在比赛中对莎莉说："是你把我拉上贼船的！"

　　比起踢足球和跳舞的孩子，下国际象棋的孩子们通常会更早地成为竞赛选手。我曾见过一个4岁的孩子参加全国学生国际象棋大赛，但一般来说，孩子们会在六七岁左右开始参加比赛。[5]由于大多数学生国际象棋比赛始于学校，这使得我所采访的这些家庭更容易找到参赛的途径。

　　在休闲足球运动中掌握了足够的技巧之后，竞技足球才拉开序幕。梅特罗足球合作社为男孩和女孩各组建了一支U8球队，但西田足球俱乐部只为U8的孩子们提供了一个培训学院（仍需经过选拔），他们的传统足球队从U9开始。与此类似，精英舞蹈学院和"一起跳舞"舞蹈教室的大多数舞蹈学员会在八九岁左右开始参加比赛，因为提高舞技所必需的肌肉力量是随着身体的成熟和发育而产生，只有少数人在6岁左右就开始参加舞蹈比赛。

　　我遇到的一些年龄很小就开始参加比赛的孩子是逼迫父母让他们参赛的。然而，即使是孩子自愿参与竞争，是否加入最终还是取决于父母，他们需要支付费用并让孩子参加各种训练和活动。我遇到的父母都选择了参与（甚至有些孩子最终选择了退出）；也许有些孩子的父母不太积极，不鼓励他们参与竞争的野心，但是从未有教练、老师或其他父母向我提到过孩子受到阻止的情况。

表1　有孩子参与竞赛的受访家庭的描述性数据（百分比）

	国际象棋34% （总人数：29）	舞蹈29% （总人数：25）	足球37% （总人数：32）
参与活动的儿童的性别*			
女生	14	88	47
男生	76	8	47
男女混合	10	4	6
婚姻状况			
已婚**	83	88	88
未婚	17	12	12
父母学历			
双亲高中学历	7	20	3
一方高中学历；另一方 至少本科学历	7	32	9
双亲本科学历	10	28	16
一方研究生学历；另一 方本科	24	12	22
双亲研究生学历	52	8	50
家庭年收入（美元）			
40 000以下	3	4	3
40 000—79 999	10	12	3
80 000—119 999	7	32	6
120 000—199 999	21	24	13
高于200 000	59	28	75

（续表）

	国际象棋34% （总人数：29）	舞蹈29% （总人数：25）	足球37% （总人数：32）
就业状况			
双亲全职工作	62	64	44
一方全职；另一方兼职工作	17	20	9
一方全职；另一方不工作	21	16	47
孩子的种族/民族			
白人	62	56	94
黑人	7	20	3
亚裔/印度裔	0	4	0
西班牙语裔	17	12	0
其他/混血	14	8	3
移民状况			
双亲生于美国	41	72	70
一方生于外国	35	4	15
双亲生于外国	24	24	15
宗教信仰			
新教	24	32	22
天主教	7	56	31
犹太教	38	4	28
其他	31	8	19

　　*参加国际象棋活动的家庭中，有两个家庭的孩子也参加了竞技足球；五个参加足球活动的家庭的孩子也同时学习国际象棋和舞蹈（三个学习国际象棋，两个学习舞蹈）。

　　**我采访了一对有孩子的同性伴侣，并将他们归入了已婚类别。

　　表1所展示的是我采访过的那些支持参与竞争的父母们的描述性数据。这些家庭大都比较富裕，受过良好的教育，但各项活动之间也存在一些差异，我将在第四章对此进行更全面的讨论。这些家庭往往居住在城市和郊区的富裕社区。（即使在经济衰退之后，2009年西郡的家庭收入中位数仍超过10.6万美元；梅特罗市的收入略低，接近10万美元。）我接触的那些参与竞争性活动的孩子们，在社区邻里中确实都是家境较为殷实的。

　　然而，值得注意的是，大多数家庭里的夫妻双方都有工作。这些家庭属于中产阶级上层，但并非上层阶级——他们可以接近顶端1%的水平，但绝对不属于那1%的人群。因为他们并没有多少资源（如信托基金或大量储蓄）可以依靠，这些父母必须努力工作，好让自己的家庭可以享受富足的生活方式。虽然这些高学历的父母在职业和经济方面都表现出色，但他们总在为现在和未来的稳定性而担忧，尤其是对自己的下一代而言。在这个主要由热心积极、充满动力的中产阶级上层家长组成的群体里，[6]不安全感、教育和竞争意识相互交织，是这些忧心忡忡的父母所焦虑的主题。

在课外活动中愉快地学习

　　当孩子们参加不受监督的游戏或有组织但非竞争性的活动

时，他们会习得一些技能。这些儿童活动中的成年人（包括父母
和活动组织方）往往会着重强调他们相信孩子能通过参与活动来
获得种种经验和益处。2008年6月在西郡市场播放的关于青少年
高尔夫的广告，充分代表了许多成年人对孩子参与课外活动的看
法，以及活动方向家长推销的方式：

> 还在以为高尔夫只是一个小白球的游戏吗？好好想想
> 吧。（在西郡俱乐部）开球的人都知道，高尔夫能教给孩子
> 宝贵的生活技能，包括礼貌、尊重、判断、责任、信心、诚
> 实、正直、体育精神、坚忍不拔，等等！更重要的是，（西
> 郡的）高尔夫在一个全年充满挑战、热血沸腾、愉悦身心和
> 一以贯之的教育环境中，充分满足孩子们发展积极性格的一
> 切必要条件。

在先前的研究中，我指出了送孩子去参加儿童选美比赛和公
文式（Kumon）课外学习中心的父母们希望自家孩子参与这些活
动所能学到的具体技能。[7]让孩子参加选美的妈妈们认为，儿童
选美比赛有助于教会孩子八项特定技能（根据被提及频率降序排
列）：自信大方、在陌生人面前不怯场、沉着冷静、穿着得体地
展示自己、具有练习意识、良好的体育精神、外向、善于倾听。
参与公文式学习的家长还强调了学习的信心和实践能力，以及速
度、纪律和专注力，还有对时间安排的遵循。

在研究国际象棋、舞蹈和足球的过程中，我发现家长们会谈及他们的孩子从休闲娱乐类活动中学到类似的技能和经验。许多足球和舞蹈家长提到，他们认为孩子可以从别的团队活动中学到同样的技能（篮球、曲棍球和啦啦队被认为是替代选项），尽管家长们认为国际象棋也许确实培养了一些不同的技能。

国际象棋父母经常提到两种技能，并且认为正是这两种技能将国际象棋与其他活动区分开来：专注力和战略思维。国际象棋不是一项体力活动，因此许多家长也强调他们的孩子可以从国际象棋中明白什么是"动脑筋的乐趣"。一位母亲的陈述概括了不少人所说的小学年龄的孩子通过下国际象棋获得的好处和技能：

> 我认为这包括了提前思考、理清思绪、了解体育精神。我确实认为这（体育精神）是他们在国际象棋活动中试图强调的事情之一。他们下完棋后，哪怕是在课堂上，都会握手互道"精彩的比赛"。我认为解决问题的技能也很关键。所以总的来说，我认为（来自国际象棋的技能）有一部分是智力的，一部分是社交性的，还有一些能提高学习成绩。

让孩子学足球的家长们关注的则是一系列不一样的技能。他们最喜欢讨论孩子们学到的团队合作和纪律性，同时喜欢强调足球的运动特性，以及它对终身健康如何有益，并能帮助孩子培养强大的身心协调能力。这位妈妈的话也表明了父母们是如何将足球所包含的技能与其他活动（比如音乐）相比较的：

> 我想你可能要真正学会如何团队合作，如何确立目标，以及想办法来实现你要达成的目标。我认为足球在这方面和小提琴这类东西比较类似。在这个过程中的很多事情教会你要怎样努力，如何对终极目标有所感知，并想办法达到它。还有很多时候要和其他人一起努力，听他们在说些什么。尤其是在足球比赛中，必须要和场上的其他人配合。

让孩子学舞蹈的妈妈们同样强调团队合作、纪律、承诺和设定目标。一位妈妈说：

> 我认为这项活动很有帮助，因为她学会了条理清晰、遵守承诺，这帮助她学会了团队合作和责任。要知道她得对自己的（舞蹈）包负责，确保包里什么都有。就像如果她想喝水、想吃零食，她都要自己照顾自己。她同时也要确保完成所有作业，保持学习成绩。说回到团队合作，我的意思是她们知道，如果有人表现不好或有人没有出勤，其他所有人都跟着受到影响，因为这会改变（整支舞的）全部队形，这些问题都是队里曾经出现过的。

参与国际象棋、舞蹈和足球等活动，是许多家庭，尤其是中产阶级家庭协作培养下一代过程中的一环。[8]对于专业人士的家庭来说，体育运动尤其是"培养孩子团队精神中很重要的一个元素"。[9]但是儿童可以通过在有组织的环境中玩耍来学习这些技能，无须通过正式比赛并取得成绩。那么，为什么有这么多家庭要跳出来参加竞争呢？父母认为他们的孩子能通过参与竞争性的活动，学到一些在单纯的娱乐性活动中学不到的东西，那会是些什么呢？

定义童年竞争资本

许多之前的非竞争性活动已经从只强调学习技能、个人成长和简单乐趣转变为高竞争性的活动。家长们相信，通过参加这类有组织的竞争性活动，孩子们的一系列技能都得到了突飞猛进的提高，这是无法通过娱乐式的参与实现的。父母们正试图在孩子的身上培养出某种性格特质，一些父母称其为"竞争精神"。这与我所说的童年竞争资本的发展息息相关。根据对家长的采访，我已经明确了家长希望孩子通过参与竞争性活动来获得的五种技能和经验，它们也构成了童年竞争资本的基础：（1）内化获胜的重要性；（2）学会走出失败，赢在未来；（3）学会在有限时间内完成任务；（4）学会在高压环境下获得成功；（5）坦然地在公共场合接受他人的评判。

　　童年竞争资本既与社会学家海思（Hays）和布莱尔–洛伊（Blair-Loy）所描述的"精细育儿"（intensive parenting）模式有关[10]，也与拉鲁提出的协作培养模式有所关联。[11]因此，它可以被视为一种文化资本。这一术语最早由布尔迪厄和帕斯隆（Passeron）提出，[12]文化资本指的是那些能够带来优势的技能、知识和教育。这个术语在有关教育、童年和阶层的文献当中经常被使用。[13]

　　显然，童年竞争资本也带有社会资本的成分，因为它将儿童和他们的家庭联系了起来，使他们得以进入社会圈子。此外，它还可以被认为是一种符号资本，这主要是因为孩子们所赢得的荣誉和喝彩可以给他们带来额外的社会认可。[14]由于童年竞争资本所包含的这些不同的元素，它被认为极大地助长了竞争习惯的形成，[15]特别是因为与之相关的很多文化资本都是具象且制度化的。然而，为了清晰起见，童年竞争资本一词被用来特指父母希望通过参加竞争性课外活动灌输给孩子们的各种资本要素。

内化获胜的重要性

　　赢是这些竞争活动中的主题，胜利者是在学习如何成为一个成功的竞争者的过程中产生的。父母经常在孩子赢而不是输的时候奖励他们，活动方显然也会奖励胜者，通常会有大号的奖杯和其他奖品，大人们会记录每一次胜利和失败。许多父母决定和他们还在上小学的孩子一起脱离娱乐性活动，以便让孩子早日学会竞争，并最终成为人生赢家。

一位母亲是这样解释自己的女儿为什么不喜欢参加国际象棋比赛的："我觉得女儿在比赛期间表现不好。她被吓到了，觉得自己赢不了……总而言之，苏西不擅长竞争。那现在，我们该怎么办？我是说她必须做好准备，因为生活就是竞争。"与此类似，另一位母亲描述了她女儿的情况："她天生就不争强好胜，所以我认为这是一件好事，可以帮助她以一种说'我想赢'的方式成熟起来，你知道。"

家长们经常把活动中的竞争和在学校的竞争联系起来。一位母亲告诉我："她现在在学校也很争强好胜。大家都试着去争，看看谁能登上光荣榜。她有那个能力（去竞争），她从舞蹈（竞赛）中获得了一些额外动力。"

还有一些家长把在童年活动中学会取胜视为日常学校成绩之外通往更大成功的台阶。一位父亲说："我认为对他来说，重要的是要明白（争强好胜）不仅仅适用于此时此地，而是将在他的整个人生中发挥作用。等他长大一些去参加体育运动，去争得学校的录取名额，去争取一份工作等，这些都是适用的。"

我还遇到一位母亲，她的儿子经常在比赛前因为紧张而生病，她把这与他未来的工作和职业明确地联系了起来，并解释了为什么她希望自己四年级的孩子现在就能控制自己的紧张情绪。

她这样向我描述了她的想法：

> 我开始觉得，如果你在一项活动中因为激烈的竞争而感到身体不适，那么我们可能就需要重新思考一下。但是，从另一方面来说，这也许是你的性格，当你感到焦虑和有压力时，你的身体会表现出一些症状，这可能是你应该克服的，我们要在这方面有所提高。因为你不想成为一个出庭时在法官面前感到恶心、说话结巴的诉讼律师，或者成为一个一进手术室就紧张的外科医生，只因为这和你之前见过的解剖标本不一样。

这些父母明确地希望培养出有竞争力的孩子，这些孩子专注于获胜，并将成为卓有成就、富有资质、有一技之长的青少年——即使他们也许并不理解从当前的经历中应该学到的所有细枝末节。一个一年级男孩的父母描述了他们对此事的想法：

> 父亲：我想让他知道自己能打赢谁、打不赢谁，他比谁强、比谁弱，他害怕谁，可以挑战哪些比自己厉害的人。他知道的。
>
> 母亲：所以，他虽然不知道竞争这个词在字典里的意思，但是他懂得这种感觉。

在我的所见所闻中，父母的一些行为方式可以教给孩子竞争的意义和获胜的感觉。一些家长用现金、食物或收藏品来引诱孩子练习。一位父亲在谈到他在学国际象棋的一年级的儿子时告诉我，"他确实会问我：'哦，如果我赢了所有的比赛会怎么样？'所以我就说：'好吧，你可以多吃一个奥利奥，或者我们给你买个冰淇淋什么的。'我们没有给他承诺买游戏掌机之类的东西，目前来说奥利奥就足够了。"这句话隐含的意思是，虽然奥利奥"目前足够了"，但其他更大的奖励，比如电子产品，终将取代奥利奥。

我跟一个年龄稍大的男孩的父母交谈过，并见识了这种转变是如何发生的：

父亲：我不想让他以为如果他赢了一场比赛就会得到什么东西。我不希望他因为需要一张棒球卡片或者我们提到的任何东西而去尝试某项活动。我甚至不想让他认为"如果我赢了这场比赛，就成了十佳球员"。我就是希望他不要把注意力放在那上面。

母亲：但你不是告诉他要给他买一张新秀卡吗？这是我第一次听说要买一张特定的卡片，而不是一盒卡片。

父亲：（点头）我们是这么说过。我想让他在一场比赛结束时是在真心庆祝，而不只是说我赢了。

通过将胜利与物质奖励联系起来——尤其是像棒球新秀卡这样昂贵的奖励——他们的儿子会知道胜利是有回报的。

在媒体报道中，孩子们经常在没有成人干涉的情况下相互竞争，想要胜过对方。像《沙地传奇》（*The Sandlot*），甚至是《圣诞故事》（*A christmas Story*）这样的电影，都描绘了孩子们为了追逐各种各样的奖励而试图超越彼此。在远离成人组织的篮球场上，激烈的比赛也很常见，就像纪录片《篮球梦》（*Hoop Dreams*）和电影《寻找佛罗斯特》（*Finding Forrester*）中所表现的那样。最近的电影，如《留住最后一支舞》（*Save the Last Dance*）、《舞出我人生》（*Step Up*）和《热舞甜心》（*Honey*），都展示了高中生在公共场所而不是正式比赛中跳舞，能让我们回忆起学校里同龄人之间的非正式比赛，无论是在操场、沙坑还是野营地。

但成年人的参与以及通过评级和网站形成的输赢分明的等级制度，产生了另一种形式的竞争，并向孩子们（尤其是年幼的孩子们）传递了一种更严肃的信息。一对五年级双胞胎男孩的父亲在自己的一个儿子与另一个低等级分选手的比赛战成平局后说："这其实就是输了，你会丢掉等级分，以后别下出平局！"

虽然从玩玩而已升级到持续的竞争性参与是出自父母的决定，但那些组织活动的成年人们也深谙如何吸引孩子，让他们还想再来参加活动。其中的要义也在于胜利和奖品（比如冠军奖杯）之间的关联。一位父亲解释道："他们（主办方）知道获胜对这些孩子来说意义重大，于是他们成堆地颁发奖杯，结果我们也有了一大堆奖杯。"一位母亲在跟我说起有关她儿子奖杯的事时有些不好意思："他会去计算这些奖杯，还用一张十分清晰的表格来更新奖杯的数量，这真让我哭笑不得。"

家长们不喜欢随意分发奖品的做法，尤其是那些只要参与就能得到的奖。有些人抱怨奖杯占用空间，只会积灰，但更深层的一个问题是，许多家长认为它们使"真正的"胜利贬值了。不少父母小心翼翼地说，他们不希望孩子仅仅因为参赛就得到奖励，尤其是当每项活动都会决出一个真正的冠军时。一位父亲总结了这种情绪："我不想做个小肚鸡肠的人，但我当时是有点惊讶，这就像是在批发奖杯一样，发了一个又一个，每个人都必须得到点什么。你知道吗，我曾经去过一个学校，他们给孩子们又是发奖牌又是发奖杯，所以每个人都有收获。但是之后呢，他们按照从最低分到最高分的顺序把孩子们叫上台，告诉他们每个人的分数是多少。"

很多家长也持有跟这位父亲类似的观点，他们十分正确地将参与奖解读为一种为了吸引孩子再来参赛而设计的廉价且透明的策略，尽管并非所有的父母都这么精明。显然，这些参与奖没有改变的一个事实是，比赛仍会产生赢家，每个孩子还是要被排名。公开颁奖的形式也凸显了竞争和获胜是多么严肃认真的一件事。获奖纪录被保存下来并发布在网上，这也向参赛家庭们显示出比赛的严肃性，并将这种活动与其他形式的小孩玩闹区分开来。

几位参与国际象棋和足球活动的家长们告诉我，他们会上网查看孩子的等级分和在同年龄组中的排名，他们还会浏览有国家级球队排名的网站。一位让孩子学足球的父亲轻松地向我报出了他儿子的排名："你可以按照州、地区（全国有四五个地区）和国家来划分U11的男生球队。现在杰瑞德的球队在我们州排名第二——哦不，在我们州排名第一！全地区第二，全国第七。"

另一位让孩子学足球的父亲向我讲述了他儿子在一次为期三天的比赛中的经历。在那次比赛中，他们被评为种子球队，并被安排参加了顶级联赛："看了参赛的球队名单，我就说：'哦，糟糕，我们真的要有得忙了。'我没有对孩子们说这些，但是孩子们也都知道……我只是说：'我的天啊，他们这个周末可要忙活了。'"这位父亲是通过上网来了解他们的对手和排名情况的。

等级分和排名系统可以激励孩子们不仅仅为了赢得物质奖励而竞争，同时也让他们明白名列榜首才是目标。另外，这些评级系统还教给孩子们关于竞争的重要一课。一位让孩子学国际象棋的父亲谈到他儿子时说得非常直接：

我不喜欢纠结于等级分的事情。我向他指出，如果他认为因为自己比别人等级分高200分就不会输掉比赛，那就大错特错了；同样，他也不应该被比他等级分高的人吓倒。我还告诉他，他不应该相信任何人的等级分，因为每个人都会撒谎（他加重了语气）。总之我试着淡化等级分，但他还挺喜欢等级分这个主意。

这位父亲知道他的儿子受到等级分的激励，但他要利用这个机会帮助儿子成为一个精明的选手，他分享了自己的经验，那就是人们有时不会诚实地对待自己的能力。对这一家以及我遇到的其他许多家庭来说，学着成为一个赢家意味着学会破译别人的谎言，学会偶尔蒙混过关。成为赢家是一件复杂的事，而能赢的孩子懂得如何积累更多的童年竞争资本，从而在竞赛体系中茁壮成长。

家长们自行决定了他们的孩子什么时候应该明白在比赛中取胜的重要性。一位母亲的观点十分鲜明："当你长到八、九或十岁时还凭借平庸的表现而受到奖励，在我看来就大错特错。我认为你需要发现每个孩子的天赋，并给予相应的奖励。我不是说要拒绝一个孩子，跟他说他什么也做不了。但如果他不是一个好的棒球运动员，却是一个好的歌手，那很好，他也应该在这方面得到奖励，而不是因为继续当个平庸的棒球运动员！"

现实情况是，这些争强好胜的孩子们在获胜后会得到各种形式的奖励。胜利和为了取得胜利而学习如何提高竞争力成了重中之重。但当失败真的发生时，父母也喜欢把它作为学习经历的一部分。

走出失败，赢在未来

尽管父母和当下的社会都重视赢家，但我们都知道站在最高处的通常只有一人而已。因此，正如赢得比赛很重要一样，学会当一个优秀的运动员和一个优雅的失败者也很重要。踢足球和下国际象棋的孩子经常被教导在比赛后与对手握手，这是许多运动中常见的做法。很明显，当孩子们独自为了消遣娱乐而进行体育项目和其他游戏，哪怕是桌游，他们都可能会输。然而，在家人和朋友面前公开输掉比赛，这次失败又要被含蓄地公布，使得这种经历有了不同的性质。孩子们需要学会如何应对在众目睽睽下蒙羞，以及可能伴随失败而来的沮丧或失望的情绪，然后克服这些情绪，以便来日再战并取得胜利。

学会上述这些就包含了学会赞赏毅力、努力和一位母亲所说的"死磕"："我希望他能理解努力的价值，这是我能想到的可能最有用的技能……事情不会总是一帆风顺，当情况不利时，你不能放弃，而是尤其要'死磕到底'。"这种"死磕"精神在某次不成功的比赛过后得到了考验。而另一位母亲在谈到她儿子的国际象棋活动时解释道：

（在输掉之后）能够继续比赛是很难的。在这样的锦标赛中，我见过太多次他心灰意冷、输赢对半开的时刻。一共有四场棋，他赢了两场。比较好的情况下我们会赢三场。我告诉他："只要你打成平手，我觉得五五开就不错啊。那是百分之五十。这很公平。你的表现已经超过很多人了。"他可能会有点气馁，但仍然想继续回到比赛。所以我认为比赛确实塑造了一种面对失败的能力，并将你的成功置于某种背景下。

国际象棋、舞蹈和足球比赛都试图鼓励孩子们重新回到赛场，即使他们没有做到最好或者遭遇失败。国际象棋比赛有好几轮，足球每个赛季都有多场比赛，舞蹈则有各种地区赛和全国赛。当然，孩子们也可以退出活动，但考虑到对每次活动或一个赛季已经投入的资金，退出的情况很少见。许多父母告诉我，一旦孩子对某个赛季或某一年做出了承诺，他们就必须兑现这个承诺。一位母亲解释说："我们已经做出承诺了。意思是说，一旦我们付了钱，我认为你至少应该坚持到你报名参加的活动结束的那一刻。将来的话，如果他们不想参加了，我也不会强迫他们再去。"

当然，输了或者接连遭遇失败，对孩子和父母来说都是个难题。一对双胞胎的母亲告诉我："我很高兴，当他们赢的时候我特别为他们感到高兴。他们输了的时候，如果他们自己不介意，有时候我就不会那么介意。但是他们埋怨自己的样子真是有些吓人，这真是很难。但这也是成长的必经之路。这是一个非常安全的试错环境。"这位母亲明白生活中总会有错误和失落，所以在童年时学会如何在一个"安全"的环境中处理这些事是很有帮助的。

其他父母也表达了类似的观点，认为在童年时期学会努力和接受失败很重要，他们强调了生活的不可预测性，"输和赢都很重要，我真希望我早就知道这一点，因为生活总会有高低起伏。你不可能一直赢下去，你必须能够坚持到底，又能够回到起点，重新开始。我不否认他有时候也会哭一场，但这是一个很了不起的能力"。

父母们对这些关于坚持不懈的人生道理的看重，是由他们看待美国社会的方式决定的。我采访的每一位家长都表示，他们发现美国社会充满了竞争。一位孩子学舞蹈的妈妈惊呼道："见鬼，是啊，美国的竞争太激烈了！但它的妙处在于如果你的心理强大，有所准备，对一切可能都持开放态度，那我认为你无论经历什么都可以主宰自己的命运。"

另一位母亲和我谈到了她对这个充满竞争的社会的看法，以及从长远来看，坚持竞技舞蹈为什么会有所帮助：

> 孩子母亲：从学业上来说，他们比我们那时候好得多，他们在生活中可以做的事情也更多，这是件好事。我认为与我长大的时候相比，现在的机会更多了，但是也变难了。这是一个竞争的世界，对他们来说很难，太难了。
>
> 我：你认为舞蹈能使她在这个竞争激烈的世界里游刃有

余吗?

孩子母亲：我认为这项活动能起到一些帮助。她想参加爵士舞比赛。那好，你想参加爵士舞比赛，就必须加倍努力。我想这教会了她如何驾驭自己的想法，例如，（另外一个女孩）她比你优秀。毫无疑问，那个女孩会晋级，而你不会。我觉得这是有点帮助的，她认识到了没有什么东西是唾手可得的，你不可能总是得到你想要的东西，或者说你还没有付出足够的努力。

这提醒我们"赢"不仅存在于比赛中，也存在于通往比赛的过程中。孩子们必须通过当地的选拔程序，这可能是十分困难的，特别是当他们可能没有朋友做伴时。但是这些情况也被父母视为学习如何应对失败和竞争并成为赢家的经历。一位母亲向我讲述了她儿子在家乡的巡回球队里的艰难经历：

最难的是对着你的孩子说："好吧，好吧，那个谁不如你，但是他成功了。"我们和棒球队有点小矛盾，因此他没能进入棒球队。当时孩子哭得稀里哗啦，他的技术肯定比其他孩子好，虽不算是最拔尖的，但比许多人要强。我不得不转身告诉他，这次选拔并不是基于你的技术。我不能告诉他"你更努力练习就会被选入这个队"。完全不是这样的。所以我们告诉他，我们从中学到的唯一教训是：我们要把他带到一个能够公正对待他的地方。之后的一切都由他来决定。

父母们最终都希望培养出赢家，但是他们知道有时他们会成为失败者，这要么是因为他们的技术和能力，要么是因为某个竞赛圈子里的其他政治或个人因素。童年时期的这些竞争活动有助于孩子们学习如何从当众失败中重新站起来，以及如何让自己努力拼搏，最终成为一个长期的赢家。一位致力于把孩子培养成人生赢家的父亲这样表达道：

> 我想让他明白的是：他不会一直都赢。从竞赛的角度来说，我希望他能意识到，生活在某种程度上就是输和赢的游戏。你想赢还是想输？你想赢！想赢的话，你就要按某种方式去生活，必须要去做一些事。如果你做了这些事，最终成功的可能性就会大一些。

获得童年竞争资本的一个方面就是去正确地做"一些事"。下面所讲的技能就是"一些事"的其中之一。

学会在时间压力下行动

在竞争性活动中，孩子们为了成功必须应对两种时间限制。

很明显，活动本身给竞争施加了时间方面的限制和压力，详见第二章。但同时孩子们还必须学会在紧凑的作息计划里管理自己的时间，在诸如训练的竞赛任务以外，他们要处理好自己在家庭和学校里的责任。家长们将时间管理视为一种能力，可以帮助孩子为近期任务（例如标准化考试）和长期目标（平衡职业和家庭）做好准备。

应对时间压力的关键之一就是集中注意力，竞争性活动中固有的压力环境有助于提高这一能力。正如一位母亲所解释的那样："当你和对手们坐在同一个房间里，四周都是人，这很难，尤其是在时间紧迫的情况下。"一位父亲解释说："他必须保证行动正确，必须集中精力，不能在比赛间歇到处玩，因为这都是有时间限制的。"

下棋过程中的时间压力是最大的。每走一步后，孩子都需要按下自己的棋钟，相当于棋手总被不断地提醒有时间限制。一些家长评论说，经历这种压力是好事，因为它可以帮助孩子们在以后的生活中更好地应对重要的限时考试。一位母亲说："嗯，我想孩子们会为所有的SAT和AP（高级课程）考试做好准备的。"

足球也对孩子们在时间压力下的表现有一定要求。尤其是当一场重要的比赛接近尾声时，进球获胜或保持领先的压力会加剧。当比分持平时，足球比赛通常会以点球结束，当只有一名球员与守门员对决之时，他们两人都会面临巨大的压力。有时候，孩子比父母更善于处理这种压力，正如一位母亲所说的那样：

在她的州杯足球赛中，她们队进入了第二次加时，一旦这段时间也耗完，就会进入点球大战。我对她说，如果真到了那时候，我就会离场——我会去车里坐着，不敢看这一幕，或者说我只想偷瞄一眼。我嚼口香糖时都快把牙齿咬碎了，因为我太紧张了！孩子们表现得十分坦然，但我却紧张不已。

孩子们还必须在参加竞争性活动与学校作业、其他活动以及陪伴家人和朋友之间找到平衡。比赛需要进行额外的准备——既要作为团队的一分子进行练习，在比赛前又要在家准备好一切需要的用品——所以与娱乐活动相比，竞争性活动对时间管理的要求高了很多。再加上竞赛环境所带来的紧张感，多种压力就混合在一起。根据一位母亲的说法，这通常是一种微妙的平衡，她详细阐述了各项日程安排如何影响她儿子在多个巡回赛中的表现：

我最讨厌比赛不能准时开始。马特的比赛应该是从11：30到12：30，地点在这里以北大约30分钟车程的地方。他的棒球比赛是在13：00左右，所以我给教练发了电子邮件，说我们估计无法在13：30之前赶到。第一场比赛准时开始了吗？没有啊！已经晚了半个小时，我告诉马特："去跟你的教练说，你12：30必须离开！"嗯，12：30到了，比分是平局。我当时想，"我现在还真不能把他拽出来，对吧？"他们最后以一分之差输掉了比赛！然后我们一路赶去打棒球，马特赶上了最后两轮的投球。

参加舞蹈活动的家长也不喜欢比赛延迟，这会影响孩子们的表现："我喜欢那些非常准时的比赛……有一回他们好像晚了一个小时……孩子们都因焦虑和担心而紧张不安，谁知道在他们准备上场的那一个小时里会发生什么呢！"正如这位母亲所说，孩子们必须学会如何控制自己的情绪，如何应对也许是预料之外的状况。这意味着在精神和身体上都要为比赛做好准备，包括保持热身以防止受伤。因为生活有时是不可预测的，培养童年竞争资本的另一个方面就在于懂得如何在一个竞争环境中承受压力。

日常生活中持续存在的时间压力意味着孩子们确实需要学会一心多用。我从来没有看到过有孩子在比赛中途做作业，因为很明显，与训练环境相比，竞赛环境需要更集中的注意力。但我确实看到许多孩子利用舞蹈课的课间，或者等待父母接他们去上国际象棋课或足球训练的时候做作业。一位母亲解释说，平衡学业和竞争性活动有助于她练舞的女儿学会"精明地利用时间。你必须明白自己一定要在这段时间内完成作业，因为下一段时间要用来排练"。

在学校和训练场之间往返就是一场马拉松。我们可以看看一个参加舞蹈活动的家庭是如何安排日程的："比如在周五，她的课下午4点开始，所以我（由于工作原因）不能带她去。我丈夫的工作从下午4：30开始，所以女儿要跑出学校，钻进车里，在车上梳好头发。他开车送她去舞蹈教室，把她放在教室门口，然后去上班。他总是提心吊胆，因为如果迟到了，他可能会被解雇。"

在车里换衣服，甚至吃饭和做作业都是家常便饭。虽然一些父母哀叹他们失去了家庭晚餐的时间，但更多人接受了这种奔忙的行程表，并将其视为一种对孩子在之后的生活中平衡各项任务的训练，以此培养童年竞争资本，迎接未来的成功。尽管有重重压力和意想不到的问题，但家长们还是把这些情况看作是在参与竞赛的过程中学习技能的一部分。

学习在高压环境中取得成功

孩子们还要学着在需要适应的紧张环境中表演和竞技。压力不仅来自时间限制，还来自外界环境；有时外头冷，室内热，有时场地很小，声音太吵。比赛总是伴随着意外，为了竞争并取胜，孩子们需要适应。在访谈过程中，父母强调了专注力对孩子的成功是有多么重要。但是，专注的最终目标是获胜，而不是像业余活动里的孩子们那样纯粹为了培养能力。

在学生国际象棋比赛中，专注力十分关键，因为参赛选手与其他人（包括观众）之间只有很小的物理空间。人们总是走来走去，也会停下来定睛观看某个孩子当前的棋局；对手甚至还可能在对弈当中起身去洗手间。

导论中提到的一位国际象棋妈妈阐述了在大型学生国际象棋比赛中的经历将如何使她的儿子为以后人生中的重要标准化考试做好准备：

> 当你周围有动静的时候，保持注意力集中是一种能力。当你进入高年龄的比赛分组，人们进进出出，要保持专注，将全部注意力集中在你面前的棋盘上，就算满屋子都是人，你也能丝毫不受影响，这是一项很重要的能力。我指的是那种在会展中心举办的大型比赛，我知道这很难，我考律师资格证、LSAT还有GRE的时候也是这样过来的。你会身处在一个很大的空间里，有些人光是置身于这样一个环境里就已经败下阵来。这是一种能力，能发挥这种能力本身就是一种能力。这绝不仅仅是下棋的能力，这是应对环境的能力。

一些参加国际象棋活动的家长指责观众（有时甚至是对手的父母）在比赛前故意分散孩子的注意力。一位母亲（马拉，也在导论中出现过）向我描述了她儿子在他的首次大型锦标赛中的遭遇。这段讲述比较长，甚至有些滔滔不绝，即使事隔两年，马拉在讲述这次遭遇时也明显感到不安。但正如她所指出的，杰里迈亚有保持专注的能力。

有一个父亲试图在比赛前跟杰里迈亚打心理战。当时是在一年级的全市锦标赛上，那可能是杰里迈亚的第三次或第四次锦标赛。当时他处于七轮比赛中的第五轮，那一天接近尾声，孩子们已经筋疲力尽了。在杰里迈亚当时所处的级别，使用或者不使用棋钟都不是强制性的。如果你的对手想使用棋钟，那你也要用。但如果你们都不用，那也可以。杰里迈亚从来没有带棋钟参加过比赛，直到我们到了比赛现场才知道这些，前几轮我猜没人想要用棋钟。然后到了这一轮，杰里迈亚去做准备，去棋盘他的那一侧做准备，这时另一边孩子的爸爸过来说："你的位置坐反了。"杰里迈亚说："嗯，等一下，我执白棋。"或者是黑棋，唉，管他呢。"是的，但是执黑棋的都要到桌子的这一边，执白棋的到桌子的那一边。"我们看了一圈其他的棋盘，显然他说得不对。执黑和执白是交替着来的，不管孩子们怎么坐。所以我说："嗯，其实并不是那样的，不信的话你可以到处看看。"然后那个孩子带着他的棋钟走了过来。杰里迈亚说："我更喜欢不用棋钟。"那孩子看起来有点困惑，然后说："但我确实是用棋钟比赛的。"我说："嗯，你知道吗？这看你的选择。不用棋钟你会舒服吗？没有棋钟可以下棋吗？"那位父亲走到跟前，说："我们要用棋钟，因为他用这个棋钟赢过棋。"我看杰里迈亚有些不安，便跟他说："好吧，我们必须和他下棋，这就是规则。我们必须用棋钟来下这盘棋，我们尽力而为，输了就输了。但是谁知道呢？
也许那钟能帮到你呢。"然后对方把那个棋钟拿出来给我们
看，杰里迈亚从来没有见过那样的钟。自打那场比赛之后，
我也再没见过那样的钟。我不知道他是从哪里弄到的。杰里
迈亚看了它一眼，把我拉过来并在我耳边低语："我不知道
那个钟是怎么用的。"眼泪已经在他眼眶里打转了。我对那
位父亲说："嗯，我儿子从来没见过这种钟，也不会用。"
那父亲说："我们只有这个钟，我们就用这个比赛。"我们
没带棋钟，没法说"那么用我们的钟"之类的提议。所以我
提议："让我和赛事总监谈谈，因为我想他至少可以教杰里
迈亚怎么用这个钟。"赛事总监走了过来，他看了一眼情
况，也看到杰里迈亚的嘴唇有些发抖，杰里迈亚用细微的声
音对赛事总监说："我不知道怎么用那只棋钟，我从来没有
参加过任何需要棋钟的比赛。"于是赛事总监就试着指导杰
里迈亚。他对那位父亲说："那好，你等一下吧。我们需要
花几分钟给这个孩子看看这个钟怎么用。他不知道怎么用棋
钟的话，这局棋就没法下了。"很明显，杰里迈亚很诚实，
他只是不知道如何使用棋钟，也想努力学会。赛事总监教了
他一会儿，但我觉得杰里迈亚这时的状态已经很差了。那位
父亲站在那里瞪着我，然后对他的孩子说了些什么。接着赛
事总监说："我给了他们几分钟的时间，现在比赛要开始
了。"我说："好的，没问题。"我和杰里迈亚开了个玩

笑，试图活跃一下气氛，离开的时候我还拥抱了他一下，当我往外走的时候，那位父亲隔着桌子对他的孩子说："别担心。你会打败他的。"我就走出去了，我很生气。可怜的杰里迈亚！大约15分钟后他出来了，我以为他要去洗手间。他走过来坐在我的大腿上。我心想，唉，我真不想逼他，但是要去洗手间就快去吧，你还在下棋呢，不该在我腿上坐这么久。然后他靠过来说："我赢了。"那个孩子大哭着出来了。他父亲问："里面发生了什么？"我从来没有过这么糟的感觉，不过杰里迈亚赢了棋还是让我很高兴。

踢足球的孩子也会受到来自家长们的干扰，主要是在球赛中大喊大叫。包括教练在内的其他成年人也都经常喊叫。我有几次看到或听到过裁判为了阻止父母分散孩子们的注意力而出面干预。无论是梅特罗足球合作社还是西田足球俱乐部，都没有参加有"无声场"的联赛，那种比赛禁止成年人（尤其是父母）在场边喊叫，哪怕是鼓励的话也不行。这类比赛在美国的其他地区十分常见。[16]

对足球来说，天气是很容易制造麻烦的因素。家长们时常抱怨与天气有关的日程安排问题。两家足球俱乐部（和他们的保险公司）对在雷雨天气踢球都有非常严格的规定。此外，由于他们没有自己的场地，所以场地是否太湿或太泥泞从而导致无法踢球，可能得由其他人判定。比赛和训练经常会被改期，甚至是中途取消。西田足球俱乐部的一支球队曾经开两个小时车去参加一场锦标赛，到那里之后，只有一半的女孩上场踢了半场比赛，结果天公不作美，一行人还没有决出胜负就打道回府了。

紧张的竞争环境也会影响学舞蹈的孩子的家庭。举个例子，在我跟随精英舞蹈学院一起去参加全国大赛的时候，有一个由19位小女孩组成的踢踏舞团，团里的一名成员忘了带几件演出服。母女俩开始争吵哭闹，母亲不肯去向舞蹈老师坦白，怕他们会批评些什么。相反，母女二人计划退出比赛。另一位母亲则出面干预，说她们不能退出；因为这样将造成一个空缺，会影响整个舞团的队形，这对所有为了全国大赛而努力拼搏的女孩们来说都是不公平的。这位母亲也将情况报告给了精英舞蹈学院的老师，让他们看看是否可以让比赛主办方推迟表演的时间，以便这群女孩可以参加比赛。虽然老师们很气恼，大多数孩子和妈妈们也都在后台的更衣室里哭哭啼啼，但比赛方确实调整了上台时间，这件由服装引起的争执在一个小时内找到了解决办法。

这次事件之后，一位母亲告诉我她当时的感受："我们有19个快要哭出来的女孩。她们努力了一整年，其中有些人是第一次参加全国性比赛。她们非常恐慌，因为害怕不能继续比赛，无法取得胜利，在她们的队友没有服装的情况下，她们要怎么办呢？"

老师们利用这个机会教导女孩们在每次比赛前要再三检查她们的服装和舞蹈包。冷静下来后，女孩们参加了比赛并获得了白金奖，在她们所在的组别里拔得头筹，并入围了全国赛的总体表现奖。最后，家长和老师们认为，这次意外教会了女孩们更有责任感，以及如何遇到意外情况后重新振作起来——从而也增加了她们的童年竞争资本。

我跟随精英舞蹈学院所参加的一次地区性比赛是在一家酒店的舞厅里举行的，舞台基本上就是一个架高的台子。这是一个不完整的舞台，没有侧翼的部分，这给其中一支舞蹈带来了麻烦。在这支舞蹈中，孩子们计划将道具藏在舞台侧翼被遮住的地方，直到某一段中才把它们拿出来。最后，老师和选手们临时想了一个解决办法，虽然没有达到最好的表演效果，但仍然拿到了白金奖和一个总体表现奖。

在参加的另一次地区性比赛中，我碰到了另一个与舞台有关的问题，当时台面比预想的更滑，一名独舞选手在表演过程中滑倒了。虽然没有受伤，但在下一场比赛中，她感到十分尴尬和紧张。选手的妈妈告诉我她女儿是如何应对这种情况的：

> 从一开始她就很紧张，我确实注意到在轮到她上场之前，她一直在看其他的选手。我告诉她不要看了，因为这会动摇她的信心，所以我就告诉她不要去看。这样在下一场比赛中她会有更好的表现，再下一场比赛就更好。我认为她现在越来越自信了，我觉得作为选手参加比赛是很好的事情。

这个女孩学会了如何重整旗鼓。因滑倒而制造出的高压环境帮助她学会了如何在陌生人的评判中获得成功。

能够在别人的注视下表演

在充满压力的竞争环境中，孩子们的表现会被根据一系列的标准及与他人的对比进行判断和评估。在国际象棋、舞蹈和足球比赛中，孩子的排名既与其他人在这项比赛中的表现有关，也与参与者的年龄相关。评价过程是公开的，且通常是面对面进行，而不是像标准化测试一样匿名地私下进行。在他人的注视下表演——童年竞争资本的一个重要组成部分——让孩子得以坚强地掩饰自己失望或得意的情绪，将自己表现为一个有能力和信心的参赛者。

因为舞蹈评审是主观性的，是基于一个人在评委面前的表现，所以在三组父母中，参加舞蹈活动的母亲们最常提到这项能力。其中一位母亲向我解释了她如何看待这种能力对女儿生活的帮助：

> 我认为比赛的一个好处在于，你是在评委面前表演，你的一举一动都要被他们评价。我觉得随着年龄的增长，大大方方地面对人群是一项关键的能力。当然，未来这会以当

众演讲或别的形式来体现，但总的来说，有信心可以站在人群前面做一件事（是很好的）。我认为这是一项非常重要的能力。

另一位母亲表达了类似的观点，强调当一个人在跳舞并接受他人打分时，她的外表也会得到评估：

> 我认为这能让你对自己的身体更有自知，给你不一样的体态和不同于以往的自信。比如说，跳芭蕾舞时，你必须摆出某种站姿，这在以后都会很有好处。去面试工作的时候，因为受过芭蕾舞训练，她就能站得笔直，不会弯腰驼背，她会扬起下巴，摆出更自信的姿态。在几百甚至几千个陌生观众面前上台表演可不是一件容易事，这肯定会带给你一定程度的自信，你还会把这种自信带到别的领域。如果一个老师要考核她，或者她要申请一份工作，她会更加自信，从而也能更加专注。

不少母亲都探讨了被打分时保持良好形象的重要性。以下是关于这个话题另一段有力的阐述：

> 嗯，我认为你站在舞台上，做最好的自己——把你最好的一面展现出来，面带微笑——这真的很重要，因为，很遗

憾，在这个世界上，大家就是会以貌取人。不管你认为这是对是错还是无所谓，现实就是这样。所以，我认为孩子们必须要学会登上舞台，并做好那些有益于他们的事情。

家长们还谈到了独舞的压力："一切都要尽善尽美，因为此时被评判的只有你一个人。"

妈妈们也认为与评委之间的消极互动是值得从中学习的经历。例如，一位妈妈告诉我，她的女儿有时会抱怨评委的反应：

> 她会说："哦，那个评委脾气不好，她不对我笑。"我说："那好吧，你知道吗？你不得不在这样的人面前表演，这确实很难，但这是一个不可多得的机会，你进入社会后，也许不得不做一场演讲，不得不与脾气暴躁的人打交道。如果你是一个老师，你要应付难以相处的父母。你该怎么控制你的情绪、如何保持冷静、如何拥有解决困难的能力，等等。"我就总是遇到这样的问题，所以我把它当成一次学习的经历。

在这三项活动中，父母们都希望孩子能学会在众人面前表现，并在竞争时保持冷静，这是培养童年竞争资本的关键。父母敦促孩子不要让别人看到他们的反应或不安情绪。虽然我在各种活动中见到了实实在在的眼泪，也听说了很多情况，但我也看见孩子们努力掩饰着自己的失望，并通过频繁地祝贺他人来展现良好的体育精神。

对于足球来说，落泪主要不是由于输掉一场比赛，而是因为无法加入一支球队。对于那些朋友加入了球队而自己却没有的孩子来说，这特别让他们难过。家长们也强调这种艰难，因为每一次训练都成了对那次失败的反复提醒。在这类情境下，来自外界的注视不是指那些陌生的裁判，而是指孩子认识的人，比如朋友和其他成年人。

对于下国际象棋的孩子来说，这同样是一个问题，特别是当他们不得不在比赛中与朋友或同学对弈的时候。虽然有的孩子并不在意输给自己的朋友（一位父亲告诉我，他的儿子说："如果我没赢，我就会为他赢了而感到开心！"），但也有的孩子则感到沮丧和尴尬。一位母亲向我讲述了她儿子丹尼尔在一次地区性比赛中的经历，当时他不得不和一位好友兼同学对弈：

> 他崩溃了，他崩溃了！要与米切尔互为对手这件事，让他感到震惊，而输给米切尔也让他感到沮丧。关键并不在于他没有获得第二名，事实上他获得了第五名，那都是无所谓的事。奖杯无关紧要，他带回了一个漂亮的奖杯。事实上，这是他在锦标赛中取得的最好成绩。但是他输给了米切尔！这件事情让他无法接受。第二天，他装病不想去上学，我也就由着他。

　　显然，在特定活动之外还存在其他竞争，比如在学校里或其他体育运动中。在上述事件中，米切尔不在天才班里，而丹尼尔在，所以对丹尼尔来说，尽管米切尔是他的朋友，但这次的失败就像是对他智力水平的评判。第二天，丹尼尔不好意思面对其他伙伴。但是当丹尼尔又一次输给米切尔时，妈妈勒令他去上学。丹尼尔也参加了棒球、滑板和语言学校，但他唯有在那一场国际象棋比赛中如此沮丧，当时比赛结果在学校公开宣布，并在他的朋友之间广为传播。像其他踢足球和练舞蹈的孩子们一样，丹尼尔从这次难忘的经历中吸取了教训，获得了至关重要的童年竞争资本，这将对他一生的竞争和成功发挥影响。

两种赛道：通才和专才

　　和丹尼尔一样，不少孩子都参加多种竞赛或娱乐活动。我遇到的许多父母都努力让孩子"全面发展"。成为一个"全才"——或者像一位家长所说的"找到自己的激情所在"——是一个非常"中产阶级"的观念。[17]而我遇到的家长中有一小部分希望孩子在某一领域取得极高的成就。

　　在如何最大化地帮助孩子在当下和未来长期有所成就的问题上，我发现可将这些父母划为两大阵营：培养通才和培养专才。通才和专才赛道的家长都着重让孩子获得构成童年竞争资本的那五种技能。但是他们在"获得技能的最佳方式"这一点上存在分歧。

通才

通才赛道在我所研究的小学生中是最常见的。杰里迈亚的父母在导论中提到过，这条赛道的重点是把孩子培养成能锻炼具备"不同能力"的综合性人才。通才父母希望孩子能接触各种各样的竞争性活动，而且最好能通过努力有所成就，哪怕孩子在任何某一项活动中都并非最拔尖的。这种策略帮助孩子学习如何平衡多种活动，管理时间，并在不同环境中表现自己，这些都有助于积累更多的童年竞争资本。

要走上述路线，家长们的方法之一是让孩子积极参与不同类别的活动，以确保覆盖了所有的基础内容。例如，许多位家长都表达了这样的情绪："我们把所有的（课外活动）选择都讲给孩子们听，但他们必须学钢琴，还必须参加一种运动。"常见的做法是一种乐器加一项运动。家长们通常认为这些活动——音乐和体育——可以相互促进：

> 我们要培养的是一个独特的个体，这是我的想法。这就是她参加所有这些活动的原因，她需要在这么多不同的方面成长，各方面要齐头并进，才能相互促进……要健美，要有体能，这些对音乐来说都非常重要，你如果瘦弱无力，没多

少肌肉，就是皮包骨，还指望能弹得好钢琴。那不可能，好的身体是必需的。所以，是的，必须各方面齐头并进。

此处的重点是为了培养一个在许多方面都占有优势的人。家长们通常称之为拥有一个"全面发展"的孩子，但由于不清楚这个表达对每位家长的真正含义，我进一步调查并得到了一些有趣的回复。比如一位母亲告诉我，她希望自己的两个儿子成为"小全才"，他们能够在世界任何地方的任何聚会场合上应对自如。对她来说，国际象棋是一项重要的技能，因为它不仅超越了语言的界限，也是一个有教养之人的标志。她的儿子们也踢足球，因为这是一项"国际性"运动。

一位有两个女儿的父亲告诉我，如果懂得外语、乐器和滑雪，无论在哪里你都能取得成功。国际象棋也符合他为女儿们所设想的社交环境（对他来说，那似乎类似于一个坐满了受过教育的国际人士的范尔滑雪场①小屋）。他的女儿也练习击剑，并作为选手参加击剑比赛。

许多家长解释说，参加多项活动可以为孩子提供一个"备选项"，以防某一项活动出现问题，比如受伤或遭受重大失败。正如一位家长所描述的那样，他们担心"在这个年龄就把所有的鸡蛋都放在一个篮子里"。通过交谈和观察，我了解到父母们正试

————————————

①　美国最大的顶级滑雪场。

图让孩子接触多种选择，这样他们就可以习得不同的技能并积累经验。但是请注意一点：如果孩子没有表现出超凡的天赋，他们通常会在一两年后放弃，这种做法与第五章中讨论的高成就孩子的问题息息相关。

当然，在这些讨论中，几乎每个家长的说法都以一个相同的声明开头，诸如"我只想让孩子快乐"或者"我只想让孩子找到自己喜欢做的事情"。为了实现这一点，他们认为孩子一定要从儿童活动的列表中选几个项目进行尝试。一位父亲解释道："嗯，这当然是一个有意识的决定，要尽一切可能拓展他们的视野，这样他们才能自己做出明智的选择。"

家长们关注的是未来，不断强调自己有多么希望看到孩子们能过上全面发展的成年生活。有位母亲用了一个引人深思的短语——成为一位"见过世面的女性"，来描述她为什么让五年级的女儿参加多种活动，其中包括一些竞争性活动。"嗯，我希望她会成为一位见过世面的女性。我心里没有特定的某一个职业。我不想告诉她'你需要成为一名律师或医生'。在她身上我看到了创造力，就像她天天说着要写一本书……但我希望她成为一个非常成熟的女性……从事一份创造性的工作，赚的钱足以过上体面的生活。"

一位同样关注女儿未来的父亲强调，作为通才意味着在孩童至青春期的某个过渡阶段转向专才，但不能以学习成绩为代价。他解释道：

上大学的时候，我曾在一所能参加一级联赛的学校打网球，但我知道世界上顶尖的那批运动员比我好太多了，这中间的差距是很大的。我和那些优秀的三级联赛运动员之间也有很大的差距。所以，我只是比较现实——如果苏珊娜能在大学里踢足球，那太好了，是一个巨大的成就，但她可能以此为生。我这么说吧：如果她想以此为职业，那可能性就太小了。我只想让她成为一个全面发展的人。（但是）你知道，学业是第一位的。

这位父亲知道成为一名专才有多难，尤其是在体育领域，所以孩子还必须在学业和其他爱好上下一番功夫。由于达到世界顶尖水平的可能性微乎其微，在学业和课外活动两方面取得成功才是他们的目标（一般是为了上大学）。[18]

正如这位父亲的评论所指出的，在某个阶段，特别是当孩子年龄渐长，会存在一个从通才到专才的过渡。随着家庭越来越专注于在大学申请中脱颖而出，他们关注的焦点经常在高中阶段发生转移，从全面发展转向专项成绩。当然，也有些父母在孩子小学的时候就决定了要专攻某个领域。

专才

尽管一些专才赛道的家长可能是由通才开始的，但他们早在孩子还上小学时就已下定决心，最好让他们专攻某一项竞争性活动。这可能是由于父母认为这是最佳选择，又或者是由于孩子在某方面显示出了超常的天赋。我从没见过有父母在孩子尝试之前就想好了要让孩子专攻什么活动，但是大众媒体喜欢关注那些热衷于让孩子在很小的时候就参加某些活动的父母（比如高尔夫、网球、花样滑冰、体操）。

毫不奇怪的是，专才家庭的竞争力是最强的，他们的行为和态度提高了其他人成功的门槛，从而影响了所有家庭。高成就儿童的问题主要就是由他们而起。这种情况主要出现在国际象棋和舞蹈领域里。

虽然很难找到某条单一的线索将这类家长串联起来，但可以说，在大约三分之一的专才家庭里，父母中至少有一位是在美国以外出生的。这一点比较令人吃惊，因为对竞争性课外活动的参与似乎是一种美国现象。众所周知，移民（特别是来自亚洲的移民）很重视学习成绩。如前所述，许多亚洲国家特别看重大学录取时的全国统一考试，而美国的大学则倾向于看申请者个人的整体素质，所以课外活动十分关键。鉴于这些家长希望能确保孩子在大学申请的竞争中占据绝对优势，他们在搬来美国后选择将大量精力投入到某项课外活动中，比如国际象棋，也就不足为怪了。

以在读一年级的国际象棋选手马可为例，尽管他比其他选手小了将近一岁，但天赋很高，赢下了春季的全国比赛。马可的父亲古塔姆来自印度，母亲来自阿根廷（他们是在日本共事时相识）。古塔姆把他的大部分业余时间都花在了儿子的国际象棋活动上，夫妻俩没有全职工作，因为他们已经可以依靠投资生活。古塔姆告诉我："每节课我都去监督，无论他们教什么，我都会做拓展。我会复习他们教过的内容，并稍微拓展一下课程。"

马可没有参加其他活动，一方面是因为这些活动会分散他对国际象棋的专注度，另一方面是因为古塔姆觉得马可的年龄还太小，不适合与他的同学们一起踢足球或游泳。他告诉我：

> 是的，我知道其他人会说，"他应该参加这个夏令营，这项运动，这个，那个。你没有给他一个真正的童年，他还不成熟，他应该出于社交或其他什么原因去参加活动。"老实说，我不是那一类家长，所以没有类似的想法。我很高兴能让他待在家里，我也在家陪他，而不是把他推到这个活动或那个活动上。我的时间很充裕，所以很乐意和他下棋。

学舞蹈的孩子们也都是小小年纪就走上了专才赛道，主要是因为竞技舞蹈往往要投入大量的时间。放学后的课程和排练太多，所以几乎不可能同时参加其他活动，特别是当孩子越跳越好的时候。但家长们把这种专攻说成是一件好事，他们表示，有人告诉他们说，把一件事坚持许多年就意味着"一以贯之地专注于一件事，（大学申请顾问）说这会让你获得大量的奖学金和学校的认可"。

大多数有竞争意识的通才家长会意识到，他们有朝一日终将成为专才家长。一位母亲在她的四个孩子还很小的时候便鼓励他们去探索所有的兴趣，她把这与大学录取过程联系在一起：

> 当孩子们年龄较小的时候，比如在小学以下的阶段，多探索就像是一种普世的理念。树立你的信心，明白你可以尝试任何事物，并对此感到舒适自如，不要害怕失败，不要害怕输。这都没什么关系。我们有了很多失败的经验。然后在初中、高中快结束的时候，你可以沉住气专攻一项。弄清楚哪些是你的菜。从竞争的角度来说，如果你不擅长，就说："好吧，不是这个。"我们的每个孩子都会有所擅长。如果没有，那可能他只是擅长很多不同的事情。那么要我说，如果我要给一个孩子忠告，我会让他去寻找适合自己的事情，练出一手绝活，因为你需要它。你不能和其他人一样平庸，随随便便踢几脚足球。如果你的目标是普林斯顿、哈佛、耶鲁这些学校的话，就要找到能上这些大学的门路。但如果有什么才能可以让你脱颖而出，那就好很多了。这就像基本的职业咨询一样。

当然，在一些家庭，尤其是在大家庭中，成为专才的决定与理念、天赋或长期目标的关系不大，反而更多在于后勤工作和平衡不同家庭成员的需求。课表和时间的限制往往会迫使孩子做出选择，走上专才赛道。一位母亲向我解释了这种情况是如何发生在自己大约9岁的女儿身上的，以及为什么会发生。

> 我试着让她接触各种不同的活动，你懂的，足球、游泳和舞蹈，还有学业、课外活动，以及她喜欢做的事情……当她加入舞蹈队时，我真的不得不划个界限，告诉她有些东西必须放弃。她当时还在打垒球和踢足球，我说："如果你要参加比赛团队，那么就不能做其他的事情，你必须开始专注于你真正喜欢的事情。"对于一个八九岁的孩子来说，这可能是一个很难回答的问题。但是她还有一个哥哥和一个妹妹，时间不够用。起初还不算太糟糕，因为小妹并不参与任何活动，只是做个跟屁虫，但现在她也开始参加自己的活动，忙自己的社交生活，这太难了。

正如这位母亲所说，兄弟姐妹在这些参加比赛的孩子的生活中扮演着重要角色，兼顾多重日程和义务是十分困难的，因此这些孩子的选择往往受到限制。不过，总的来说，大多数父母都尽力确保每个孩子都能发展自己的才能和兴趣，积累童年竞争资本。不过，这更像是中产阶级的观念——每个孩子都是自我导向的；较贫困的家庭因为经济条件的原因，往往不得不把所有的资源都集中在一个孩子身上，不管出生顺序如何，这样才能对家庭生活有所帮助。[19]

路易丝告诉我她是如何看待小女儿出现在洛蒂的活动上的：

> 体操比赛中坐在看台下的弟弟妹妹给我留下了很深的印象，因为我有一个小女儿……她会滑冰和下棋，她3岁左右的时候，也就是去年，她也会去这些比赛的现场，然后坐在婴儿车里，很是受罪。有一次她发烧了，因为我老公周末上班，我没有什么别的办法，所以就带她一起去了。我觉得这有点虐待她——但她能吃到任何她想吃的垃圾食品！但我终归觉得这对她来说不是一件好事，所以今年，我真的努力不把她带去，所以她没有再去看任何比赛……我试图找个保姆，或者让我父母来带她。不过她开始下国际象棋了。当然，我知道有时候更小的弟弟妹妹是不想参加活动的，我不想让她成为那种说"妈妈，我好讨厌这个"的人。不过到目前为止，她完全可以接受，就国际象棋来说，即使一辈子没参加锦标赛，下棋也能有些益处。因此，我让她学习国际象棋还有滑冰。我想既然已经参加了活动，那就应该可以从中学到点什么……但我觉得，对她来说，很重要的一点是拥有她自己的东西，不需要跟姐姐抢的东西，这也是我们努力培养的方面。现在姐妹俩都开始打网球了，两人都打得不错，这就更好办了。

尽管路易丝意识到小女儿需要找到自己的优势和喜爱的活动，但她还是被姐姐做的事情所吸引，这既是因为便利，也是因为她看到了这些。当然，有的孩子不想步哥哥姐姐的后尘。一位母亲跟我讲述了她的小儿子克里斯、大儿子约翰，以及他们与足球巡回赛之间的关系：

> 大约三年前，克里斯开始寻找自己心仪的活动了。但是我们不得不拖着他去看很多足球比赛。事后我想：为什么我们都要去看约翰的足球比赛？我也搞不清楚，但克里斯似乎在场边和其他兄弟姐妹玩得很开心。经过一年的思考，我们认为，这对克里斯不公平。所以我们开始调整计划，将约翰送去和别人拼车，这样克里斯就可以请一个朋友来家里玩。

家长们所谈论的竞争的种种好处，揭示了他们对孩子未来的许多焦虑。通才和专才含蓄地揭示了家长们认为他们在为一个怎样的社会培养孩子。他们竭尽所能，让孩子为看起来越来越难以预测的成年生活做好准备，他们希望孩子能为了今后的成功而获得一些童年竞争资本。

父母的访谈有时透露出他们对所做决策的矛盾心理。一位父亲解释道：

> 我很担心，因为我们渴望给他们全面的教育，并给他

们提供资源，但如果我们其实是在从他们身上剥夺某些东西呢？也许小孩子就是应该去后院，什么也不做，踢踢泥巴，做一些我们小时候做过的事，玩一会儿过家家，自己演个什么。该怎么办？我没看到莎拉做过这些。我跟她说："你为什么不去后院自己玩一会儿呢？探索一下，看看石头。"她不想做这些事。我不确定能为孩子做些什么，但我确实在思考这些。例如，她告诉我在车里她会感到无聊，什么都很无聊。这不就是当下流行的话吗！一切都很"无聊"！当她不参加这些活动时，她会感到无聊。她说坐在车里无所事事很无聊。所以我告诉她，"莎拉，在车里你为什么不自己编个故事呢？"……这是我所担心的，因为我认为如果现在不浪费时间，最终也会浪费时间，浪费生命中的其他时间。我们需要休息，需要时间反思，放慢节奏。

但是请注意，即使目前有这种担忧，这位父亲也还是考虑到了女儿的长期影响。他担心莎拉会浪费未来的时间。

像这位父亲一样，许多家长都强调了孩子在学业和课外活动上取得成功的必要性，尤其是在将来申请大学的问题上。8岁孩子的家长们纷纷在谈论SAT、AP考试和升学顾问。许多人十分明确地表示，他们认为这些童年竞争活动和精英大学的录取之间有直接联系。一位父亲告诉我，他正上三年级的女儿下国际象棋是件好事，他解释说："如果这能帮助她进入哈佛……"前面提到的另一位母亲说，她四年级儿子的成就"可能有助于他脱颖而出，进入一所好学校……常春藤盟校或类似的学校，比如斯坦福大学"。

那么，男孩和女孩的父母是不是在用同样的方法为孩子们争夺位置呢？早期关于性别和课外活动的研究表明确实如此，而且男孩之后的表现会更好，因为他们参与的有组织活动比女孩的更复杂。因此，"这些不同导致了社交技能发展上的性别差异，社交技能在童年和以后的生活中都是非常有用的"。[20]下一章将探讨父母如何为儿子和女儿选择活动，以帮助他们获得童年竞争资本，重点在于决策的过程及其对女孩的影响。

第四章

粉红女孩和足球男孩？性别与竞争性童年活动

　　至此，我阐明了参加国际象棋、舞蹈和足球活动的家庭都怀有相似的动机。不过，其中也存在差异，大多数家庭只选择了一项竞争性活动，而不会同时参与所有的活动。为什么有的家长为孩子选了国际象棋而不是舞蹈或足球？这些决定是基于活动本身的内容，还是其他因素？抑或两者都有？

　　性别是十分关键的因素。我与男孩和女孩们的父母在国际象棋、舞蹈和足球方面的对话清楚地说明，家长心中关于成功路径的概念因孩子的性别而异。然而，在当代关于儿童活动的研究中，性别较少成为焦点。例如，在拉鲁的《不平等的童年》中，我们无从得知为什么在她的研究中，有的孩子在踢足球（例如塔林格家的男孩），有的孩子去练体操（例如斯泰西·马歇尔，拉鲁著作中的黑人中产阶级家庭）。[1]

　　今天的女孩们所生活的世界，能得到的教育机会和就业机会是前所未有的。她们拥有有史以来最高的平均学历，当中有更多的人会从大学毕业，所有职业的大门都向她们敞开。虽然随着时间的推移，女孩和男孩的课外活动已渐趋一致，但二者仍然有各自不同的路径，许多儿童活动仍然与女性和男性的性别特质息息相关。

女孩们的父母是如何应对这种困局的? 为了回答这个问题，这一章的大部分内容集中在我访谈过的38个家庭上，这些家庭里至少有一个正在上小学的女儿参加了国际象棋、舞蹈或足球比赛。在本章的末尾，我将转向男孩们的父母，来思考竞争性童年活动对男孩的影响。

女性的社会化、竞争和社会阶层

坎迪斯·韦斯特（Candace West）和唐·齐默尔曼（Don Zimmerman）在他们颇具影响力的文章《性别行为》（Doing Gender）中提出这一观念：性别即是男性和女性的日常表现。[2]但关注女性特质的当代社会学研究不像针对男性特质的研究那么突出，甚至有关学校的民族志也倾向于"几乎只关注男孩的经历和身份"[3]。同样地，关于课外活动的研究也把注意力放在男性身上，如加里·艾伦·费恩（Gary Alan Fine）和谢里·格拉斯穆克（Sherri Grasmuck）对青少年棒球的研究。[4]

巴里·索恩（Barrie Thorne）于1993年对小学生开展的开创性研究《性别游戏》（Gender Play）表明，学校里的成人和儿童共同积极地建构着女孩和男孩的性别。[5]这类性别建构的发生大多是由于教师和其他学校工作人员分别为男孩和女孩制造并维系不同的物理空间和文化。在这种情形下，社会规范就是女孩们要彬彬有礼、遵守规则、成群结队。索恩发现，假小子，也就是违反上述规范的个体，有时会因为与男孩玩耍而且看上去不像同伴那么女性化而遭到排挤。

"看上去有女人味"与"做一个好女人"之间密切相关。唐娜·埃德尔（Donna Eder）、帕特里莎·阿德勒（Patricia Adler）和彼得·阿德勒（Peter Adler）等其他学者的研究表明，在小学和中学，女性是否受欢迎很大程度上取决于外表，而外表则是通过身体的发育状况和拥有"恰当"的服装和配饰来定义的。[6]埃德尔和她的同事还指出，女孩还被认为要更经常微笑。[7]

这一系列研究的重点在于学校系统如何广泛地限定、勾勒、倡导和规范当今时代对女生的定义。但是家庭作为儿童生活中社会化的另一主要来源，对孩子们又有什么影响呢？近期很少有研究去关注家庭如何参与对女生形象的建构，而建构女生形象也是女性社会化的一部分。[8]关于女孩上哪所学校以及如何安排时间的决定是由家庭内部做出的，因此研究人员通常很难获取相关的信息。观察有组织的课外活动，相当于打开了通往这一过程的一扇窗户。

大约一个世纪以前，有组织的团队运动只在男性当中盛行，因为社会观念认为女性在身体上处于劣势，在精神层面也无法承受竞争。[9]哪怕女性被允许在课外参加体育运动，也没有机会参与竞赛，因为人们认为竞赛会带来伤害。[10]当PSAL女子联盟于1905年成立时，联盟的主席反对保留比赛纪录，认为如果女生太争强好胜，试图打破纪录，就很容易伤及自身。[11]精英女校是第一批打破这种女性和竞争观念的学校，尽管她们把竞争组织称为"协会"而不是"联盟"，以此来避免人们抱怨"联盟"对年轻女性来说过于阳刚。[12]

体育在美国中产阶级上层的文化中相当重要，"它大张旗鼓地宣扬着中上阶级上层的工作环境中十分活跃的那些价值观——竞争、能力、兄弟情义和男子气概"。[13]在过去，来自上层阶级家庭的女性最关注艺术；[14]而如今，体育运动对这类女性来说变得尤为重要。由女子体育基金会（Women's Sports Foundation）和奥本海默基金会（Oppenheimer Foundation）开展的两项研究发现，82%的女性商业高管在初中和高中时参加过有组织的体育运动，80%的《财富》500强公司女性高管在童年时自认为是争强好胜的假小子。[15]奥本海默基金会的研究还发现，虽然女性中只有16%认为自己擅长运动，但如果你看看年收入超过7.5万美元的女性的回答，这个数字会上升到大概50%。

这些发现与经济学家贝特西·史蒂文森（Betsy Stevenson）等学者的学术研究是一致的。史蒂文森在有关宪法第九修正案方面的研究指出，参加高中体育运动增加了女孩考上大学、进入劳动市场和进入曾经由男性主导的领域的可能性。[16]她提出，体育运动可以培养包括竞争和团队协作等技能，这对女性在传统由男性主导的劳动市场上的生存尤为重要。其他学者发现，得体地谈论体育的能力在工作场所中也是一种优势，有助于人们跨越阶层和社交圈建立联系。[17]

但是竞争，无论是体育运动还是其他方面的竞争，仍然被认为是更男性化的一件事。2010年，《性别角色》（*Sex Roles*）杂志发表了一篇关于高中男生和女生的调查，其中发现"男生从很小的时候就被'训练'得很有竞争力……研究表明，在竞争性环境中，女孩比男孩更不自在，女孩在社会化过程中往往被要求掩盖公开的竞争性和攻击性"。[18]该调查的作者希伯德（Hibbard）和布尔梅斯特（Buhrmester）认为，争强好胜的心态不符合人们对好女孩的理想期待，因此参与正面竞争的女孩可能会在社交中遇到更多难题。麦克格菲（McGuffey）和里奇（Rich）在一项对夏令营的定性研究中发现，男孩在日常活动中比女孩更具竞争性，而且在竞争环境中，男孩有更大的权力去决定哪些是可接受的男性行为和女性行为。[19]

社会学家在阶级和性别交叉领域的探索不像其他交叉领域那么多，如阶级和种族（或种族和性别）。[20]这方面的早期研究着眼于性别和阶级之间的关系，往往侧重于男性；朱莉·贝蒂（Julie Bettie）对工人阶级女高中生的研究显然是个例外。[21]

我对中产阶级内部的差异性以及这些差异如何影响家长们的育儿策略特别感兴趣。凯伦·莱西（Karyn Lacy）在其关于黑人精英中产和核心中产阶层的著作中认为，学者们对于中产阶级内部的差异性以及家长们如何应对这种差异并未给予足够的重视。[22]

细究群体内部的身份认同和社会化模式的研究并不多见，特别是对于中产阶级群体来说。

在我所研究的家庭中，阶级在父母对某项活动的决策中发挥了重要作用，我发现中产阶级内部存在显著差异。父母的选择决定了年轻女孩身上不同的女性气质类型，她们学着要么成为舞台上优雅的淑女，要么是球场上好斗的女将，要么学习成为国际象棋赛场上的"粉红战士"。特别值得注意的是，中产阶级上层家庭和下层家庭会在不同的课外活动中用独特的方式鼓励他们的女儿。上层的父母提倡自信的女性气质，而下层的父母则偏爱更传统的女性特质。

在我遇到的38个培养年轻女孩参与竞赛的家庭中，92%的足球家庭来自中上阶层（7个家庭）和中等阶层（5个家庭）。舞蹈活动则由中产阶级中层和下层的家庭（分别为9个和5个）参与，这是唯一有工人阶级家庭参与的活动（3个家庭）。[23]看上去，有女儿参加比赛的国际象棋家庭的情况和足球家庭的情况差不多，分别有4个中产阶级上层家庭和2个中产阶级中层家庭（占总数的86%）。这些阶级差异为这三种竞争活动各自所呈现的不同形式的女性气质奠定了基础。

巴特芒[24]vs. 任意球：获得童年竞争资本的女孩

　　让我们来看看以下两个家庭对他们决定送年幼的女儿去参加竞争性活动的解释：

　　　　我让她参加的原因是……因为我知道她很好动。她非常非常活跃，是那种完全没法安静下来的小孩。她永远都是活蹦乱跳的，所以我需要一些方法去消耗她那些多余的能量。

　　　　　　　　　　　　　　——10岁舞蹈学员艾丽莎的母亲

　　　　她有那种天性。她喜欢运动，喜欢到处跑，精力特别充沛。

　　　　　　　　　　　　　　——7岁足球运动员达芙娜的父亲

　　两个家长都强调自己的女儿是体育型的：她们精力充沛，喜欢运动。但是家长却为他们的女儿选择了不同的活动来消耗能量。艾丽莎的母亲为她报了一个舞蹈培训班；达芙娜的父亲带她去了足球场。为什么他们的选择不是刚好反过来，或者完全一样的呢？

　　表面上来看，答案似乎很简单：父母只是选择了自己接触过或者知道的活动。 个孩了学足球的妈妈告诉我："当她4岁的时候，她们踢过儿童足球。但只是出于方便和为了锻炼。真的，他们'必须'做点运动，我想我们就只知道（足球）。"

　　一些女孩尝试了足球和舞蹈，最终选定了其中一项。一位9

岁舞蹈学员的母亲解释说："伊丽莎白过去总是在家里跳舞，有了孩子以后，你总是和他们一起尝试不同的事情。我也和她一起尝试了踢足球。你试过不同的路径，会看出来他们擅长什么。跳舞一直是她的强项，她总是在跳舞。"

但是家庭如何辨别哪种活动是女儿擅长的呢？表2显示了父母在解释从竞技舞蹈和足球中学到的技能有哪些相似之处。很明显，在涉及团队协作、体育精神和奉献等方面，家长们看到了这两种活动之间的相似性。

表2　家长们希望女孩在舞蹈和足球中获得的相似技能

技能	舞蹈	足球
团队协作	我认为她学到了作为一个整体，团队的实力取决于它最薄弱的地方。当你真的需要每一个人的时候，该怎么在这样的团队中协作。所以我觉得这是一种很好的人生体验。因为像学校活动这样的事情，你可以弥补某个人的不足。如果你的团队中有一个能力弱的成员，你可以接手她们的任务。您懂我意思吧？但在舞蹈中，每个人都必须参与，你不可能直接代替某个人上场。	我认为她可以通过学习跟团队合作来发展更好的社交技能，而不是单打独斗……我认为团队运动比个人运动更重要，因为它能教会你如何跟团队合作，如何成为团队的一分子，如何管理团队所需的技能，并能坦然面对团队的目标。这不是一件容易的事。所以，我认为这些都是重要的技能。

（续表）

技能	舞蹈	足球
体育精神/输赢	我认为最要紧的就是你并不会一直赢。我认为这是重要的一课……你不会永远是最好的那个。在我们小时候，比如说一个团队里能有20个孩子。如果有40人参加选拔，只有20人成功入选，那么剩下的20个孩子只能哭着回家。好的，我们今天的孩子呢，有50个孩子参加选拔，50个孩子都能被选进队里，每个人都能表演五分钟。这些孩子的期待有了巨大的不同。她们来参加选拔就期待着能成功。所以，去参与竞争并意识到她们并不总是会赢，我认为这对她们来说是很好的一课。总有比她们更优秀的人。她们也许会不断尝试，可能会成为第二名或第一名，或者其他名次；她们可以努力提升排名，也许有一天能成为冠军，但成为冠军并不容易，需要付出很多努力。我认为这是她们最终（从舞蹈队里）学到的东西。	对于任何团队运动来说其实都一样，如何输，如何赢，失望时如何恰当地调整自己，哪怕你感觉非常糟糕的时候也要努力拼搏。所有这些真的都很重要，即使是在学习、找工作或类似的事情上也一样——这些孩子会懂得如何坚持，她们可能不会在短期内脱颖而出，而是会把眼光放长远并坚持下去。

（续表）

技能	舞蹈	足球
奉献	我想到的是驱动力和奉献精神。她明白负起责任的感觉，就像你必须先完成某些任务，然后才能去做其他的事情。我认为在舞蹈活动中，她在这一点上表现得很好。	我觉得所有这些孩子们参加活动，都是父母希望她们能为未来做好准备。我不确定巡回足球赛是不是就比常规足球赛有更好的效果。换句话说，我觉得也许它更好，或者是因为要更加投入，所以有所不同。可能这就是它不同于娱乐活动的一部分原因……她明白自己必须去参加训练，不能因为去参加生日派对而错过比赛。

　　除了强调具体技能，许多让孩子学舞蹈和足球的家长也强调让孩子锻炼的必要性。这一般在孩子年龄很小的时候就开始了，正如一位让孩子学足球的妈妈所解释的那样："嗯，她开始踢的时候可能是四五岁。这么做只是为了强身健体。我小时候没怎么锻炼，现在我每天都锻炼，我认为至少让她接触一下体育锻炼，这是很重要的。"

　　虽然一些父母提到终身健身和健康是一种动力，但只有让孩子学舞蹈的妈妈们提到了肥胖和外表。这位妈妈告诉我她对女儿未来身材的担忧：

> 信不信由你，我对她的短期目标是保持体型。因为，她是个"吃货"，见啥吃啥……这让她体重不轻，懂我的意思吧，她在与体重做斗争，我告诉她，这将是她一生的斗争……所以我想，我对她的短期目标是保持体型。

让孩子学舞蹈的妈妈们关注外表，而不仅仅是身体健康，这一点与我遇到的其他父母不同。家长们对参与活动的理解和叙事非常相似，但关于女性特质则另有一套说辞，这也解释了参与足球活动的家长和参与舞蹈活动的妈妈们是如何为他们的女儿做出选择的。参加舞蹈、足球和国际象棋活动的家长们在决定女儿要参加竞争性课外活动时，会从由阶层所塑造的不同性别脚本中汲取灵感。

值得注意的是，这三种活动都含有会被某些人定义为男性化或女性化的特质，这些特质极有可能会在父母的决策过程中发挥作用。阿德勒、克莱斯（Kless）等人的研究认为，传统的男孩活动，比如足球，强调"成就、强硬、耐力、竞争性和攻击性"的男性化价值观，而女孩的活动，如啦啦操和舞蹈，则在培养"情绪管理、魅力和对外表的关注"。[25]足球和国际象棋都属于正面交锋，注重肢体和精神层面上的攻击性行为，因此它们更彰显"霸道的男性气概"（hegemonic masculinity）[26]。在康奈尔

（Connell）关于"霸道的男性气概"的著作中，"爱好和平、避免暴力，倾向于和解而不起冲突，几乎不怎么碰球"[27]的行为被解读为缺乏男子气概。相反，舞蹈则表现出一种"突出的女性气质"，跳舞时不存在针锋相对的竞争，所有的参赛者都通过评判系统来取得认可。

之所以将竞技舞蹈的世界看作一个女性化的性别组织，不仅是因为它的竞赛形式和大多数参赛者都是女性这一事实，还由于舞蹈活动格外重视外表。[28]舞蹈选手在比赛中需要化妆，虽然这背后的实用主义目的是确保选手的脸不会被舞台灯光"掩盖"，但这仍进一步突出了参赛者是女性的事实，通过使用口红、腮红和睫毛膏等来彰显她们的女性特征。

这些做法被社会学和性别学研究者C.J.帕斯科（C.J.Pascoe）称为"标准化的女性气质"，其中包括化妆和着装。[29]坐在观众席上，我经常听到老师和家长说"哇，她在台上看起来很漂亮"或"她们都好美"。除了化妆，服装通常还有亮片、水钻、丝带和其他标志女性的装饰点缀。在大多数比赛中，服装和外观是作为最终得分的一部分来被审视的。

相比之下，在国际象棋和足球比赛中，在决定比赛结果时候，外表完全不重要。尽管足球比赛对女孩的穿着打扮有所规定，但这些规定是弱化女性气质的。踢足球时，女孩必须摘下所有首饰；这是出于安全原因，但该规定也让许多女孩放弃了佩戴饰品。教练还会让女孩们确保她们的头发不会遮住脸；女孩们通常用发带或者更常用的橡皮筋把头发扎成马尾辫，让碎发和刘海不遮住脸。（这本身也已成为一种时尚和身份宣告——也许是在一个并不女性化的环境中彰显女性特质的一种方式。）同样地，这么做剥夺了女孩身上的传统女性特征：她们的发型。同样值得注意的是，女子足球衣和男子足球衣并没有明显的区别。

国际象棋不属于体力活动，所以没有外表方面的要求或限制。参加比赛的女孩和男孩都穿着舒适的衣服，最常见的是牛仔裤，他们有时会穿学校或团队的T恤。我在国际象棋比赛现场看到过女孩穿裙子的次数，用一只手就能数出来。

三种性别脚本：优雅女孩、进取女孩和"粉红战士"

与男子气概不同，父母和孩子们都认为可以接受的女性气质有很多种，[30]所以这三种活动会浮现出不同的性别脚本也是意料之中的事。"优雅""进取""粉红"这些性别脚本的名字都来自女孩的父母在访谈中使用的语言。这些词汇可以帮助我们理解父母是如何为女儿选择不同的活动的。

优雅女孩

当谈到舞蹈对自己的女儿有什么好处时，妈妈们着重强调了舞蹈能够帮助女儿变得优雅。一位让孩子学舞蹈的妈妈告诉我，舞蹈能塑造良好的体态，有助于打造优雅的外表。"你在舞蹈教室里看到一些孩子，她们优雅地走进来，举手投足之间就是与众不同。如果舞蹈能让她有更好的体态，我就算没白忙活。但如果我看到她没精打采地走路，我只会想，'她没有把从跳舞中学到的经验带到生活里来。'"

优美身体的形成也就意味着产生了女性化的身体。另一位母亲是这样解释的："我让布里特妮开始学习跳舞时所想的是优雅、柔韧和体态。一个女孩应该有女人味，而且精致……对于女孩来说，我认为让她们从舞蹈中培养一些优雅的气质是有好处的。"

哪怕自己的女儿还在上小学，一些母亲就已明确将拥有优美身材和吸引男性的注意力联系起来了。一位母亲解释了舞蹈将如何在未来帮到女儿："它能增强协调性，建立自信，我认为没有什么比一个不会跳舞的青春少女更糟糕了。你明白吗？别的不说，光是会（在学校舞会上）跳舞就很重要。"长期以来，舞蹈一直涉及女孩为社交生活各方面所做的准备，比如礼节和社交仪态，[31]通常这些都代表着在婚恋市场上多一些机会。在学校舞会上找到一个好的约会对象可能是这条道路的起点，而学校舞会是学生生涯中非常突出的事件。[32]

然而，我所研究的这些认同"优雅女孩"性别脚本的母亲们不仅为女儿选择了舞蹈，更推动了竞技舞蹈的传统。在比赛中，外表可以帮助一个选手取得更大的成功。此外，竞争因素的加入为"优雅女孩"的脚本增加了另一个身体和心态方面的关键元素，即在竞争的互动中保持优雅。

有一位母亲是舞蹈老师，她描述了自己最喜欢的舞蹈比赛：

> 我认为《明星制造》是很棒的比赛……后台向每个选手开放，人们互相说："你好吗？祝你好运。我喜欢你的衣服。你的头发看起来很棒！哦，你看起来可太美了！"即使对年纪最小的选手，他们也都这样做，这确实在后台给了她们很大的鼓励，99%去参加这档节目的舞蹈教室也是这样做的。每个人都说"干得漂亮，祝你在舞台上好运"，这真是一个非常鼓舞人的氛围，他们确保每个人都有奖可拿，即使这是评委制的比赛，但也不只是一个人能拿到金牌或银牌什么的。大家都有奖可拿，对于那些可能并没有获得白金奖或最高分的团体舞，主办方也会颁发特别奖……也许这些团队的服装不是定制的，也不是最好看的，但是主办方会注意到这些，举个例子，"哇，那队的笑容真棒"。而这个团队也就因此获得了特别奖。

上面这段话提到了优雅女孩们学习用女性的方式去竞争的两个途径。首先，在这种基于选手们自身才能做出评判的竞争环境中，女孩们的外表也很重要。服装、发型甚至微笑都会受到称赞，这也许是赢得认可的一种独特方式。女孩们意识到，女性化的外表也是他人评价的标准之一，是可以带来回报的。其次，人们期待女孩们能够支持她们的对手。祝对手好运，为对手加油，或者告诉对手她看起来很美，在这种竞争环境中都被认为是令人满意的。鼓励他人在传统上被视为一种女性特质，也是展示社交风度的一种方式。所以，优雅的女孩无论是在身材还是举止方面都很优雅。

比赛本身的组织形式使这一点变得容易，因为每个人都拿到了奖项。虽然分数有高低，但在评判系统中，所有参赛选手都以某种方式获得了认可，这样做有助于营造选手之间相互支持的竞赛环境。在评判系统之外，舞蹈活动中的竞争本身是间接的，不存在针锋相对的较量，这一事实也帮助造就了一个更温和的环境。

然而，舞蹈家长和老师们都强调竞技舞蹈是一项严肃的体育活动，应该被看作一种团体体育运动。将舞蹈与体育运动相比较确实有助于组织比赛，至少在父母如何看待参赛价值方面来看是这样，这一点在第一章已经阐明。参照竞技体育活动的形式，有助于舞蹈比赛建立自身的模式，因为它吸引了那些希望把女儿培养成有实力的运动员，同时在外表和心态上保持女性化的家长们。

今时今日的舞蹈妈妈们既喜爱竞技舞蹈的运动性，又欣赏它的艺术性。一位兼职做舞蹈老师的母亲解释道：

　　我认为这是一种艺术形式。但这在当下是有争议的——
跳舞要求你的身体必须健美，那它为什么不是一项运动呢？
我觉得两者是并存的。这是一项运动，（因为）任何活动，
如果你必须要为之训练的话，那都是运动。但因为你没有任
何正式的规则要遵守——如果你踢足球或打棒球，会有一套
固定的规则——而由于涉及艺术视角，舞蹈是很主观的，算
是各花入各眼，我想这时候它艺术性的一面就显露出来了。
我希望会在未来看到舞蹈活动更好地兼顾这两方面。

　　舞蹈和运动技能之间的联系在我与两个家庭的谈话中也有
显现，这两个家庭的女儿在跳舞和踢足球两方面都很有竞争力。
其中一位母亲，最初我是通过竞技舞蹈认识的，当我询问她认为
自己的女儿能从每项活动中学到什么东西时，她给出了如下的回
答："很明显，她从芭蕾舞中收获了镇定和优雅，这两者都非常
重要……我有点惊讶舞蹈和运动之间没有更多的重叠，因为大多
数时候舞者都兼具这两方面的能力，通常他们都相当优雅，也都
是不错的运动员，而且协调性也很好。"
　　尽管这位妈妈认为运动能力和优雅之间能够相互促进，但
许多让孩子学足球的家长告诉我，舞蹈是"女孩子气"的活动，
所以他们不会让女儿（或儿子）参加。我采访过一位妈妈，她的
女儿既学足球也学芭蕾舞，尽管她不是一个竞技型舞者。她说：
"我认为这两项活动都需要体力，而跳舞只是在这之上增添了优

雅和女性气质。"这位母亲并不认为足球能像舞蹈那样提升女儿的优雅或女性气质。

舞蹈在某种程度上只是"女孩的事情"，男孩不应该参与，这样的观点出现了好几次，特别是当我问几个妈妈为什么不让她们的儿子和女儿一起上舞蹈课时。这些女人通常会大笑或者摇摇头，要么说儿子不会愿意、丈夫不会允许，要么就说"这只是女孩的活动"。当一位母亲说锻炼是她女儿跳舞的一个重要原因时，我追问下去，于是她补充了一条关于她儿子的评论：

> 我：当她四五岁的时候，你想让她开始锻炼，为什么你选择跳舞而不是体育运动，比如足球或垒球（她儿子打棒球）？
>
> 妈妈：因为她是个女孩。我想这大概就是原因。我的意思是，（舞蹈）不会是我儿子会做的事情。

总的来说，"优雅女孩策略"告诉女孩们，她们需要变得女性化，也就是说要优雅、好看、支持竞争对手。虽然竞技舞蹈确实给舞蹈这一传统的女性活动注入了竞争性，但这种在女孩子之间的竞争仍然是间接的。是的，正如你在《舞动妈妈》中看到的那样，舞蹈教室之间和内部的竞争都可以十分激烈，况且那个节目故意激化了竞争，但你仍然可以看到女孩们在互相支持，为彼此加油。我遇到的舞蹈女孩不像好斗的足球女孩那样直面她们的竞争对手，而是不断打磨社交技巧和她们的外表，这些因素在传统上与女性气质息息相关。

进取女孩

当优雅的女孩被教导去友好竞争、重视外表，进取的女孩则被教导在身体上和比赛中都变得强大，积极地接纳自己的女性特质。许多让女儿学足球的家长把女儿定义为那些跳舞的"女孩子气的女生"的反面。他们在为女儿选择竞技足球的过程中，使用了"进取女孩"的性别脚本。

一位父亲的大儿子踢足球巡回赛，而7岁的女儿已经是西田训练学院队的成员。他抓住了"进取女孩"性别脚本的核心要素：不强调身体的女性特质，而是专注于未来的职业机会，培养赢家心态。他担心自己的女儿会太过女性化而不够积极主动：

> 我鼓励她更有攻击性，因为她是一个可爱的小女孩，但我不希望让她成为一个女孩子气的女生……就是说，我不希望她成为一名啦啦队员——我倒也不反对——但我希望她为未来的选择做好准备，如果她想成为一家公司的高管，那她可以先在绿茵场上试试身手。如果她是那种女孩子气的女生，也许她会成为一名秘书。［停顿］这没什么不好，但我希望以后如果她愿意的话能有更多选择。

这位父亲显然认为，有"女孩子气"的女性更有可能从事不太理想的职业，这些职业在传统上被认为是女性化的，比如秘书。这位父亲将诸如"在绿茵场上试试身手"之类的画面和成为一名公司高管联系在一起，体现了他对体育运动的重视，运动可以帮助他的女儿走上一条竞争激烈、过去由男性主导的职业道路。此外，他认为啦啦队——与竞技舞蹈有很多相似之处——是一种过于女性化的活动。

总的来说，让孩子学足球的家长们告诉我，他们希望女儿更有攻击性，"像男孩一样踢球"，而不是纠结自己的外表看起来如何。例如，一位母亲解释说："我认为热爱运动的女孩不是那种纠结自己的头发、体重和穿着……的女孩，当你在踢球的时候，你无须去关心你的头发。"

头发是几次足球访谈的主题。有一位母亲告诉我，她的女儿如何开始参加巡回足球赛，并开始像男孩一样更积极地踢比赛："（我的大儿子）开始踢球，然后我的女儿看到他那么开心，就也开始踢了。她会奔向球门，射门得分，看到认识的守门员就对她说'哦，嗨！我喜欢你的头发'，这真的很有趣，因为现在她是守门员了，她很好斗。要是有几个女生上场，她会去跟她们一一单挑。"

正如这位"不要女孩子气"的父亲所说，许多父母认为激烈竞争和争强好胜会让女孩走上一条特别的道路，也许会成为公司高管。事实上，我采访过的每一位让女儿踢足球的家长都在采访中使用了"进取"或"决断"这样的字眼。那些关于头发的评论，以及踢球时女孩身穿中性队服并摘下所有配饰的事实，都集中在降低外表的重要性上，这一点在职业竞争中尤为重要，因为许多父母知道，要得到那些拥有独立办公室的职位，当一位淑女是不行的。一位学足球的9岁女孩的母亲说："我们并没有幻想女儿会成为一名伟大的运动员。但是团队协作（很重要）。我为摩根士丹利工作了十年，也面试过求职者，团队合作能力是我们招聘过程中至关重要的一点。所以这是一项会在未来发挥作用的技能。不仅仅是关乎球技或者手眼协调。"这位母亲继续解释道，"当我在摩根士丹利面试（求职者）时，如果我遇到了一位女性求职者——因为这里是投资银行，你要有攻击性，你要强硬——如果她打过冰球，这事儿就成了。我的女儿在踢球，我非常相信孩子们应当学会充满自信地进取，我认为这在生活中就体现为自信果决。"

正如这段话所示，成为团队一员和自信果决都是"进取女孩"可以从足球等竞技运动中学到的额外技能。一位妈妈对此做了有力的解释，"我认为当你从事一项运动时，它会让你更加自信果决，因为你不能只是等着球来找你，你必须去追那个球。"

在针锋相对的比赛里追着球奔跑，成为唯一的赢家，绝对是一种不同于舞蹈的竞争性体验。我在舞蹈课上遇到的一位母亲有两个女儿，她们都是舞蹈队的成员，其中一个还在当地的巡回俱乐部里踢足球（不属于我所研究的两家足球俱乐部）。她发现在不同的竞赛活动中，父母的行为也有所不同，这种行为似乎是他们在抚养女儿时选用的不同性别脚本的投射。她告诉我："其他父母（在足球比赛中）叫孩子要勇猛，要用力。这些行为可不太得体，嘴里借着足球说着骂人的脏话。舞蹈活动里就没有太多类似的情况！"

这些积极和自信的女孩正在被培养成这样的女性：她们追逐着真实的球和隐喻的球，在一生中都要应对充满困难和挑战的环境。她们被教导在生活的各个方面都要有进取心，但不像舞蹈中优雅的女孩那样强调外表。国际象棋活动中则呈现出一幅略有区别的景象：学国际象棋的女孩们，如果愿意的话，可以在专注于她们女性化外表的同时保持进取心。

"粉红战士"

像学足球的女孩一样，学国际象棋的女孩被鼓励要有攻击性，但这种攻击性略显不同，因为国际象棋不属于身体对抗的活动。与舞蹈和足球不同，国际象棋主要是一种智力竞赛，所以在竞赛当中，选手身体上的女性特征并不是什么问题。由于缺乏肢体参与，国际象棋运动对女性气质更加包容。国际象棋为少数参与比赛的女孩们提供了一种混合型性别脚本。这些女孩学习如何积极进取，但如果她们愿意的话，也可以专注于自己的女性外表。

一位有两个儿子的母亲向我描述国际象棋是如何让女孩成

为"粉红女孩"的："这些女孩穿着公主图案的T恤，头发上戴着水钻和蝴蝶结——（她们）战胜了男孩。男孩们出来时垂头丧气。我觉得这太有意思了。那个女孩卡洛琳，我叫她'象棋杀手'。她头上扎着蝴蝶结，穿着连衣裙，随身物品全是粉红色的，还有芭比背包，但是她下棋就像个杀手一样。"

一个看起来如此女性化的女孩可以赢得奖项对男孩和他们的父母来说会有特别强烈的影响。一位母亲的女儿下棋赢了另一位父亲的儿子，这位母亲描述了当时的情形："这位父亲出来时非常震惊。他说：'你竟然输给了一个女孩子！'"

大多数我遇到的学国际象棋的女孩都不是"粉红女孩"，她们的穿着打扮不完全像卡洛琳。但在国际象棋中，你可以既像战士一样有攻击性，又可以像小女孩一样拥抱粉色。"粉红战士"的性别脚本让女孩们变得更有攻击性、更自信，但要是她们想的话，仍可依照社会规范的女性作风行事。

对于学生国际象棋的业内人士来说，该活动不涉及肢体运动这一点十分重要。例如，当我访谈第一位女性国际象棋国家大师苏珊·波尔加（Susan Polgar）时，她说，国际象棋不是一项肢体运动，这一事实在促进性别平等方面很重要："嗯，我认为女孩需要明白，她们与男孩有同等的潜力。我认为，作为一项智力活动，国际象棋是一种很好的工具，能让女孩证明自己，它与体育运动不同，因为从本质上讲，男孩可能更强壮或动作更快，而在国际象棋上，女孩能够证明自己也能和男孩一样。"

　　许多父母刻意地以国际象棋为途径，来告诉女儿她们应该拥有和男孩同等的机会。一位国际象棋妈妈解释道："我们在培养她……做一个女性主义者。所以她会说她想成为国际象棋大师或者（美国）总统。她头脑中完全没什么性别限制的概念，我认为这是一件好事。"

　　尽管国际象棋并非肢体运动，但它和足球之间的相似之处比和舞蹈之间的更多，因为足球和国际象棋均侧重于攻击性。国际象棋和足球都需要直面竞争对手，更接近于"霸道的男性气概"，也因此形成了国际象棋性别脚本中的"战士"元素。那些写作国际象棋题材的作家们时常关注到这种侵略性以及它对女性的意义。《象棋泼妇：极限智力运动中的女性》（*Chess Bitch: Women in the Ultimate Intellectual Sport*）的作者本人就是一位国际象棋大师，她在书中解释道，在国际象棋中，人们挂在嘴边的"像女孩一样下棋"实际上说的是下得极具攻击性。[33]

　　尽管存在上述这种攻击性——或者可能正因为有上述攻击性的存在——女生在学生国际象棋比赛中明显占据少数。在小学年龄阶段参加锦标赛的女孩比任何其他年龄段都多，但还是远远达不到锦标赛参与者人数的一半。这是比赛主办方一直试图解决的一个问题，他们举办"只限女孩"的比赛，给成绩最高的女孩和男孩分别颁奖，并为女孩和男孩分别进行等级分排名。有些人认为这些手段十分消极，还强化了女孩永远比不上男孩的感觉。[34]但我遇到的许多父母认为，额外的关注和成功可以使女孩们在国际象棋活动中坚持下来。

许多天性并不争强好胜的女孩通过下国际象棋来学习如何提升自己的竞技能力，在国际象棋所容许的女性攻击性的范围内找到自己的位置。我在一次国际象棋课上遇到了加布里埃尔，一个留着金色长发的二年级女孩。身边的大人们常说加布里埃尔漂亮可爱。加布里埃尔的母亲埃蒂在法国乡下长大，她告诉我，她发现在美国长大的孩子有着和她完全不同的童年，"我的意思是，只要住在这里，只要你呼吸这里的空气，就会自然而然变得争强好胜……这个世界挺难的"。至于她为什么认为国际象棋特别适合加布里埃尔，埃蒂继续解释道：

> 我们去上课的时候，我会稍微早到一点，看看情况如何。对于一个像加布里埃尔这么大的小女孩来说，你不会放心把她扔给两个你不太熟悉的男人。所以我也经常在一边观察，而且我非常欣赏课程中的一些内容……我喜欢这项活动。我意识到，对于一个女孩来说，这真的是一项很棒的活动，这对她的智商、数学和竞争力都有好处。

加布里埃尔有突出的女性气质，甚至在二年级时就收获了周围男生的好感。但她的母亲认识到参与竞争并磨炼那些常被认为男性化的能力是十分重要的，比如数学技能。国际象棋让加布里埃尔拥抱她女性化的一面，同时也发展了她更"男性化"的竞技技巧，使她成为国际象棋界的"粉红战士"。

　　然而，埃蒂认为加布里埃尔下棋道路上的一个障碍，就是
她的女性朋友中没有几个人会下棋，那几个会下棋的孩子在埃蒂
看来"有点假小子，所以她们不是同一类型的女孩"。埃蒂接着
描述了加布里埃尔性格中更多"女性化"的方面："她是一朵快
乐盛开的花朵，你懂吗？她真的是……抱有那种'每个人都很美
丽，大家都应该是好朋友'的态度。"加布里埃尔，一朵"快乐
盛开的花朵"，可以保持自己的本色，并通过下棋来增加竞争力
和攻击性，因为"粉红战士"的性别脚本可以同时容纳女性特质
和攻击性。

　　正如加布里埃尔这样的女孩可以学着变得更加争强好胜一
样，国际象棋为假小子们提供了一个空间，让她们能够交到和自
己同类的朋友。在第三章的开始谈论国际象棋的那位妈妈路易丝
是这样解释的：

　　　　（在我女儿的学校）有别的女孩的妈妈对我说，女生真
　　的不喜欢（国际象棋）。我认为有一种观点就是觉得，国际
　　象棋对于女孩来说是不够女性化的活动……洛蒂上了一所思
　　想开放的幼儿园，她一直和男孩一起玩，喜欢口袋妖怪之类
　　的东西。她从来不玩芭比娃娃或美国女孩娃娃。

　　路易丝接过洛蒂学校国际象棋俱乐部的领导权后，从洛蒂所

在的班里招进来几个女孩，这样一来，女孩们就可以在国际象棋比赛和活动中一起玩了。路易丝告诉我，她们去参加了一场全国性的女子国际象棋锦标赛，"部分原因是（她）觉得与其他女棋手团结一致很重要"。

虽然不是所有下国际象棋的女孩都具有攻击性，但国际象棋确实为那些想在一对一的比赛中变得更有竞争力的人提供了一个机会。路易丝的评论体现出，在"粉红战士"的性别脚本和当下女孩们的生活中，各种形式的女性竞争是同时存在的，"其他女孩，像她的朋友唐娜，如果她和好朋友下棋，就会想方设法达成平局，这样就没有人赢也没有人输。洛蒂从不在乎这些。她同她的奶奶、她最好的朋友、任何人，甚至她4岁的妹妹一起下棋，都只想赢。所以，国际象棋似乎很适合她"。

女性课后班

优雅女孩、进取女孩、"粉红战士"的性别脚本通常因阶级而异，正如每个活动中大多数家庭的阶级背景都不同。通过这些竞争性活动，我们可以看到不同层级的女性特质类型。尽管在我的调查中，几乎所有的家庭广义上都属于中产阶级，但中产阶级中地位较高的父母会培养更具进取心的女性气质，我们在足球家庭和国际象棋家庭中都见识了这一点。舞蹈妈妈的社会地位通常低于国际象棋家长和足球家长，她们提倡一种不太具有竞争性、优先考虑外表的女性气质。中产阶级中层、下层以及工人阶级家庭更加强调女性气质。工人阶级和中产阶级下层女性的职业通常比较"抛头露面"[35]"粉领"①，并且经常要做一些情感类的工作，比如秘书这一职业就对一些女性特质有所要求，如友善和整洁。[36]在这些家庭长大的女孩被教导说，她们的女性特质也许会在未来的工作中派上用场；然而，这些岗位的竞争可能比过去更加激烈，这就是为什么竞技舞蹈对这些家庭来说也是一项有用的社会化活动。

对职业的思考体现了家长的职业以及他们对子女职业的期望。回想一下，足球爸爸希望自己的女儿能够在公司高级管理层的领域驰骋，而不是当个秘书；足球妈妈之前在摩根士丹利工作。前者是一名律师；后者是一名投资银行家，最近辞了职以便有更多的时间陪伴她的五个孩子。这两位父母都是名牌大学的本科生。大多数足球家长都从事类似的工作，或是教授或是医生。简而言之，这些父母的素质都很高，也都经历过通过竞争获取资质的过程。

这些父母对自己的孩子，包括对他们的女儿的职业，有着与自己相似的期待，并希望他们通过竞争来获得相近的资质，这

---

① 粉领（pink collar）指传统上由女性承担的工作，比如秘书、护士，以便与"蓝领"和"白领"相区分。

些想法并不奇怪。与这位在摩根上丹利工作的妈妈类似的父母正试图在女儿年幼时向她们灌输某些技能和课程，以帮助她们在成功的道路上走得更长远。正如那位足球爸爸明确表示的那样，这群家长不希望女儿最终成为秘书。要想让女孩在未来维持其家庭目前的阶层地位，参加能激励她们进取心的竞争性活动就成了上选。

如今，中产阶级上层的女孩们为了进入传统上男性主导的领域，要做一些更有策略性的准备，以此来维持家庭目前的阶层地位。其中就包括选择一些能在大学入学方面获得优势的课外活动。[37]如今，美国的女足球运动员比女童子军多出三倍。[38]与女童子军这种传统女性活动的对比，表明了足球等运动正被用来训练女孩，让她们在未来取得成功。那些拥有强大的财力、社会资源以及文化资源的人——主要是中产阶级上层家庭——更有可能得到机会，并能够专注于巡回和精英类别的赛事。

相比之下，舞蹈妈妈们并没有提到女儿未来的职业，或者求职所需的文凭和高等教育。一部分人提到她们的女儿可能会成为医生或律师，几乎所有人都希望女儿上大学，甚至那些一心想让女儿从事舞蹈相关职业的妈妈也是如此。但这些妈妈们常把教职作为女儿的职业目标，而没有一个足球父母这样说（哪怕自己本身就是高中老师的足球妈妈也没有）。几位母亲特别提到了当舞蹈老师，这比在学校教书的地位更低（因为不需要执照考试）。

父母之前参与这些活动的经历也显示出某种相关性。舞蹈家长中具有相同经历的人数最多，有六位母亲小时候参与过舞蹈竞技；其中的三位在年轻的时候曾代表精英舞蹈学院参加比赛。有三人目前是舞蹈老师（两人在精英舞蹈学院，一人在别的舞蹈教室）。所有的家长似乎都在利用自身的经验，但舞蹈妈妈们尤其如此，在针对女儿所处的竞争性环境制定策略时也是基于自己的经历。虽然这些母亲希望自己的女儿上大学，但对女性气质的关注使她们将注意力放在当个贤妻良母上，而不是拿到MBA学位，而后者正是许多足球家长和国际象棋家长对自家女儿的期许。也有可能这些女性根本不了解获得MBA学位需要什么，所以那些想让孩子有更高成就的舞蹈妈妈们可能会让女儿拿一个艺术硕士（MFA）学位，这是一种文凭，但仍是一个非常女性化的文凭。[39]

通往这些文凭和职业的道路并不容易。除了考进大学、读研究生的挑战之外，女生还需要应对社会压力。她们面临着重重困难，试图平衡进取心、运动能力与舞蹈中强调的更传统的女性概念（如外表）。

最近一项有关参与体育运动对青春期女生的长期影响的研究发现，"许多参加体育运动的女生会持续地试图将她们的运动能力与定义女性的传统标准相协调，传统标准强调保持苗条的身材，并且坚持对美的严格定义"。[40]在其关于女性诉讼律师的研究中，詹妮弗·皮尔斯（Jennifer Pierce）发现，成功的女性要么变得"非常有男子气概"，要么变得"非常有爱心"。她描述了这种困境："男性使用'胡萝卜加大棒'的手段会受到称赞，而女性一旦咄咄逼人就会因不好相处而受到指责，善良的女性则被认为'不够强硬'，无法成为好的诉讼律师。"[41]

无论是进取女孩、"粉红战士"还是优雅女孩，都显然面临着鼓励别人、参与竞争和获得成功的三重束缚，从童年开始，经过青春期，直到成年，她们都被人期待能毫不费力地保持美丽。[42]她们的父母教给她们处理这三重束缚的方式略有不同，这取决于他们自己的背景，但所有人都以在竞争激烈的世界里尽可能取得最大的成功为目标，对女儿进行社会化教育。

这些依阶层而不同的性别观念对不平等有着长期的影响，因为来自中产阶级上层家庭的女孩似乎准备得更加充分，由此具备了在获取资质的过程中胜出所需要的技能，这让她们在成年后能从事报酬更高的职业。这意味着我们更需要去思考中产阶级当中的微妙区别，在广泛意义上的中产阶级中存在差异性，因此我们还必须着重研究上层阶级的日常生活和社会化实践。

尽管跟以往任何时候相比，如今的女孩拥有更多的机会，但不同的环境限制并改变了性别角色。这一点在儿童竞争性课外活动中显而易见。性别和阶级均在这些竞争活动中浮现出来，这可能会关系到谁终有一天会坐拥宽敞明亮的独立办公室，而谁又会成为老板的助理。

男性气质的等级："运动员""书呆子"和"娘炮"

　　女性气质只是性别叙事的一个部分。那么男孩们呢？[43]总的来说，我遇到的大多数男孩都接受了非常传统的关于"成为男人"的建议。一个在梅特罗国际象棋社下棋的男孩告诉我："我爸总会说'男人一点'，不要为这样的事情（输掉比赛）而掉眼泪。所以我会像个男人一样不哭的。"

　　父母对自家儿子所参加的竞争性活动的选择，在某种程度上是可以预测的，这一点并不奇怪，因为父母倾向于更多地促使男孩而不是女孩去迎合标准的性别角色。[44]舞蹈对男孩来说是一项非传统的选择（在我的田野调查中，只有四个男孩参加了舞蹈比赛），[45]足球是正常的，国际象棋处于中间位置。学国际象棋和学足球的男孩之间的比较体现了许多家长的预期："书呆子"男孩在下国际象棋，"运动员"则在足球队里。有些男孩既踢足球又下棋，就像"飞向宇宙，浩瀚无垠"那一家里的杰里迈亚。然而回想一下，他的父亲乔希，基本还是无比自豪地把杰里迈亚形容为一个"足球男孩"。跳舞的男孩通常会被认为是娘娘腔和同性恋。

　　在描述这些"书呆子""运动员"和"娘炮"之前，重要的是要注意到男孩的性别叙事有一个方面是不同的，那就是阶级。虽然我很难确定其中是否存在阶级叙事。我猜是有的，特别是当某一项活动不被选择的时候。在我的样本中，男孩的阶级差异远不如女孩那么大，这主要是因为舞蹈运动中有一群中产阶级下层的女孩；而男生在舞蹈中出现得不多，所以我无法评估国际象棋、舞蹈和足球中全部男生的情况。

可以这么说，男孩的社会化似乎没有像女孩所经历的那样随着时间的推移而变化。当然，女孩现在能上大学了，而男孩一直以来都可以。然而，无论是白领还是蓝领，男性劳动力市场其实都发生了显著的变化，因此育儿策略没有太大变化就有些引人注目。

即使这些男孩们没有明显的阶级等级，男子气概的等级也是存在的，运动型男孩在最上，"书呆子"男孩次之，"娘炮"男孩在最底层。这与之前的研究是一致的，例如帕斯科关于高中男子气概的研究和阿德勒关于中学生受欢迎程度的研究。[46]因为体育运动处于"男生保留项目"[47]活动排序的顶端，所以为儿子选了其他活动的父母不得不解释为什么这么选，还要证明为什么该活动是"有男子气概的"。

对于经常被描述为"书呆子"或"怪客"的国际象棋男孩来说，男性之间的陪伴经常被用作参与活动的理由。一位母亲这样向我描述她上四年级的儿子："我认为他真的很喜欢社交。对他来说，和一群朋友一起行动是非常非常重要的。事实上，我们正计划着为他和他朋友举办一个以国际象棋为主题的生日聚会。"因为大多数下棋的男孩都不是运动型的，在学校里他们有时会遭到排挤。国际象棋给了他们一个不会感到与社会格格不入的空间，这对青春期的男孩尤其重要，否则他们可能找不到朋友。[48]

另一位妈妈的几个儿子虽然学下国际象棋，但实际上在学校里颇受欢迎，她解释说："国际象棋适合书呆子的说法广为流传，但我的孩子很受欢迎。我希望他们能保持自己的人气，同时也坚持下国际象棋，但谁知道呢。"然而不到一年，这几个"受欢迎"的男孩放弃了国际象棋，转向了足球和篮球，还一并带走了他们大部分的三、四年级的男生朋友。

我还遇到了一位让孩子学国际象棋的母亲，她非常希望上四年级的儿子能一直下棋，直到上中学（最后他并没有坚持到那个时候）。当我们相遇时，她的儿子在一个天才班里，而且很快就要离开那个舒适的小环境，去一个更大、竞争更激烈的中学。她设想国际象棋是儿子维持男性友谊的一种方式，但她承认其中会有难处：

> 有意思的是，全国锦标赛的时候，我也观察了其他的队伍。我一直跟他说，如果他继续下国际象棋，随着年龄的增长，他会多么热爱这项活动。我大概是这么说的："嗯，下棋的孩子里是有些书呆子，但是你看这个队。"那是一支来自得克萨斯州的队伍，他们穿着漂亮的T恤，还有运动衫，有男孩也有女孩。他们看起来很不错。等上了高中，国际象棋也就不算是什么见不得人的事，是吧？然后我说："我敢打赌，到时候队里会有更多女生，活动的社交性会更强。也

不会到哪里都有家长跟着你！"

在试图说服她那瘦弱且不擅长运动的儿子继续下棋的过程中，这位母亲承认国际象棋活动里确实有很多"怪客"。但她紧接着强调，队里也有一些女孩——这类浪漫关系是获得男子气概和人气的另一条途径。对于那些无法登上学校社交生物链顶端的"书呆子"男孩来说，国际象棋可以提供一条不同的与异性交往的途径。

"怪客"或"书呆子"会让人联想到一个身体不协调或不擅长运动的男孩。一位足球妈妈向我解释她为什么让三个还在上小学的儿子参加足球巡回赛：在她儿子的私立学校，体育在中学变得格外重要，"你可以参加运动队或者去上体育课——在中学，只有那些身体确实不协调的怪孩子才会选择上体育课。我们希望他们有另一种选择"。

这位母亲对儿子社交声誉的担心是很常见的。但是，我遇到的男孩家长中也有少数人毫不避讳地接受了某位父亲所称的"怪客一族"。身为理论物理学的终身教授，这位爸爸自豪地宣称，他很高兴儿子热爱国际象棋，"你要知道，当怪客就挺好！"

值得注意的是，这位父亲来自我所采访的唯一一个同性家庭。他和他的伴侣从未怀疑过他们的儿子可能是同性恋，但在我们的访谈过程中，有其他三位家长向我透露，他们担心自己的儿子可能是同性恋。没有任何女孩的父母有过这类表达，值得注意的是，也没有任何一个学跳舞的男孩的父母说过类似的话（尽管不可否认的是，这类孩子的数量要更少）。

同性恋确实如"幽灵"似的困扰着舞蹈活动。正如帕斯科在高中生研究中发现"跳舞是另外一种让男孩承受'被贴上娘炮标签'这一风险的行为"[49]，我遇到的读小学的男孩也是如此。一位舞蹈老师告诉我：

> 我认为舞蹈活动仍然饱受污名——这是女孩子的事，这是粉红色的芭蕾舞裙，是给那些外放又性感的娘娘腔穿的。我认为这主要是一个社会问题，我绝对相信《舞魅天下》和《与星共舞》节目都有助于吸引更多的男孩。我敢肯定这就是吸引很多男学生学跳舞的原因，人们可以看到一个强壮的男人做很帅的动作，转身、跳跃、把女孩抛来抛去，做这些超酷的动作。男孩子看到这些会说："哦，这个人穿着礼服，伴着爸爸爱听的那首劲歌在跳舞。他既没有穿着紧身衣来回蹦跶，也不会张牙舞爪。"他们现在实际上有了很好的榜样。父亲们很多时候还是很老派，觉得跳舞太女孩子气。

对于男性舞者来说，对抗"女孩子气"和"娘炮"的刻板印象的方法之一，就是强调男性舞者的力量以及他们经常与女性跳舞的事实。

然而，污名依然存在。一个男孩上七年级，一直学竞技舞蹈，孩子的母亲告诉我，她认为自己儿子的同学不学舞蹈的原因是："因为我认为人们心里觉得，如果你跳舞，你就是同性恋之类的。但事实并非如此。他们确实跳得很不错！"跳舞的男孩往往是团队中最优秀的舞者，因为他们一般比多数女孩跳得更高、转得更快，尽管女孩们往往更加灵活。即使一个男孩不是跳得最好的，也常常因为是唯一的男性而成为一支舞的焦点。

一位母亲有一个跳竞技舞蹈的女儿和一个打棒球比赛的儿子（他从未上过舞蹈课），她试图解释为什么她的大儿子不跳舞。这次交流十分冗长，不太令人愉快，因为这位母亲一直在找合适的词语，我最终插话进来才缓解了这种紧张的气氛：

妈妈：哦，我肯定觉得……嗯，你懂的，人们有刻板印象，这很普遍的，哦，你跳舞，嗯，那你就是有什么不对劲，或者你没有走上正确的道路……

我：他们是同性恋？

妈妈：（微笑）你知道我在说什么吗？我不是说事实如此，我的意思是，我说过，我儿子有两个朋友跳踢踏舞，我们看到过，我们看到过男人跳踢踏舞，那真的很酷，你知道我在说什么。那是……但是我确实认为，你知道，很不幸，人们会以异样的眼光看待他们。

正如我提到的，我确实遇到了三位公开怀疑他们儿子性取向的父母——尽管他们都不跳舞。这位父亲有五个孩子——四个男孩和一个女孩——他的大儿子放弃了足球,而对戏剧和表演艺术更感兴趣。这位父亲说:

> 单说刻板印象,在青春期前,你会说他有可能是个同性恋。他很娘娘腔。但我也可能完全搞错了,对这方面的研究表明,青春期前的经历和一个人的实际性取向之间几乎没有任何关系。我跟很多父母一样,并不在意我儿子是不是同性恋。我希望他快乐。但我的看法是,(如果你不是同性恋)取得成功会更容易。我是说,他很想去做一些大事,去影响社会之类的,当然,不管你的性取向如何,你都可以做这些事。但是我发现,如果你更主流一点,做事会更容易。

"刻板印象"的想法再次被搬出来,显示出了"霸道的男性气概"的力量。这位父亲最关心的是他大儿子的性取向,相比之下,他的小儿子非常健壮。家庭成员,如兄弟姐妹,无疑在父母如何社会化自己的孩子以及帮他们选择活动方面发挥着作用,同时起作用的还有父母,以及他们与家庭之外更大社会的互动。

性别:家庭事务

孩子和父母并不生活在真空中,尤其涉及性别问题时,所以考虑家庭生活中其他能塑造粉红女孩和足球男孩的方面也很重要。如我所料，当我观察既有男孩又有女孩的家庭时，舞蹈的重叠最少，足球的重叠最多，国际象棋再次居中。四个学足球的女孩，她们的哥哥们都在踢足球巡回赛，没有一个女孩的哥哥不踢足球。而舞蹈，无论是女孩的哥哥还是弟弟——都不会去跳舞。

对于舞蹈活动中的三个男孩来说，情况略有不同。其中一个男孩的姐姐是精英舞蹈学院舞团的优秀成员；另一个男孩有个学过舞蹈的姐姐，但她没有参加锦标赛。如果没有姐姐们的参与，这些男孩可能不会开始跳舞。[50]第三个跳舞的男生只有兄弟；不过直到高中他才自己选择了舞蹈活动，这对大多数有竞争意识的舞者来说都太晚了，因为完善舞蹈技巧需要大量的练习。

在七个学国际象棋的女孩中，三人有兄弟，其中一个是龙凤胎，所以二人一起参加，妹妹下棋略胜一筹。另一个女孩有一位很有天赋的哥哥（拿过全国冠军），她则勉强够格；在这种情况下，哥哥的参与显然对她有影响。第三个女孩也有一个才华横溢的弟弟，尽管他的年龄还小一岁，也是姐姐更早接触到国际象棋，但直到弟弟的天赋被发掘后，姐姐才开始参加比赛。

三个学国际象棋的男孩很有天赋，他们的姐姐（其中有一个是龙凤胎）并没有参加国际象棋活动。这表明，妹妹有一个哥哥或弟弟有一个姐姐，可能并不会影响年幼孩子对国际象棋活动的参与。其中一位母亲声称，在她的两个女儿还比较小的时候，

她还不知道国际象棋活动，而现在她后悔没有让孩子学会下国际
象棋:

> 我不得不从头来过……要是能重来，我会让我的女儿
> 们下国际象棋。我想我只是希望她们在小的时候接受一些
> 训练。我认为她俩的弟弟太成功了，当你还在挣扎的时候，
> 你的弟弟却进展神速，这有点令人沮丧。但如果她们是在弟
> 弟还没开始感兴趣的时候起步，那么也许她们会继续坚持
> 下去。

从这段话和其他许多话中可以明显看出，母亲往往是父母双方中
最关心孩子课外生活的一方。虽然有些父亲确实有所参与，但他
们倾向于不去做那些比较平常的事情，比如准备零食和洗衣服。[51]
肖娜·汤普森（Shona Thompson）写过一本《母亲开出租: 运动
和女性劳动》（*Mother's Taxi: Sport and Women's Labor*），讨论澳
大利亚精英网球运动中的男孩和女孩，这本书的书名就恰当地总
结出在有孩子参加课外比赛的家庭中，女性扮演了什么样的角
色。[52]基本上，这些母亲从事与她们孩子的竞赛活动有关的后勤
工作，而父亲则担任有威望的教练和陪练的角色。

　　然而，课外活动，尤其是足球和国际象棋，为父亲和女儿提
供了一个互动的机会，这种互动形式以前只存在于父子之间。[53]
我观察到父亲们在这两项活动中都有参与，特别是孩子学足球的

父亲通常担任志愿者教练或正式裁判。我采访过的父亲中并未有人特别提及参与女儿的活动有什么不同寻常之处，但这显然是于20世纪70年代通过并实施的宪法第九修正案所带来的变化。

虽然父亲的参与也许是一个积极的发展，但它可能会在两个方面存在问题。首先是一位父亲的话，他的两个女儿参加了足球活动，他还帮助组建了梅特罗足球合作社。当我问他是否看到了男孩和女孩的父母行为上的差异时，他告诉我：

> 婴儿潮一代典型的雅皮士，他们基本都会生两个（小孩），几乎总是一个女儿和一个儿子，如果你看到三个孩子，那是因为他们有两个儿子，一直想要一个女儿。所以父母有一个男孩和一个女孩的情况我不太说得准，但我想，他们会期望儿子的球队比女生球队更能拼，但也并不总是如此，这真的不是一个经过证实的规律。对于像我这样的人来说，我只有女儿，我们也会很有进取心。

这揭示了一个问题：一个儿女双全的父亲会给男孩更大的压力。但当他只有女儿时，女儿会变得更像儿子，父亲可以像对待儿子一样对待女儿——足球提供了这种机会。

父亲更多地参与所带来的第二个问题是，它在父母之间制造了更多的传统性别角色分工，这个问题我在前面提到过。一些妈妈向我抱怨说，爸爸每周会去实地指导一到两次，但妈妈们的日常工作是确保制服和练习用具干净、准备零食、组织拼车，等等。正如一位母亲所说，父亲们会乘虚而入，"抢走所有的功劳"，而妈妈们的付出则被掩盖了。目前还不清楚孩子们对这种分工的看法，以及他们是否会在某一天当上父母并复制这种模式，但值得思考的是，父亲更多关注女儿的竞争性活动可能会进一步强化传统的性别角色，而不是像许多父亲在培养有进取心的女儿时想的那样是在解放女性。

上述竞争性活动以多种方式限制和改变了女孩和男孩的性别角色。对女孩来说，似乎有更多变革性的影响，因为她们有了更多的成长空间，但这些变革似乎因社会阶层而有所不同。性别和阶级与竞争结构有关，并影响着父母对孩子是否参加某项活动的决定。性别和阶级也会在这些活动中再次发挥作用，将一些孩子吸引到强调身体或外表的活动中——这可能对不平等造成切实的影响，因为一些女孩被有策略地培养，最终得以在独立办公室工作，而其他人则最终成了老板的助理。

一个迫在眉睫的问题是，孩子们是否真正理解并懂得运用家长希望他们通过参与这些活动习得的技能。家长们承认，他们不会总是告诉孩子为什么他们觉得某些活动对孩子有好处。一位母亲说："我会告诉她我想让她学到的东西吗？实际上，我真的不知道。现在她只知道'我去跳舞，我很开心'。除此之外，我什么也没跟她说。不过也许我最终会把我的想法告诉她。"像这样的陈述，以及孩子们对生活抱有明确想法的事实，清楚地说明了我们必须倾听孩子自己的声音，听听他们对参与竞争的想法，以及这如何影响了他们的未来。在本书的最后一章，我将把视角转向孩子们，听听他们对这些活动的看法。

不过在那之前，我要先展示当今的课外活动如何被组织成商业活动，以及这一点如何影响那些家中有条件为课外活动付费的儿童的生活。由此，我将进一步把家长对竞争性课外活动的决策和他们自身的背景相结合。下一章将重点放在这些活动之间存在的相似性上，并揭示美国文化中十分发达的竞争性童年，并解释竞争性儿童活动逐渐制度化这一背景如何制造并加剧了父母对孩子未来的担忧。

第五章

对荣誉的瓜分：

从组织和创造童年竞争资本的活动中获利

对于梅特罗足球合作社和西田足球俱乐部、梅特罗精英舞蹈学院和威斯布鲁克"一起跳舞"舞蹈教室以及许多其他地方的老师和教练来说，竞争性儿童活动是他们一个稳定的收入来源。他们得以谋生，既是通过营造一个产生童年竞争资本的环境，也是通过创造和维系众多相信童年竞争资本对未来至关重要的家庭群体。揭开广受赞许的竞争文化的面纱，其背后是一套复杂精妙的产业结构，这套产业结构在组织、支持和推动有组织的儿童活动的同时，也正塑造着许多美国家庭的日常生活。

这些社会空间是如何被组织在一起的？是什么人掌控这些童年活动并从中获利？我们其实对这些课外活动中的商业运作所知甚少。基于我的比较研究，虽然各项竞争性活动各有其独特之处，但总体而言，这些活动在瓜分时间、金钱和天赋的方式等方面都有十分相似的内部结构。

这一章描述了竞争性童年活动的组织格局，这些活动在对孩子的未来感到焦虑的家长身上牟利。我访谈的全职老师和教练中，有八位曾经是竞赛活动选手的家长，因此他们深知如何包装自己的服务来吸引其他家长。然而，要为年幼的下一代创造童年竞争资本，则需要包括老师和教练在内的多方人士的共同努力。[1]正如要培养一个艺术家或塑造一件艺术品需要一个"艺术世界"，这些个人、组织和企业在培养儿童竞争者中各自发挥着作用。[2]我发现国际象棋、舞蹈[3]和足球之间在五个方面存在相似的结构——行业、组织方式、奖励机制、选拔过程以及其中的矛盾和丑闻——这也意味着在今天的美国存在着一个更大的竞争性童年的架构体系。

从竞争激烈的童年中创业营利

大人们从竞争性儿童活动中赚钱的方式多种多样，[4]有时是作为正规经济的一部分，有时则出现在非正规经济当中。我遇到的41位老师和教练，其中大多数人都是靠教孩子们下棋、跳舞和踢足球为生。这就是他们的"日常工作"。他们之中有不少人开了小公司，比如拥有一个舞蹈教室。也有些人可以被认为是独立约聘人①，例如，在某一个俱乐部内训练多个足球队或讲授私人国际象棋课程。只有少数是全职雇员，比如受聘于舞蹈教室或足球俱乐部。

———————

① 即independent contractor，也被译为独立签约人或独立承包商，指以独立的身份跟企业签订以项目为基础的短期合同的劳动者，不属于企业的正式全职雇员，需要自己缴纳社会保险，也不享受企业的福利和假期。

那些儿童竞赛活动相关的组织方，不管是营利性还是非营利性的，[5]都应被看作是创业者。由于父母甘愿在这些活动上投入大量资金，有创业精神的人可以在这一行赚得盆满钵满。老师和教练都可以收取很高的费用，因为在他们的专业领域没有多少竞争对手。虽然有的父母对这些凭借孩子讨生活的成年人感到不放心，[6]但是一旦到了竞赛水平，这些父母就会因为害怕耽误了自家孩子的前程，而仍然选择支付这笔费用。

上述创业者的身边还环绕着另外一群收取额外服务费用的商家，其中包括竞赛活动杂志的出版商、联赛组织软件的销售商，或者自己经营赛事活动的人。像《儿童国际象棋生活》《舞蹈精神》和《美国足球》这样的业内出版物会刊登有关提高战绩的文章和广告。这些杂志的作者、编辑和出版商都可以被列入到从此类在儿童活动中赚钱的成年人的名单当中。

从竞争性儿童活动的市场中获利的，还包括那些在杂志上做广告和在比赛的特许摊位上售卖商品和服务的商家们，这些商品和服务包括用来安排课表、整理花名册的软件程序，以及制服、服装或团队衫等特殊服装的定制服务。社会学家朱莉娅·埃里克森（Julia Ericksen）在她有关交际舞的著作中解释说："竞赛催生出了一个下游产业（cottage industry），服装、鞋子、珠宝和排练服的设计师和销售者都在争取舞蹈学生的青睐。"[7]"下游产业"一词恰当地描述了与竞争性儿童活动相关的一系列产业。

我印象特别深刻的一次是在参加一个州立足球博览会时，

看到商家出售一些我之前从未认为会跟巡回足球赛有密切关系的产品。例如，一家公司的摊位上出售的是用来在足球场上画白线的油漆。另一个摊位由一家小公司承包，该公司专营包装饼干、爆米花和其他小吃，然后作为活动筹款的一部分加价出售给球队。还有一家公司售卖一种特殊的头带，说是能有助于防止脑震荡。显然，这些产品只是偶尔会派上用场。然而，为了获得经济利益，生产商会宣称产品能为参赛提供便利或者能提高孩子的表现，从而给产品贴上"必需品"的标签。有一些产品（如头带）之所以能大卖，就是利用了父母对孩子人身安全的担忧。

在所有与儿童竞赛相关的产业中，比赛的组织者似乎盈利最多，尤其在舞蹈和国际象棋领域。大多数舞蹈比赛的主办方都会试图在每场比赛中囊括尽可能多的参赛作品，在任何既定的时间内都能让尽可能多的参赛者在台上表演。每支舞和每个参赛选手都等同于他们赚到的钱。

比赛主办方深知，那些带来最多参赛者的舞蹈教室也能让他们赚得更多。一些舞蹈老师向我提到比赛主办方有时会操纵评委的分数，以确保这些舞蹈教室获得最高等级的总体表现奖，因为只要老师、家长和孩子觉得满意，明年就还会再来参加比赛。在国际象棋和足球比赛中，搞这种暗箱操作就比较困难，因为比赛结果相对客观，但我观察到比赛组织者会对他们熟悉的家庭做出让步。例如如果孩子在比赛中迟到，他们也会对此睁一只眼闭一眼。因为这些课外活动本质上是许多成年人的饭碗，所以大家都努力让客户感到满意。

与此同时，因为这些活动确实是在课外时间发生的，而且是由个人而非传统学校环境中的教师所经营，所以教师和教练常常要在不同的人面前扮演不同的角色——他们会为了让父母高兴而这么做，哪怕这有时意味着要打法律的擦边球。例如，我观察到有父母要求提供课程收据以及活动组织方的税务识别号，作为他们公司儿童保育灵活支出账户的报销凭证。这种情况最常发生在国际象棋活动当中，尤其是在学校里和学生假期上课的时候，不过在足球训练营和舞蹈班里也存在。在我访谈过的老师中，如果被提了这样的要求，除一位老师之外，其他所有老师都乐意提供这些信息，他们并不介意父母的这类行为，也就等于把自己的工作归类到儿童保育的类别。[8]

有时，老师会回避与税收相关的其他规定。有些人教课收钱不留账面信息。例如，我遇到过的国际象棋老师会要求讲过私教课后用现金缴费，这样他们就不必申报收入；这种情况也出现在足球训练营和短期课程中。[9]

不仅一些教师和教练在赚账面之外的钱，他们之中还有不少人缺乏各自领域的必要培训，尤其是在教学方面。虽然这些活动体系内部并不存在正式的教师认证体系，但教师们也是可以参加培训的。（足球比较接近传统教育行业，有不同级别的教练执照。）我遇到的舞蹈教室老板都不喜欢不懂教学的同行贸然开办舞蹈教室，因为家长们的负面经历也会影响他们的潜在客户。

此外，未经适当培训的舞蹈教练和足球教练可能会导致儿童的臀部、膝盖和脚踝出现永久性损伤。

有一次我参加了某个暑期足球夏令营，其间发生的事情让我清楚地意识到，对有的人来说，自诩为教练或老师实在是再容易不过的事了。在一次州立足球博览会上，我遇到了东北部某州一个足球训练营的老板。每当经过他的摊位，他都试图让我拿一本他的小册子，劝我送孩子去他的训练营。[10]最后，为了不显得无礼，我解释说自己没有孩子，参加博览会是为了做研究。作为我的校友，他主动提出帮忙，邀请我参加其中一个足球夏令营，以便看看夏令营是如何运作的。

在接下来的几个月里，我们交谈过几次，他问我是否考虑当一名教练。我多次明确解释说我不会踢足球，但可以做一名辅导员，和孩子们同住在宿舍里并监督他们。当我到达营地时，我发现我需要负责一些学员的训练，他们的父母支付了每周近700美元的费用，以为自己的孩子会得到一流的辅导和训练。我立即表示抗议，并再次提出希望以其他方式提供帮助，比如作为一名登记人员或在训练营的商店里工作。但由于在那个星期，训练营里的人手不足，所以主管还是尝试说服我当教练。我再次表示我不懂如何训练或教导孩子。看到我不愿担任教练一职，主管表现得十分不满。在经历了两天的极度不适后，我决定离开夏令营。这一经历告诉我，即使是在声誉很好的运动项目里，一个门外汉要想冒充教练也并不难做到。[11]

对于一个人来说，只需要披上专业的外衣，就可以极其轻松地进入这个行业。为了让孩子参加竞赛，家长投入了大量资金。无论家长支付多少，许多老师、教练和其他创业者都会伸手接过，来者不拒，而且常常还继续索要。法律学者劳拉·罗森伯里（Laura Rosenbury）曾有过关于学校和家庭生活之间不受监管的空间的著述，竞争性儿童活动肯定也在这个空间内。[12]

有关国际象棋、舞蹈和足球赛事的相关下游行业不受监管的性质，家长们之所以会表示默许，其中一部分原因是竞技性活动是扣人心弦、让人紧张不安的经历。家长们自然希望孩子在这些活动中玩得开心并取得成功。在比赛过程中，许多父母感觉到了满足孩子要求的压力，而孩子们的这些要求则受到了许多商业活动的影响。T恤衫、毛绒玩具、书籍等都是对孩子表现的实时奖励。体育记者汤姆·法雷写过关于青少年体育的文章，他认为全国锦标赛面向年龄较小的孩子开展的原因之一是组织者知道孩子年龄越小，花在杂项商品上的钱就越多。[13]

儿童竞赛的下游产业抓住了家庭的脆弱时刻，从而有可能收取更高的价格，这类似于殡葬业市场的情况。[14]值得注意的是，为了限制对弱势群体的剥削，殡葬业和某些涉及儿童的行业（例如学前教育）是受到监管的。而竞争性儿童课外活动这一行业已呈现高度商业化和利润导向化的特征，却仍几乎不受监管。

组织竞赛活动的时间和空间

在培养童年竞争资本并实现盈利的过程中，老师和教练要在有限的时间和空间里组织培训和赛事。不管是哪种类型的活动，竞争性儿童活动的组织方式都很接近，在组织过程中要面临的挑战和困境也大体类似。那么，组织者是如何处理时间和空间等后勤问题的呢？

由于孩子们要上学，训练和课程通常会安排在傍晚和晚上。[15]与世界上其他地区相比，美国儿童花在比赛上的时间往往远超训练时间。[16]各类竞赛、锦标赛和巡回赛在周末举行。规模更大的赛事（如全国锦标赛）会安排在夏季的一个星期或者一个周末长假，而且往往会在比较适合阖家前往的地点举行。

在所有这些活动中，"全国"一词容易带来误解，原因有二。第一个原因：从参赛者的归属地来讲，这些赛事不具备"全国性"。国际象棋锦标赛与"全国"最为接近，参赛选手来自各个州。例如，在2007年春季全国锦标赛上，有来自45个州的参赛者参加。[17]对于舞蹈和足球来说，他们大多数的"全国"赛事主要由住在比赛场附近的选手出席。足球队可能会在某些高水平的联赛中代表本州出战，但这种情况在舞蹈比赛中从未真正出现过。

"全国"一词具有误导性的第二个原因是，与人们基于对奥运会和其他大型运动赛事的了解所设想的不同，成为"全国"

比赛的参赛者无须通过标准资格认证。那些付得起钱的选手可以轻而易举地在全国性比赛中"赢得"一个席位。这些赛事——无论是国际象棋、舞蹈还是足球——很多只是在名称中加入了"全国"的字样。将一项赛事称为国家级赛事意味着能收取更高的费用，吸引更多的参赛者，尤其是在夏季，这时家长和老师们面临着丰富的选择，要决定孩子如何安排时间、在哪里参赛。正如汤姆·法雷解释的那样："将这场比赛打造成'全国锦标赛'实际上是一种营销手段。"[18]

由于能用来参与竞争性活动的课外时间有限，无论是参加全国性比赛、地方性赛事还是训练，时间都是宝贵的稀缺资源。[19] 如何最优地安排时间是一个难题。外人通过拟定排练和练习的时间，控制了家庭的时间表，有时这些安排会出乎父母们的意料，让他们感到难以应对。随着家庭生活越来越多地围绕孩子们放学后的时间规划来安排，日程表似乎已经成为新一代的"家庭壁炉"[①]，全家的日程安排会出现在厨房最显眼的位置。当我去家访时，家庭日程表总是摆在厨房的中心；有一户人家安装了一面覆盖了整面墙的大白板，这样他们就可以互相留言，告知各自不断变化的时间安排。

对赛事组织者来说，时间也是一个问题，因为他们自己也很难找到安排时间的最优解。我所研究的三项活动的组织者都针

---

① 壁炉在西方家庭里处于最中心的位置，也指代全家都围绕着的东西。

对适当的比赛时长进行过积极的讨论。在国际象棋中，每局比赛的长度是个议题：每局30分钟对每个选手来说是否足够？在单日制锦标赛中，30分钟的时长可以保证更多选手有出场机会，否则就可能需要延长整个赛事的时间。足球比赛中关注的重点则在于安排在周末的比赛过多，以及每队应该有多少队员才能使每一个孩子拥有最大化的参赛体验（比赛应该由五个还是九个球员为一队，以便让队员在比赛中有更多的一对一较量和带球时间）。对于舞蹈来说，每支舞蹈的时长在不同的比赛中没有统一标准，所以在既定的一年或一个赛季中，舞蹈老师很难为学员编排出适用于所有比赛的舞蹈。

　　有限的空间也给比赛——特别是舞蹈和足球——增加了额外的限制条件。舞蹈比赛的关键是要有合适的地面。为了保护舞者的腿，舞蹈应该在木地板或"得嘉玛丽"地胶板上进行，这种地板上涂了一层薄薄的橡胶，具有一定弹性。舞者不应该在水泥地面上跳舞，因为水泥地面不具备保护腿部和关节所需的弹性。考虑到比赛有很多动作都需要排练，有时还需要另外的场地，舞蹈教室会在比赛场周边地区寻找铺设木地板的场所。精英舞蹈学院的选手们经常在壁球馆和宗教场所排练。如果舞蹈教室场地的价格不贵，老板会考虑多开设一间舞蹈教室，但因为房地产方面的投入过高会提高课程的价格，舞蹈教室更倾向于在社区内部寻找排练场所。

　　梅特罗足球合作社同样要依靠公共空间。合作社里的球队用作训练和举办主场比赛的公共场地只能开车过去。这意味着俱乐部和教练对于球场的维护（确保场地不会有石头、其他尖锐物体和坑洼影响到球员）完全说不上话，也无法控制球场在某一天是否可供踢球（例如，如果降雨量过大，可能就无法在球场上踢球）。他们也要同其他体育组织就使用这些场地的频率和时段相互竞争。

西田足球俱乐部也利用社区场地组织比赛，还用当地一所大学的场地进行训练。但是他们的训练场地晚上没有灯光，也没有标准足球场的标识。两家足球俱乐部都试图筹集资金来购置自己的场地，但与舞蹈行业一样要面临地产价格太高的问题。因为足球的训练和比赛通常在户外进行，不可预测的天气会造成进一步的日程混乱，比赛或训练可能被取消或者需要改期。比赛的时间被重新安排后孩子们也需要参加，哪怕这会破坏他们全家复杂日程中的微妙平衡。

在场地空间方面，国际象棋也面临着类似的问题，因为在放学后很难为孩子们找到价格合理又足够宽敞的空间。国际象棋课程和比赛通常在学校教室里举行，不过有时在学校里找到足够的场地进行国际象棋比赛也非易事，因为在周末许多学校不愿意开放。当学校在周末接待学生时，国际象棋比赛的组织方必须支付保安人员的费用，这一成本又会以额外入场费的形式转嫁给参赛家庭。

学校放假期间，训练班和夏令营都必须另择其他场所。有时人们会在家庭公寓里举行集体活动。梅特罗市的上城国际象棋社在一所犹太教堂的地下室开展活动。虽然宗教组织为儿童活动提供场所这一点并不稀奇，因为它们经常将空间出租给与宗教无关的各种团体，[20]但这些空间并非为儿童使用而设计，更不用说为了这些具体的活动了。

总体而言，组织这些课外活动既简单又有挑战。三项活动的总体模式相同，但空间和时间的限制产生了很多复杂的问题。家庭必须调整日程来适应孩子们活动的需求。竞赛主办方所做出的决定是为了使参与者的数量最大化，并最终使自身的收入最大化。

奖励机制和对荣誉的瓜分

与上述活动相关联的奖励机制，也是为了实现收益最大化所做出的努力的一部分。在国际象棋、舞蹈和足球比赛中，组织者会给参赛选手颁发奖项。这些奖项会在公布参赛选手排名的同时授予。最常见的奖品是奖杯，但有时也是绶带、奖牌或臂章。

在竞赛以及相关的所有活动中，奖项无处不在。当我向人们解释我的研究时，我经常说我所研究的是"孩子们'可以赢得奖杯'的那种活动"。我这样说，你肯定会觉得孩子们无论参加哪一场比赛都能得到奖杯，没错，就是这样，每个人在每次颁奖典礼上都有所收获，这一点都不稀奇。

孩子们以五花八门的方式展示他们在比赛中赢得的奖项（尽管他们也很清楚参与奖和优胜奖之间的区别，第六章会更全面地讨论这一点）。有些孩子会在公共场合进行展示，比如跳舞的女孩会把绶带挂在动物玩具上，踢足球的孩子则会在衣服上别上奖章。也有的孩子会私下里展示他们的奖项，将它们陈列在卧室的书架上，并自豪地向我这样的参观者逐一介绍。孩子们有时会带奖杯去学校进行展示并演讲。一些学校会将代表学校参加比赛的队伍所赢得的国际象棋奖杯展示出来。孩子们还会带着奖品穿梭于酒店大堂、机场和其他地方，这样一来，活动之外的人也得以看到他们的能力和胜利的证明。

社会学家威廉·古德（William Goode）写过关于获奖和声望的文章。他解释道，奖品通常是为学习和运动成绩颁发的，"奖杯、绶带和奖牌被认为就是属于体育竞赛的东西，以至于大多数西方人很难想象会有一场比赛……没有类似的象征胜利的物品"。[21]奖杯或绶带便是一种证明成就的有形物。

我遇到的很多家长都抱怨说，他们其实是在为这个看得见摸得着的证明买单。事实上，报名费就是用来支付奖项费用的。一些人开玩笑说自己的儿子或女儿"赢得"了一个50美元买来的奖杯。

在舞蹈比赛里，奖杯实际上是可以买到的。即使有50名参与者，也只会有一个奖杯颁发给一支舞蹈，但有些孩子是为了奖杯来的，而不"仅仅"想要一条绶带。由于舞蹈比赛中奖杯的数量较少，因此颁发奖杯的意义似乎更加重大——这表明当颁发的奖项增多时，实际上是降低了所有奖项的价值。

　　但为了奖励尽可能多的参与者，比赛主办方会使用非常狭窄的类别来对参赛选手进行分类。我将这种行为称为"对荣誉的瓜分"。对孩子的分类先是根据年龄，然后根据比赛成绩（例如她们在小组当中的等级或排名），有时还考虑到某次活动中的表演类型（例如爵士舞或踢踏舞）。类别越细，获奖的机会就越多。

　　这一点在舞蹈中体现得最为明显，每个参赛选手都要接受评估，并会在排名前知道自己正式被归入的小组。[22]孩子们依然要接受评委的打分，还是会有一个孩子拿到最大的奖杯，但每个人也会获得一些证明其参赛的有形标志，哪怕只是在11岁组的三人组舞中的最佳表现奖。在颁发绶带以外，还会颁发高级奖项和整体表现奖。

　　如第一章所述，对荣誉的瓜分反映出了两大趋势。第一个是自尊运动，该运动希望每个孩子都觉得自己有所成就，尽管赢家和输家明显还是存在的。[23]第二个是20世纪和21世纪的美国，奖金和奖项普遍有所增加。[24]

　　诚然，奖项在总体上有助于人们设定目标并为之努力，但显然它们也是一种精明的商业操作。奖项以及随之而来的荣誉有助于确保客户每年都会再来。通过大量的颁奖和表彰，让孩子、家长、老师和教练都开心，可保财源不断。

这种奖励结构和对荣誉的瓜分也适用于童年之后的一些活动。交际舞就是一个很好的例子。舞蹈教授朱丽叶·麦克梅恩斯（Juliet McMains）在她对美国体育舞蹈的研究中解释说："几位阿瑟·默里舞蹈学校①的老师回忆说，在20世纪50年代早期，英国奖牌系统的引入极大地帮助了这个舞蹈教学体系，这个体系向他们的学生灌输不断购买更多课程的愿望。通过将教学大纲分成不同的级别（青铜、白银和黄金等级），并明确规定进入下一级别必须掌握的技能，教师们才能更容易地将更多的舞蹈课程打包出售。"[25]

与这些竞争性儿童活动背后的奖励机制密不可分的一个趋势，就是数值排名（commensuration process）的崛起，尤其是在童年时期。数值排名体系用数字对参与者进行评分和排名。从法学院到医院，这种数字排名在各个领域变得越来越普遍和公开。[26]尚德（Sauder）和埃斯普兰（Espeland）描述了数值排名体系，其中"质量转化为数量，差异成了差距。这种数值排名体系制造并揭露出一个等级制度"[27]。在美国社会中，从狗展到玫瑰花展，等级制度萌生的趋势无疑与奖品和竞争的增长有关。

数值排名在儿童竞争性课外活动中出现得相对较晚，但即使在童年时期，这种实践也早已存在，现在不过是愈演愈烈而已。

---

① 阿瑟·默里（Arthur Murray）是一位美国舞者、商人，他以自己的名字开设的连锁舞蹈学校在20世纪中期遍布美国，并逐步扩展到全球其他地区。

从一个孩子降临到这个世界的那一刻起，他就被贴上了一个数字标签。在出生时是阿普加评分（Apgar score），一个医生用来评估新生儿健康情况的打分系统，评分从0到10。此外在整个幼儿阶段，会有一个与身材相关的百分位数。当一个孩子进入学校系统时，这个可识别的数字就变成了一个标准化考试的分数，也许是OLSAT（幼儿园入学）或者是SAT（大学入学）的分数或百分数。这种情况现在发生在课外活动中，这标志着当代美国人童年中无情的排名和量化。

国际象棋、舞蹈和足球用数字将孩子们排名，来确定谁是赢家。这些排名和分级结构都是公开的，每项活动里参赛的儿童和成人都非常清楚自己和朋友以及竞争对手在这个等级系统中的位置。在这三种活动中，国际象棋最为精确，它将孩子的表现转化为一个计量数字，然后根据年龄组别对儿童进行公开排名，如公布前100名的名单，这一点在第二章中有更详细的阐述。许多学国际象棋的儿童用国际象棋等级分来称呼自己，例如"我是850"。足球也运用了数值排名的一种形式，将孩子分配到A队或B队，然后根据每个人的表现将他们指派到联赛中的不同球队。足球业内人士也在互联网上对国家级球队进行排名。[28]舞蹈也是如此，将"娱乐性"和"竞争性"或"准职业"和"职业化"的参赛选手区分开来，并给比赛中的每支舞蹈一个数字标签，然后产生一个分类，例如"黄金级"或"钻石级"。

学生、家庭和老师会持续跟进这些排名，在当地的舞蹈教室和俱乐部中，每年都会利用这种数值排名来评估和挑选选手。对荣誉的瓜分有助于减轻低排名的打击，但一个无法掩盖的事实则是，在所有竞争性的儿童活动以及大多数美国孩子的日常生活当中，都存在微观和宏观的等级排名制度。

选拔过程中的评判

在这些竞争性活动中，孩子们几乎每天都被他们认识或不认识的人审视和评估。在游戏和比赛中，他们受到裁判的监督和评估，这些裁判也许有资格对他们进行评估，也许没有。我在儿童足球比赛中看到过14岁的裁判。在舞蹈比赛中，评委的履历往往不为人知。而奇怪的是，狗展的评委必须有至少12年以上的养狗经验才能被认为是专家，但我们对那些评估儿童的人却没有使用同样的标准。[29]

除了在活动中被资质可疑的评委予以正式评估之外，我所见过的参赛的孩子每天还会受到其他成年人的评判，他们往往认识这些成年人（但正如我们所提到的，这些人本身的资质也一样可疑）。三种课外活动共有两种主要评估形式：一年一度的选拔和随时进行的关于谁、以什么方式、参加什么赛事的决定。选择过程往往是公开的，或在最后公之于众，这给儿童的活动额外增加了一层内部压力和竞争性。内部评估的过程在所有竞争活动中都普遍存在。

　　每年，学习足球和舞蹈的孩子们都必须经过选拔或试演才能参加活动。许多其他活动也是如此，如棒球通常会有一个挑选球员的公开"选拔赛"。[30]大多数足球俱乐部在春季举行年度选拔，来组建将于次年秋季开始踢比赛的球队。这些事件都有时间顺序，如果父母希望孩子有机会参与其中，就需要提前有所了解——相关信息通常在不同社会阶层中不均匀地分布着，中产阶级的父母可能比工薪阶层的父母更早知道截止日期，以及需要提交哪些表格。[31]

　　我合作过的两个足球俱乐部都会举行为期几天的选拔赛，他们会请中立的成年评估人员来仔细评估孩子们的某些技术和整体表现。来参加选拔的孩子的数量似乎总是要比球队名额要多。教练通过电话或电子邮件通知孩子们他们是被选入A队还是B队，又或者根本没有入选。

　　学舞蹈的孩子们也要经历一个艰难的选拔过程。在威斯布鲁克"一起跳舞"舞蹈教室，孩子必须参加类似于足球选拔赛的试演，接受成年人对她们的评估。孩子们很可能认识这些评估者，因为那通常就是她们的舞蹈老师。在试演中，女孩们会表演一支舞蹈，并有机会展示所掌握的任何舞蹈技巧。她们还要参加特定舞蹈的选拔，例如各自年龄组别的爵士舞或踢踏舞，要想出现在三支不同的舞里，可能需要试演三次。

　　精英舞蹈学院的选拔程序稍有不同。精英舞蹈学院并不为其"舞团"举行公开试演。更确切地说，所有的学院学生都一直处于审视之下，看她们是否有足够的能力加入竞赛团队或某支团舞。虽然这个过程不像《舞动妈妈》的"金字塔式"那样折磨人，但对孩子们来说仍然是颇有压力的，让她们觉得自己像身处一个圆形监狱里，在持续的监视下跳舞。在精英舞蹈学院，至少不存在其中一种监视——家长不能像《舞动妈妈》节目里那样借助观察窗来旁听上课过程[32]；而在"一起跳舞"舞蹈教室，家长可以这样做。

如第二章所述，在精英舞蹈学院，老师会根据学生的课堂表现和舞蹈技巧推荐她们进入"舞团"。被邀请的人会收到一封信，询问她们是否愿意加入舞团。这些信件会在深秋时节发送给新成员，信中也会简要介绍加入舞团的要求。一般来说，只要没有重大问题，老成员们都会继续留下。不过，在精英舞蹈学院，回归的舞团成员都需要接受评估，以决定她们之中哪些将被邀请进入哪个团体舞蹈。这些决定会于下一个年度的赛季开始前，在12月通过信件传达给各个家庭。对于那些想跳独舞或在小组中比赛的孩子们来说，这段等待老师决定的时间尤其令人紧张。

为什么足球选拔赛通常由外部评估员决定，而舞蹈则使用内部评委？有三个理由：第一，参加足球队选拔的孩子人数更多，因此家长投诉选拔过程的可能性更大。引入外部评估者，让他们使用既定的标准来给孩子做评估，有助于俱乐部管理人员和教练去解释这些决定是如何做出的。第二，一些足球委员会成员建议，由于俱乐部是非营利性组织，如果不根据既定的标准选拔孩子，他们有可能会被起诉。第三，因为足球本身是一项比较客观的活动，而舞蹈则更为主观且有艺术性，所以它们的选拔过程自然各不相同。

学足球的孩子们不仅每年要面临一次紧张激烈的选拔——要么进入新球队，要么在现有球队中保留一席之地——为了确保首发位置，还要每周与队友对决，当然由谁首发在更大程度上是教练的主观决定。除了努力确保首发位置，他们还要试着参加尽可能多的比赛。年龄比较小的孩子通常没有特定的位置，如前锋或中场，但孩子们的确希望在比赛中获得尽可能多的上场时间。教练会根据孩子在训练和之前比赛中的表现做出这些决定。如果一个孩子错过了某次训练，在那个周末就有可能会被禁止参赛；在我采访的足球教练中，这是一条普遍的规定。

学国际象棋的孩子们也长期处于被评估的状态，主要是来自教练对他们的评价。大多数国际象棋项目都没有正式的选拔程序来挑选儿童入队。一般来说，任何付得起钱的孩子都能参加学生比赛，甚至是在家学习的孩子也可以。

梅特罗的联合国际象棋社是一个例外，它的确有一个正式的选拔过程，因为这个社团的资源有限，只能派一定数量的儿童去参赛。而其他由家庭自负费用的国际象棋项目则不存在这个问题。联合国际象棋社为孩子们提供锦标赛制的比赛来竞争这些参赛名额，或者根据他们的当前评分，通过选择各个组别中等级分最高的孩子来决定出征具体比赛的人员名单。

除了这些正式和非正式的内部选拔过程以外，这些活动本身还带有自我选择的成分。在所有六个田野调查的地点，我都观察到了我所说的"高成就孩子的问题"。基本上，只要有一个孩子天赋极佳，就会招致其他孩子父母的紧张和嫉妒。他们担心自己的孩子不够优秀，得不到参与机会，又或者自己的孩子得不到与高天赋孩子同等的关注。这导致许多家庭完全退出了该项活动，或者转投其他的团队、老师或舞蹈教室。

我在上城国际象棋社附属的一年级学生培训班里目睹了这一情况。一个幼儿园的孩子从当地和州级的比赛开始就表现得非常出众。在春季全国赛上，他更是学校里唯一一位赢得奖杯的学生，尽管学校的校队也得到了集体奖杯。到了年底，他的国际象棋等级分已经超过了1000，尽管他才6岁。到了一年后的春季全国赛（他获胜了），他已经成了学校里唯一一个参加国际象棋比赛的一年级学生。前一年和他一起下棋的孩子纷纷退出，参加了其他的活动。从我与这些孩子的父母以及学校教练的谈话中可以清楚地得知，当他们的孩子一直比不过某个同龄人时，这些家庭就不想再继续参与了。这个孩子在春季国际象棋全国赛中赢得了全国冠军，这向其他父母发出了一个信号，证明他们让孩子退出学生国际象棋活动是个正确的决定。

当精英舞蹈学院的几个学员参加了某个电视节目的比赛后，也出现了这样的问题。在这几位学员在电视节目上大获成功之时，学院其他学员的父母选择了退出。精英舞蹈学院的老板告诉我，尽管学院在公众视野内出了些风头，但报名情况并没有变好，因为家长们都担心自己的孩子要么不够格在精英舞蹈学院跳舞，要么无法成为"明星"，得不到老师足够的重视。虽然许多舞蹈老师希望自己的学生在舞蹈比赛中取得成功，以此提高自己和舞蹈教室的声誉，[33]但真到了一个全国性的比赛，比如参加电视上的竞技性真人秀，得失关系就发生了变化。

足球里面成绩突出的孩子也有类似的问题，主要是"球霸"和进球最多的孩子。在我进行田野调查时，西田足球俱乐部五年级组只有一支球队可进行田野调查，因为这个年龄组另一支实力更强的队伍在夏天发生了"内部瓦解"，当时队里表现最出色的男孩离队，去了一个更成功的球队，这导致了一连串的连锁反应，其他的孩子也有不少人离开。俱乐部和教练也无法再召集其他孩子前来参加选拔，因为家长们认为这是一支"有问题"的球队。

考虑到当一个组织中有表现优异的孩子时许多家庭会选择退出，教师和教练（特别是如果他们有些商业头脑的话）可能会对培养出非常成功的孩子或团队有所顾虑。这是因为如果整个年龄组的人都离开，他们当下和未来的收入都会遭受损失，这种影响会持续多年。虽然这显然是仅在竞争性极强的组织里才会出现的问题（我只在这三种活动里竞争最激烈的团队中见证了这一点），但在国际象棋、舞蹈和足球中，高成就儿童可能引发的冲突是不容忽视的。

冲突和丑闻

产生冲突对生意肯定没有好处，但是冲突在所有这些竞争性儿童活动中都是司空见惯的。从"挖角"的争夺到有关操纵年龄的指控，丑闻事件时有发生。这样的争议也并不都是负面的，因为它们体现出相关群体是多么在意竞争性儿童活动，但同时它们也会给那些参与者带来不愉快。[34]值得注意的点在于，这些争议在所有活动中是多么相似。

"挖角"是足球活动中许多纷争的根源。正如第二章所讨论的，当另一个俱乐部球队的教练承诺给某位球员更多的上场时间或在常胜球队中的位置时，球员就被"挖角"了。不知何时开始，这成了普遍现象，以至于一些联盟实行了赛季中禁止转会的规则，即球员只有在赛季结束后才能离开当前的球队。[35]当然，球员仍然会被挖走，但至少不会在赛季中期发生。

"挖角"在舞蹈和国际象棋活动中也存在，尽管参加这些活动的人并不用这个词。一些舞蹈教室会游说附近舞蹈教室的孩子转投自己这边。他们试图用低廉的学费、独舞机会和团舞中的特别角色来吸引孩子。一些精英舞蹈学院的学员曾经被其他舞蹈教室挖过，但最终无人离开。国际象棋教练有时会告诉父母，他们的孩子开局就下错了，或者不明白终局最优的下法，并声称他们可以教孩子更好的国际象棋技巧，以此来为挖走那个学生做好铺垫。

教练和老师之间会因为一些涉及学生的问题而发生争吵，这种情况不足为奇，这些纠纷有时还会包括针对作弊的指控。在我参加的一次国际象棋锦标赛中，两名教练（当着孩子们的面）发生了争吵，其中一名教练同时也担任该比赛的赛事总监和仲裁，在某一步棋产生分歧时，做出了有利于他自己的学生而不利于另一个孩子的裁决。另一个孩子的教练过来交涉，坚决要求重置比赛时间。他们的争吵不断升级，让许多孩子都心烦意乱，以至于不是赛事总监的那位教练最终被逐出了比赛场。离场教练的学生家长认为这位赛事总监的行事不端，为了表达对他的抗议，该学生家长决定在那一年余下的时间里都不再参加这里的任何比赛了。

舞蹈老师也向我诉苦，说其他舞蹈教室的老师唆使自己的学生将竞争对手的服装和道具挪到后台，让孩子们很难找到。我在田野调查中虽从未见过任何的正面冲突，但也听说了一些。当有人进行投诉时，这些投诉会被提交给比赛的主办方和赛事主管们，让他们充当调解员。

舞蹈比赛里另一种常见的指责是评委和老师之间的利益冲突。一个舞蹈教室以前可能请过某位评委作为客座老师或编舞老师，这位老师之后却在一场全国性的活动中担任评委。并没有规则规定评委要回避给某个特定舞蹈教室的学生打分。

另一个常见的指控是编舞剽窃。我在比赛中听到老师们评论说，某位参赛选手的舞蹈看上去和他们从前大获成功的一支舞非常相似。总的来说，编舞剽窃似乎不再像过去一样是很大的问题，这里的部分原因是比赛期间不再允许使用私人摄像机。（当然，因为现在的手机都有摄像头，这一点是很难严格执行的，我不费吹灰之力就在YouTube上找到了这些舞蹈的录像。）个人录制设备之所以不被允许，原因之一是竞技舞蹈当中的剽窃行为一度十分猖獗；另一个原因则是出于盈利考虑：赛事主办方抬高了录制视频的成本，并从这项服务中赚钱。要购买一支舞蹈的视频，家长必须获得舞蹈老师的签字。尽管签字可以伪造，但直到YouTube普及之前，这一程序基本上避免了大部分的剽窃问题。

在这三项课外活动中，一个更常被投诉的问题——当指控成立时基本就构成了丑闻——是参赛选手谎报年龄。我从未在这些活动中看到过赤裸裸的谎报，尽管这种事情一定存在（例如《舞动妈妈》第二季第二集中的情况）。为了应对家长将年龄较大的孩子安插进相对低龄的球队，足球赛事制定了严格的身份认证程序来核实孩子的出生日期（在第二章中有过阐述）。[36]

或许最臭名昭著的父母谎报孩子年龄的事例并未出现在国际象棋、舞蹈或足球比赛中，而是在少年棒球联赛里。2001年，在宾夕法尼亚州威廉斯波特举行的少年棒球联盟世界大赛中，丹尼·阿尔蒙特（Danny Almonte）的父亲和教练伪造了男孩的身份证件，声称他只有12岁。其实当时丹尼已经14岁了，因此没有资格参加少年棒球联盟的比赛。在他投出一次无安打比赛并带领他的球队夺得季军后，谎言被拆穿，球队的排名也被取消。[37]

其他的事例虽没那么严重，但也确确实实在不少活动中都发生过。詹妮弗·凌（Jennifer Ring）在关于女子垒球的研究中提到，精打细算的父母们试图规划受孕的时间，好让孩子比同年出生的其他孩子大。[38]其他父母，如阿尔蒙特的父母，则直接篡改了出生证明，以给孩子取得优势，因为年纪较大的孩子在身体、智力和情感上发育得更好，有助于他们在竞争中取得成功。

让孩子具备年龄上的优势在体育方面造成的影响是最大的（被称为"相对年龄效应"），同时也影响了学生的学业。[39]在一种被称为"红衫教育"①的做法中，儿童，尤其是男孩，由父母决定推迟进入幼儿园，虽然有时也有老师建议的原因，但这种决定通常都是基于家长自己的意愿。[40]我遇到的一些学国际象棋的男孩在学前班或幼儿园成了"红衫学生"，有一个甚至是在小学阶段。体育运动也一样，一些父母会形容说"在备孕阶段就已经把红衫教育算进去了"[41]。

值得注意的是，"红衫教育"的说法在50年前基本不存在。如果竞争的结果不会造成竞争层级的落后，这种做法到今天也不会出现。除了竞争性儿童活动和数值排名，"红衫学生"的出现更加证实了如今存在着一系列让孩子们占尽先机的操作，将他们顺利送入越来越早开始的竞争体系之中。

当然，"红衫教育"本质上并不算作弊，但它肯定是在钻系

①　"红衫教育"是指适龄入学儿童推迟一年上学，给孩子额外一年的时间，以在智力和身体及各方面更好地发育，使孩子在来年入学时更容易表现出众。

统的空子。我遇到的许多家长和老师为了把孩子获胜的机会最大化，都学会了利用竞赛体系。例如，将年龄更小的孩子放在一些舞蹈里，就可以降低群舞的平均年龄。

还有一些人会钻大赛设置的空子。孩子们可以借机参加低龄组的赛事。有些赛事以当年度1月1日为截止日期来计算孩子的年龄；还有赛事用比赛30天之内孩子的年龄为依据。这意味着一个7岁零31天的参赛选手可能会和一个9岁零29天的参赛选手同台竞技——二者在生理和心理成熟度上都有巨大的差异。在舞蹈比赛中，为了防止年龄优势导致的不公平，通常是用1月1日作为统一的划分日期，而不是根据比赛日期。

在国际象棋中我也观察到了操纵年龄和等级组别的行为。一些家长利用了K-3而不是K-5分组（尤其有意思的是当一些男生因为"红衫教育"而比自己三年级的同学更年长的时候）。有些人会在国际象棋联盟公布等级分榜之前的三个月里都不让孩子参加比赛，这样做可以影响等级分，有助于孩子留在级别较低的小组，从而取得优势，增加自身的获胜机会——这在像全国锦标赛这样的大型赛事前夕十分常见。其他家长们，哪怕是同一所学校的家长，都会对这种操作感到不悦，因为它影响了学校国际象棋队的成员组成，从而影响了自家孩子赢得团体奖的可能。

在各项活动中，家长们都很乐于利用系统的疏漏之处，这表明他们有时更在意孩子的获胜纪录，而不是一个公平的结果，即使那是在一个被操控的系统中得来的。事情的关键就在于不惜任何代价赢得胜利，这种想法会在潜移默化中转移到孩子身上。我遇到的不少老师都怀有这种为了取胜不惜一切代价的心态，特别是那些从前社会主义国家移民过来的老师们。[42]

来自前社会主义国家，特别是东欧国家的老师和教练数量之多，出乎意料且让我惊讶。在所有这三项活动中，我都接触到了在冷战时期或之后来到美国的成年人，他们从自己的国家带来了专业才能。俄式芭蕾舞教学由来已久，精英舞蹈学院聘请了俄罗斯老师教学生跳芭蕾舞。国际象棋界长期以来也和俄罗斯保持着紧密的关系，所以很多国际象棋老师都来自俄罗斯或国际象棋曾风行一时的前南斯拉夫也就不足为奇了。我也遇到了几位来自东欧的足球教练；西田足球俱乐部的一位主教练在罗马尼亚长大，曾在一所国有足球学院中受训。

显然，美国提供了一些特殊的与这些活动相关的经济机遇，这就解释了为什么老师们把才能和技术带到了美国。虽然我遇到的家长中没有哪个提到自己是因为他们的原籍国而更信任这些教练的专业水平（事实上，当抱怨语言障碍所造成的误解时，家长们对他们移民身份的评价是负面的），而教练们自己却说，他们因自己的口音收获了更多尊重。一位足球教练告诉我，他认为自己的口音让他立刻成了权威专家。目睹了苏联发射斯普特尼克1号[①]的那一代美国父母见证过苏联在体育上的优势，他们有足够

---

① 苏联发射的全球首颗地球人造卫星，于1957年发射升空。此处指苏联发展的辉煌时代。

的理由希望将自家孩子追求卓越的态度与这些国家的教练的专业水平结合起来。[43]

但是那些国家的制度强调由教练而不是家长来全程主导孩子在某项活动中的职业生涯。这样的体制要求对某项活动全情投入，这也就意味着无法尝试许多不同的活动。显然，这与当代美国的现状不大相符。我们很少见到孩子们会一以贯之地忠于教练，因为大多数父母认为他们最了解自己的孩子，他们一般也不羞于发表意见。孩子们也习惯于参加许多不同的活动，当教练希望他们专注一项活动的时候，孩子们可能并不愿意这样做。所以尽管教练们的背景给他们带来了一些尊重，但父母和教练之间的冲突仍然屡见不鲜。

角色混淆是造成这种冲突的常见原因。由于在儿童活动当中，教练或老师的职业化程度不高，所以经常有关于教师是商人、保姆还是教育者的争论。教练和老师通常认为自己是各自领域的专业人士，但一些家长认为老师们是自己的雇员或看护人（正如他们愿意提交儿童保育的完税凭证那样）。例如，我常听说这样的事情：如果父母在课程或训练后接孩子时来晚了，而老师或教练没有陪在孩子身边，父母就会感到不快；我从父母和老师处都听到了这类描述。教练认为这样的要求是强人所难，而家长则认为既然自己花钱买了课，那么老师就应当留下来。

一位精英舞蹈学院的老师向我讲述了一件事：有位母亲去接她参加独舞排练的女儿时迟到了近一个小时。这位母亲没有打电话告知自己会迟到。尽管老师住在离学校近一个小时路程的地方，但还是觉得不能把孩子一个人留下，不得不和这个小女孩一起等着。这位母亲最终赶来时，没有表示歉意，也不做任何解释，老师脸色铁青，告诉孩子母亲这样的行为很不好。这位母亲也毫不退让，还给精英舞蹈学院的老板写了一封投诉信。当我与这位母亲交谈时，她主动提到了这件事，以此来证明舞蹈教室的老师多么不理解父母的处境。这位母亲的想法是，她既然付了学费，就能够让老师一直等到她来接孩子。

我还观察到，当老师或教练表现出更喜欢另一个孩子而不是自家的孩子时，家长们会感到非常不满。我在田野调查中还看到另一次恶毒的行为。第三章提到的路易丝非常积极地参与了她女儿学校国际象棋队的组织工作。当她认为教练偏爱其他学生时，不管这些学生是来自本校的还是其他学校，都令她十分气愤。因为这位老师是从一个前社会主义国家非法入境的，这位母亲威胁说要举报学校雇用非法移民，从而说服女儿所在的私立学校解雇了这名教练。虽然这是一个极端的案例，但在我进行田野调查的这段时间里，也看到过许多其他教练和老师因为与父母的冲突而从某个机构辞职或被解雇的情况。

家长之间的冲突并不太常见（根据我的观察，并不像一些真人秀节目中所表现的那么常见），但在这些课外活动中都有冲突存在。[44]我所见到的家长之间的冲突都发生在由某个小圈子的家长所掌控的组织之中。这些家长群体可以被描述为"掌权势力"[45]，或者更简单地说，就是小团体。

在我的田野调查过程中，西田足球俱乐部的董事会成员就针对"什么是培养孩子的最佳方式"展开过激烈的争论，最终造成近一半的董事会成员辞职。（回顾一下第二章，这群父母的小团体风气是我把这个调查地点称为"俱乐部"而不是"合作社"的一部分原因。）争论双方互发的电子邮件不堪入目，我参加的董事会会议上，气氛也是剑拔弩张。

家长们不会像教练那样受金钱驱使，然而他们的动机是确保孩子身处在能最大限度地提高其成功机会的环境之中，无论是在短期内参加某项课外活动，还是在长期应用从竞争性活动中学到的技能以及获得童年竞争资本的过程里。有的父母（尤其是母亲）放弃了全职的工作来照顾孩子，她们似乎对这些小规模的冲突更加在意，而且对争取组织里的领导职位特别感兴趣。因为所有这三项课外活动都需要家长志愿者的帮助，以使竞争过程平稳进行，所以老师和教练们经常为了保住自身的经济利益而被卷入这些冲突。

所有这些内容大相径庭的竞争性活动，在组织、奖项、评选程序甚至冲突方面都有着惊人的相似性。其他各种竞赛活动，从音乐大赛到青少年赛车再到竞技性啦啦队，也都是如此。[46]与舞蹈类似，将肢体表现和审美两方面相结合的儿童竞技活动包括交际舞、儿童选美、花样滑冰、体操、爱尔兰舞和花样游泳。[47]儿童体育运动——高尔夫球、足球、少年棒球、垒球、网球，甚至还有少年骑羊①活动[48]——都高度类似。智力活动，如竞技桥牌、拼词和拼字游戏也无一例外。[49]这些童年活动在主要结构性元素上都较为统一，创造出一种竞争性童年的亚文化。如果你曾有过在这些活动中作为参赛选手或选手家长的经历，那么许多关于国际象棋、舞蹈和足球的描写都会引起你的共鸣。

由成年人主导的竞争性亚文化里（例如狗和雪貂表演、大胃王比赛，甚至园艺比赛）也存在类似的结构和丑闻。[50]在美国，我们可以将任何事情变成比赛，哪怕是为了那些最年轻的参与者。对荣誉的瓜分是不分年龄的。

尽管这些活动在很大程度上不受监管，但它们通过制定规则来尽力披上一层专业性的外衣。出于对性侵害和身体虐待的警惕，制定规则在儿童活动中尤为重要。[51]

考虑到其中的利害关系——包括身心方面的创伤——我们需要在所有课外活动中采取更多措施去保护孩子。对课外活动中的教练、导师和志愿者的监管太过宽松，甚至有时没有任何监管，所以许多从业者从未受过例行的背景调查以确保他们没有猥亵儿童的前科。这意味着某些受聘在课外活动中教导孩子的"专业人士"可能曾经被定罪或被指控有猥亵儿童的行为。至少，所有的50个州都应该要求对每一个与儿童（法律上定义为18岁及以下）

_____

① 即第一章中提到过的少年骑手巡回赛，让孩子骑在一头羊身上，尽可能长时间地留在羊背上。

有接触的成年人进行强制性、全国性、基于指纹的背景调查。

　　但是这就足够了吗？并非如此。除了确保进行过最基本的调查——比如那些有关猥亵儿童和心肺复苏术（CPR）认证的背景调查——家长们还应该确保教练真的是该领域的专家，在专业领域（钢琴、国际象棋、足球等）和儿童教育方面都接受过培训。针对青少年活动中的教练和组织的认证的州立法可以使这一过程更简单。

　　我发现，如今任何人都可以开设舞蹈教室或国际象棋学校，或者成为足球训练营的辅导员，没有人能阻止一个人收取这些服务的费用。基本上，不存在正式的认证程序来确保每月从家长那里收取支票的踢踏舞老师、双簧管老师或长曲棍球教练有资格教授儿童踢踏舞、双簧管或长曲棍球。如果我们以这种方式管理学校，那后果将可想而知。

　　虽然我遇到的许多老师确实想让自己从事的领域更为专业化，从而获得更多的权威和尊严，但却受到了其他老师的抵制。他们声称我们不应该生活在一个保姆式的国家，由国家告诉父母应该做什么、不应该做什么。然而关于日托中心也曾经有过这类说法。在太多起事故和儿童性骚扰案件后，事态发生了变化，保护儿童并为父母提供更多安全的选择变得更加重要。

　　很多夏令营也是如此。莱斯利·帕里斯（Leslie Paris）在她有关美国夏令营历史的著作中写道："夏令营的管理者意识到，不论资质如何，任何人都可以轻而易举地举办一个夏令营活动。"[52]如今的夏令营，尤其是住宿式的，已经得到了更好的监管（尽管在健康和安全标准以及如何规范营地辅导员方面，仍然缺乏强有力的州级和国家级法规）。什么时候我们才能对儿童课外活动实行更好的监管？尤其是对那些家长的危机感更容易被商人利用的竞争性活动，显然，并不是所有的老师和教练都会这样做，但家长们需要谨慎，想要增加孩子的童年竞争资本，在开出任何学费支票之前，都要彻底调查一个活动项目及其老师的资质。

在更好的法规出台之前，竞赛本身有助于建立教练的信誉，是对老师和教练能力的考察。竞赛不仅支持了那些跟儿童竞技活动有关的下游产业中的成年人，还能帮助家长分辨自己投入到儿童竞技活动上的投资是否适合他们的孩子，至少在短期之内是如此。

但是，当涉及孩子的生活时，父母显然也会关注长远效果。一些家长没有意识到这些竞争活动中精心设计的利益结构，这些活动旨在通过广告和宣讲，利用家长们对孩子未来的担忧来吸引和留住他们，而其他家长则明白这些都是商业行为，他们会抵制一些推销和压力。

无论父母是否理解竞争性儿童活动背后的基本架构，正如我在前面的章节中所展示的那样，他们明显认为这些活动能够培养孩子的童年竞争资本，在孩子的整体发展中能发挥至关重要的作用。虽然我们没有纵向数据来了解这些活动对孩子的长期影响，但可以听听孩了们现在的想法。在最后一章我将讨论我与孩子之间的互动，看看父母的决定如何影响他们，并评估他们在生活中从成人那里获得了多少童年竞争资本。

第六章

奖杯、胜利和眼泪：好胜的孩子在行动

外面的街道上覆满了肮脏的雪泥，其中斑驳地夹杂着这个寒冷的3月里仍在落下的新鲜白雪。[1]办公室里很温暖，但汽车喇叭声不停打断我们的谈话，提醒我们12层楼下因暴风雪而堵塞的交通。在这样一个星期五的下午，我正跟坐在宽大实木办公桌后面的男孩谈论着他的职业生涯。

麦克斯是犹太裔白人，9岁，在梅特罗市一所公立学校的天才班读四年级。他向我讲述着他在梅特罗的上城国际象棋社的"国际象棋生涯"。他坐在父亲的办公桌后的大号黑色转椅上，列举着他从一年级开始参加的所有国际象棋比赛，他的声音随着椅子的来回转动有些忽高忽低。

"我的第一个冠军是在福克斯锦标赛上，但那是在幼儿园——一年级小组，所以并不难。"

"不，这非常厉害。"我回应道，因为福克斯锦标赛是梅特罗最难的学生国际象棋赛事之一。

麦克斯谦虚地笑着继续说："那之后我开始赢了一些其他比赛。我还赢了什么？嗯，好吧，我去了PS 412分组，这不能说是一场真正的胜利。不是那种你会称为冠军的胜利，因为我本来可以在另一个更适合我的分组里下棋，然而我在这个简单的组里下了六场，速战速决并且轻松地赢了比赛……我赢了，但这不算真的赢。"

"但仍然是赢了。"我回答。

"是，但并不是一场真正的胜利。"麦克斯解释道。

在接下来的几分钟里，麦克斯详尽地描述了他在过去三年中赢得的其他比赛，他向我讲述关于某次锦标赛中的某一场对弈（例如："在那场比赛中，我一开始下得很快，所以对手也开始下快棋，我最终赢得了那场比赛，就是这样赢的。"）。当他所谓的"采访时间"接近尾声时，他指出，自从开始参加比赛以来，他每年都会在锦标赛中赢回一座冠军奖杯。但麦克斯非常担心这种情况能否持续下去，这对他来说是个沉重的压力。

"连续三年的国际象棋——冠军奖杯——我不确定会不会有第四年。"

"你还有时间呢。"我指出，因为当时才到3月中旬。

麦克斯沮丧地垂下头，对自己的前景深感不确定。他已经到了一定的年龄，要在这个阶段的学生国际象棋领域取得长足的进步，一个棋手必须每天学习几个小时，并且通常每周要跟一位国际象棋大师上私教课。麦克斯热爱他们学校的国际象棋队，但显然，对他来说最重要的是获得只属于他自己的冠军奖杯。

我采访的其他36名学国际象棋、舞蹈和足球的孩子也认同麦克斯对自己国际象棋生涯的描述和他提到的主题——比如个人与团队成功的比较以及奖杯的重要性。我想知道他们对参与竞争性活动的看法，他们（除了为比赛做准备之外）是如何经历竞争的，以及他们的经历与他们父母希望他们学到的东西是否相符。

　　研究这类问题呼应了儿童研究当中范式的转变，即研究人员应该认真对待儿童的想法，而不是假设我们总是懂得什么对他们最好。[2]我的发现与卡罗尔·德韦克（Carol Dweck）等学者的许多研究相一致，[3]他们的研究认为评价性事件和奖励对儿童的动机有复杂的影响。通过与像麦克斯这样的孩子交流，以及在训练和玩耍时进行的观察，我发现孩子们学会了准确地解读家长的言外之意，比如懂得嘴上说"尽力而为"的父母在心里其实希望他们能赢。虽然媒体上对于处在高压之下的孩子们有很多消极的讨论，但我发现我遇到的大多数小学年龄段的孩子在和朋友们一起做这些活动时都很开心，同时也获得了童年竞争资本，这大概会令许多人感到惊讶。

与孩子对话

　　正如我对父母们所做的那样，我在孩子们的家、书店、公共图书馆或父母的办公室里访谈了37名儿童。[4]我只在与父母之一或父母双方进行了正式访谈之后，才会对孩子们做正式访谈。在几乎所有的访谈中，都是我首先提出采访孩子的意向，但也有三次是家长自己提议我和孩子谈谈。我很少遇到父母反对采访孩子的情况；只有一位父亲明确表示自己的儿子会对接受采访感到不适。[5]两位家长告诉我，在他们要求孩子参与访谈后，孩子自己拒绝了。[6]

我对孩子们的访谈与成年人的访谈相比要短得多，这是由我所提问题的数量和他们的回答的长度决定的。儿童访谈的平均时间为41分钟（相比之下，父母访谈平均持续一个半小时多一点），时长只有父母的一半。这与其他研究者的发现是一致的，他们发现成年人倾向于提供更长的答案，有时会滔滔不绝，并且他们会为自己在采访中想要提及或讨论的内容准备一个提纲，而儿童则不会。[7]因此，总体而言，我所引用的孩子的话比成年人的话更短，而且跟孩子的对话很多时候是以互答的形式来呈现的。值得注意的是，年龄较小的孩子往往给出了最简短的回答。

表3总结了我所访谈的儿童的一些主要特征。我采访了几乎相同数量的男孩和女孩。大多数受访的孩子来自中产阶级中层或上层家庭，这些特征与我之前采访的父母身上的特质类似。

我采访的大多数孩子都是非西班牙裔白人；其余的来自各个少数族裔，有3个混血儿（1对双胞胎是黑人和亚洲人混血，1个男孩是西班牙人和黑人混血），3个亚裔孩子，2个非裔孩子，1个西班牙裔孩子。这里包括了8组兄弟姐妹：1对混血双胞胎、2组姐妹、1对兄妹，以及其余的几组兄弟（有1组是三兄弟）。其中，13个孩子下国际象棋，13个踢足球，11个跳舞。两

表3 受访儿童的描述性数据

	儿童（%） （总人数：37）
性别	
女孩	51
男生	49
社会阶层	
中产阶级上层	46
中产阶级中层	38
中产阶级下层	8
工薪阶层	8
儿童的种族	
白种人	76
其他	24
私立学校	
是	27
否（就读公立学校）	73
年龄	
6—7岁	16
8—9岁	46
10—12岁	38
移民身份	
父母都出生在美国	68
至少有一位父母出生在美国以外	32

个跳舞的女生也参加了足球巡回赛，踢足球的男生中有2人也下竞技国际象棋，下国际象棋的男生中也有参加足球巡回赛的；要特别强调一下的是，舞蹈和国际象棋没有重叠。

获胜的奖励：奖杯、绶带、徽章，我的天啊！

我们知道，对那些有竞争力的孩子来说，他们的家长都希望自己的子女能够内化胜利的重要性。内化胜利的主要方式之一是在比赛结束时的颁奖仪式上颁发奖杯、绶带、徽章和奖牌，以及其他象征庆祝的符号。这些仪式往往会成为孩子们继续参与活动的外在驱动力，因为各种各样的奖项不断教育他们，赢了便有奖励可拿——这使"赢"成了他们的第一要务。

对孩子们来说，奖杯尤其像一根金光闪闪的胡萝卜。这些丑陋的塑料制品和金属制品是让孩子们理解自己为什么要参加某项活动的关键。当孩子们解释为什么喜欢参加某项活动的时候，奖杯通常也是首要原因。我问一个7岁的国际象棋女孩"你为什么下国际象棋？"她直截了当地回答："因为我拿到了奖杯！"

当我问参赛的孩子他们喜欢奖杯的哪一方面，他们的关注点大多集中在奖杯本身的物理属性上。一个男孩告诉我："奖杯都很漂亮。我喜欢金色，奖杯一般都是用金子做的。镀银的那种我也很喜欢。"另一个男孩则告诉我："它们亮闪闪的，我可以把它们拿给别人看，讲给别人听。"一个女生简洁地回答道："我喜欢大的。"另一个女孩解释说："我最喜欢大奖杯，因为那让我感觉自己是个大赢家。"

由于奖杯的尺寸和光泽方面的细节，比起奖牌和绶带，孩子们更喜欢奖杯。一个跳舞的孩子解释说："我喜欢奖杯，因为它们更大，上面设计的图案也更多。而绶带只是一条上面有字的带子。"

哪怕奖品"只有"绶带，孩子们也热衷于展示自己的战利品。绶带在舞蹈活动中最为常见，因为每次比赛中，每位团舞成员都会得到一条绶带。比赛也会颁发奖杯，但往往只针对整体表现奖。精英舞蹈学院和"一起跳舞"舞蹈教室都会把获胜的奖杯留存并集中展览。大部分女生都参演了不止一支舞蹈，且一年内参加了多场比赛，所以收到的绶带很快堆成了一座小山。绶带颜色各异，根据评委的打分，它们被印上了第一、第二、第三或白金、金、银等字样。

舞蹈比赛的参赛选手有一个常见的方法来将所有绶带集中在一起，那就是拿一个毛绒动物玩具——一个女孩告诉我，她见过的有"长颈鹿、熊和任何你能想到的动物"——然后将绶带挂在毛绒动物玩具的脖子或手臂上。女孩们带着各自的毛绒玩具上台领奖，并为了求得好运而将它们带去比赛现场。"一起跳舞"舞蹈教室的一名参赛选手解释说："我有一个叫做'幸运'的比赛护身符，它是一只小熊，我把所有的绶带和其他奖品都挂在它身上。我把所有的东西都挂在这只泰迪熊上。我希望能再添几个，这样我就知道自己在进步。每个人的熊上都挂着绶带！"

比赛中，裹满绶带的熊和动物毛绒玩具确实随处可见，孩子们显然都渴望获得更多的绶带。但是收集了这么多绶带之后，大多数女孩无法说出哪一条是在哪次比赛中获得的，或者说是通过哪一支舞赢来的。我遇到的一些母亲会在每条绶带上贴上标签，这样她们的女儿就不会忘记绶带的由来，但这种做法并不常见。正如"一起跳舞"舞蹈教室的那名舞蹈选手说的那样，绶带也是孩子们衡量自己在活动中取得了多少进步的一种方式。

踢足球的孩子也有类似的奖励系统，不过他们得到的并不是绶带，而是徽章或是臂章。这些徽章可以用安全别针或者胶水固定在背包上，孩子们在训练和比赛时用这些背包来装球服。然而，这些徽章往往只标志着在场，而不是像舞蹈活动里的绶带一样意味着在某次比赛中出场。比方说，在我参加的一个州级足球博览会上，虽然并无比赛发生，参会的球员也都收到了一个徽章。

学足球的孩子们知道这种区别。一个来自西田足球俱乐部的女孩说："这不同于童子军的徽章[8]，那个是说你做得很好，而这个就像是说你去过了。就像我有一个在康涅狄格大学参加的NCAA锦标赛的徽章，（但是）我并没有踢比赛。不过这些徽章让我记住了自己去过的锦标赛和其他比赛。"

除了徽章之外，踢足球的孩子们对奖杯充满热情，他们通过在比赛中的出色表现赢得奖杯。一个男孩解释了足球运动中的奖赏制度："徽章是你和球队在跟其他球队交手后换到的，实际上只在锦标赛中才有。然后是奖牌——大部分都是参与奖，差不多每个参加的人都可以得到一枚奖牌。但是我想只有获胜的球队和第二名的球队才能拿到奖杯。"说这话的孩子所在的球队还从未在锦标赛中赢得过奖杯。奖杯是一种高价值的硬通货，在足球的奖励制度中明显占据最高等级。因为大多数学足球的孩子每年只能踢一到两场锦标赛，所以少有机会拿到这种"硬货"。

相比之下，学国际象棋的孩子每年有更多收集奖杯的机会。小学年龄段的孩子们去参加学生国际象棋比赛的话，通常在每场比赛中都能收获奖杯、奖牌或类似的奖品。鉴于我采访的学国际象棋的孩子平均每年要参加六七场比赛，他们拥有的"硬货"奖品很多。在这种情况下，奖杯的大小就成了关键。

在孩子得奖之后，家长通常会在家里找个专门的地方用来展示奖杯。我去孩子们的家中拜访时，看到奖杯通常都放在他们自己的卧室里。住在梅特罗市的四年级学生约翰向我展示了他所有的奖杯，这些奖杯全都摆在他的卧室里。在约翰的床对面，墙上装了两个架子，是爸爸特意为他做的，专门用来摆放他的体育奖杯和国际象棋奖杯。他告诉我："嗯，我这里只保留了主要的奖杯，其他的放在地下室。（他指向其中一个奖杯）这是我的第一个冠军奖杯。我最喜欢的是福克斯杯和大学杯，但PS 725的奖杯也不错，至少是最高的。我也喜欢顶部设计好看的那些（比如有个城堡或国王图案什么的）。"

约翰对于奖杯有一个颇具深度的观察："我的一些朋友就是喜欢有很多奖杯。你可以获得一百万人里最后一名的奖杯，但都没有一个冠军奖杯重要。"毫不奇怪的是，比起体育类的参与性奖杯，约翰更重视他的国际象棋奖杯，尤其是那些证明他得到高排名的奖杯。

约翰以及我遇到的许多其他下国际象棋的孩子们都非常清楚获奖意味着什么。另一个男孩指着自己收集的一部分奖杯，那些奖杯都是他通过参加网球和曲棍球比赛得来的，他解释道："那些并不是真正的名次奖杯，它们只是参与性的奖杯。我计算奖杯的时候，只计入我赢来的那些。"这种说法与媒体言论以及教育理念都相矛盾，媒体和教育理念声称每个孩子都有成为赢家的需求，所以参与性奖项应该成为常态。[9]

第一次参加竞争性活动的孩子们是个例外。第一个奖杯似乎有着不一般的意义。我访谈的孩子们都能毫不费力地回忆起自己收到的第一个奖杯和赢得的第一个奖杯——其中有很大的不同——所以我们或许可以将这些冠军奖杯看作是装裱在相框里的赚到的第一美元，彰显出极高的象征性价值。虽然约翰的第一个参与性奖杯被收藏在地下室里（请注意，他一直把自己的第一个冠军奖杯陈列在架子上），但他很轻松地记起了是在哪场比赛中赢得了那座奖杯："嗯，我第一次得到奖杯是在我国际象棋老师组织的锦标赛上。我拿到了四分中的两分半。"

根据我在学生国际象棋比赛中的观察，幼儿园和一年级的学生们往往对所有的奖杯都充满了激情，无论是自己赢来的还是仅凭参与就能获得。与这一点相一致的是心理学研究发现：直到9岁，孩子们才开始能够完全理解努力是成功的必要条件。[10]

然而，当我和其中一些孩子交谈时，他们表现出了更复杂的理解，类似于较大的小学年龄的孩子。一年级学生大辅（后面我会详细讨论他）告诉我："我第一次参加锦标赛是很久以前的事了（在幼儿园）……每个人都拿了一样的奖杯，我得到的和大家一样。"也许是因为他在一年级的时候赢得了冠军奖杯，这第一个参与奖已经贬值了。

正如大辅的经历所显示的那样，通过这些课外活动，孩子们在更小的年纪就受到了等级化竞争的影响，因此有关儿童和竞争的现存文献可能值得重新审视。总的来说，对于我访谈过的绝大多数参与竞赛的儿童来说，第一个参与性奖杯（无论是国际象棋、舞蹈、足球、滑雪、篮球、啦啦队、垒球还是其他运动）和某项活动中第一个冠军奖杯，对他们都有着特殊的意义。他们会记得这两次获奖，但也能区分它们之间重要性的不同。

奖杯方面需要注意的另一个例外是，在舞蹈活动中，奖杯是可以购买的。回想一下第二章，在大多数比赛中，舞蹈家长可以选择为自家孩子花40美元或更多的钱来购买一个奖杯（理论上，即使是孩子没有赢得名次也能买到），尽管一个奖杯的制作成本通常不会超过5美元。尽管感觉有点可笑，但有两位参加舞蹈活

动的母亲已经为女儿做过这样的事。我和"一起跳舞"舞蹈教室
中的一个女孩聊过，她妈妈给她买了一个奖杯，她并没有觉得买
来的奖杯没有价值，因为她确实赢得了名次——而奖杯只是绶带
之外的奖励。另一个女孩是精英舞蹈学院的四年级学员，她确实
表示她对"自己从跳舞中得到的，而不是妈妈买的东西"有更多
的自豪感。

当被问及购买奖杯的事，其他跳舞的孩子也纷纷同意这位精
英舞蹈学院女生的观点。她们告诉我说自己觉得买来的奖杯和颁
发的奖杯不是一回事。几位学习舞蹈的女孩告诉我，她们希望有
更多的奖杯来匹配自己的绶带，但也能够理解为什么舞蹈教室要
把奖杯留下，而且每支舞蹈只颁发一座奖杯，因为这代表了整个
团队的努力。然而，最终的结果是她们经常不清楚自己的努力赢
得了哪一座奖杯。同在精英舞蹈学院的某位学员的妈妈给她买了
一个属于自己的舞蹈奖杯，她解释说："我们的舞蹈学院里到处
都是奖杯，我真的不知道（哪些是自己的）了。"

对不少孩子来说，奖杯固然很好，但那并不是奖励的天花
板。除了竞赛颁发的奖项之外，一些家长还会奖励表现出色的孩
子。许多孩子在学年结束时会因为表现好而得到家人的嘉奖；孩
子们特别提到了钱，比如用一份优异的成绩单换来20美元，或者
更大的奖励，比如去美国女孩①商店。我下面讨论的奖励均只针

---

① 即American Girl，美国的一个洋娃娃连锁品牌。

对在竞争性课外活动中的表现。

孩子们会公开谈论这些物质奖励，而且从未把它们形容成"贿赂"。[11]孩子们知道他们必须获胜或有优异的表现，在比赛中取得一些个人胜利，才能从父母手中获得这些"战利品"。一个学足球的男孩介绍了当他在足球方面达到某一特定目标时会得到什么："现在我正努力一次颠球80下。我刚能颠40下，对我来说已经很好了，所以我获得了一次去冰淇淋店的机会，下一次我就可以得到一个圣代冰淇淋。当我能颠80下的时候，就能吃到圣代。"一个国际象棋男孩同样描述到他的父母用食物作为他获胜的奖励："他们带我出去吃饭，因为我的等级分只有900，却打败了等级分1100的选手。"食物和其他零食是学舞蹈的女孩们的奖励。以下是我与一名舞蹈选手的对话节选：

> 娜塔莉亚：每次我去参加比赛或演出，总会有一些东西在等着我。
> 我：比如什么？
> 娜塔莉亚：鲜花、糖果或者去餐馆吃饭。

正如娜塔莉亚提到的，有的孩子会得到其他形式的小奖励，比如鲜花。有的孩子告诉我，因为在活动中获胜或实现了个人目标，他们从父母那里获得了一些针对他们年龄段的奖励。约翰向我讲述了他在一次国际象棋锦标赛上大放异彩之后发生的事情：

约翰：我们可以做一些非常特别的事情。比如买一包卡片或者别的什么，很特别的，比如整晚看电视。

我：几周前你买了什么特别的东西吗？

约翰：是的。

我：你买了什么？

约翰：几张口袋妖怪卡片。

游戏属于常见的奖励，电子游戏更是深受孩子喜爱的奖赏方式之一。一位学国际象棋的男孩对我说："我爸爸说了，在市级锦标赛之后，我就可以买一个新的电子游戏。"比电子游戏更好的是买一个电子游戏机，比如游戏掌机。我在第三章开头曾提到过一个女孩洛蒂，她获得足够的积分时，就能得到一款电子游戏，甚至可以得到一个游戏机。

另一位国际象棋选手告诉我，当他的等级分突破1000时，会得到一大笔奖励。他平常也会因为国际象棋上的成绩而得到电子游戏，但如果突破1000分，他可以从父母那里得到更大的奖励：

我：当你等级分超过1000时，你有没有买新游戏？

韦恩：我爸爸还没有给我买游戏掌机。

我：但是你会得到的？

韦恩：是的。

跳舞的女孩们也能从父母处得到很多奖励，其中一些可能价值不菲。劳伦是一名优秀的舞蹈选手，她解释了每次比赛和赛季结束后，她通常从妈妈那里得到的三种奖励：

我：那跳舞呢？要是获得了白金或者总体表现奖的话？

劳伦：如果我表现好，妈妈会（在比赛过程中）给我买泰迪熊或其他东西。

我：你们通常会拿到节目单吗？[12]

劳伦：不管是什么比赛的节目单，我都留着呢。我把它们放在房间里。所以是的，我拿到了很多。

我：你会圈出你的名字吗？

劳伦：会的。我用一支小荧光笔把我的名字圈出来。

随着孩子年龄的增长，他们也不再只是盼望从父母那里得到冰淇淋或电子游戏，或者从比赛主办方那里获得简单的奖品。在国际象棋和舞蹈活动中，孩子们开始期待金钱奖励。一些学生国际象棋锦标赛不再给年龄较大、水平较高的儿童发放奖杯，而是颁发其他奖品，包括国际象棋软件或木制国际象棋套装，甚至iPod。[13]国际象棋选手约翰告诉我，他宁愿赢得一个iPod，而不是奖杯，他认为要是自己在接下来的三四年中足够努力，是可以赢到iPod的。一旦涉及奖金，孩子们就开始被真金白银所驱动，而不只是曾经的那种（假的）金制奖杯。

身处花样繁多的奖励中间，不难理解孩子们为何会变成外在驱动型，专注于获奖，而不在意能使自己得到提升的内在学习过程和竞争过程。[14]如果他们不能继续获得奖杯和其他类型的奖励，仅仅受到外在驱动的孩子可能会退出所参加的活动。在引言中提到的莱佩尔和格林二人在对中产阶级学龄前儿童的经典研究中发现，那些期望从某项活动中获得奖励的儿童，以及那些在成人的督促下参与的儿童，未来对该活动的兴趣会越来越少。[15]值得注意的是，他们在实验中所使用的奖品是一个带有金色印章和丝带的证书，用来奖励画画的儿童。莱佩尔和格林解释说，引入奖励会把玩变成工作。[16]

也许赛事的主办方并未意识到奖项过多的后果——或者更简单地说，为了确保选手和家人们满意并成为"回头客"——许多比赛都创造出各种类别的奖项，以确保每个孩子都能"赢"点儿什么，这导致了第五章中所描述的对荣誉的瓜分。仅仅得到奖杯或绶带已经不够了，哪怕这些东西都拥有"胜利的有形证明"这一象征意义上的属性。[17]尤其是当奖杯泛滥的时候，奖杯的用处就不大了。就像罗尔德·达尔（Roald Dahl）的《查理和巧克力工厂》（*Charlie and the Chocolate Factory*）中的维鲁卡·索尔特①一样，[18]许多人想要获得最大化的奖赏。因为孩子们足够聪明，

---

① 维鲁卡·索尔特是《查理和巧克力工厂》里的一个被家人宠坏了的小女孩，只要想要什么东西，就会缠着她的父母不停索求。

知道自己什么时候并不是真的获胜，奖杯最终会沦为失败或失望（而非成就）的提醒。因此，除了懂得争取来的奖励的价值，孩子们还学会了如何去理解对荣誉的瓜分，而这个体系并不总让他们感到满意。

然而，学会这个技能之后，父母希望孩子们学习的另一项能力就被置于潜在的危险之中：学习如何在经历失败之后重振旗鼓并赢得胜利。一旦孩子们发觉自己并没有得到很多奖项，特别是最大的奖杯和奖品，就有可能会非常沮丧，以致放弃这项活动。这一点在麦克斯对于"真正的"胜利究竟意味着什么的担忧中就有所体现。

随着孩子们成为更有经验的参赛选手，他们也变得更加精明。他们学习如何解读赛场上的形势。正如麦克斯所指出的，孩子们明白他们要是跟难以战胜的对手较量意味着什么，因此他们也清楚什么时候自己可以轻松取胜并获得奖杯。在这样的情形之下，奖杯甚至电子游戏对他们来说都没有那么重要了。不过总体来说，所有这些奖项都在告诫孩子们，获胜才是第一要事。

面对面被评委打分：紧绷的神经和幸运护身符

为了获得各类奖项，这群参加竞赛的孩子必须面对裁判和评委。接受别人的评判是儿童参赛选手们日常生活的一部分，他们经常提起自己在不得不表演或被评价的时候所感到的紧张。如果奖杯、绶带和徽章是终极目标，那么管理紧张情绪和在高压之下表现自己就是实现这一目标的手段，孩子们正是在这个过程中积累了童年竞争资本。孩子们关于如何管理紧张情绪的想法，体现了他们对童年竞争资本中三个要素的理解：管理时间压力、应对高压环境、在别人的注视下表现自己。

这一切在竞技舞蹈当中尤其明显。竞技舞蹈选手不仅每年在三到五场比赛中面临正式评审；她们每年还至少要在独奏会上表演一次，并要经过一个选拔程序才能进入比赛的小组。这些经常面对成年人评判的孩子们已经掌握了各种方法来看待对自己的评价，并稳定自己的心绪。

总的来说，精英舞蹈学院的舞蹈学员更关心老师对自己表演的看法，而不是正式比赛中评委的评价。精英舞蹈学院的老师不会明确地将评委的点评告知学生。正因如此，他们的学生更在意的是一场"好的表演"，而不是任何具体比赛的结果（只要她们能不断积累绶带即可）。

精英舞蹈学院的学员告诉我，她们渴望取悦老师，并希望在每次比赛中都表现得更好（注意，与《舞动妈妈》节目有所不同，两家舞蹈教室每次参加比赛时都跳同一套舞蹈动作，而不是每次都换不一样的舞蹈）。她们自己的老师往往比评委更挑剔。德斯特尼告诉我："有一次比赛，我们表现很糟糕，但评委认为我们跳得不错，所以我们仍然得了白金奖。但是我们的老师可不这么想。第二天，她说她不明白我们为什么会表现得那么差。"根据社会心理学家的观点，这种更关注过程而不是胜利的心态是通往长期发展和成就的正确策略。[19]

另一方面，威斯布鲁克"一起跳舞"舞蹈教室的学生则主要担心评委的评价。她们的老师会直接把评委表上的点评读出来，或者播放评委们评论舞蹈的录音磁带。9岁的珍妮解释道："当我们跳舞时，他们冲着一支麦克风说话，而我们会得到一盘磁带。他们会说出他们的想法，'绷紧脚尖'或者类似的话。（这些磁带）很有趣，因为一些评委会跟着音乐哼歌。"珍妮告诉我，她在舞台上时听不到评委们说什么，但能看到他们在对着麦克风说话。她确实觉得评委们的评论——绷紧脚尖、伸直手臂或其他类似的细节——有很大帮助，而且她认为在听从他人的评价之后，她们的团舞确实有所进步。但是不同于德斯特尼对她老师的关注，珍妮和她的朋友们在"一起跳舞"舞蹈教室的主要关注点在于评委们会给她们颁发什么颜色的绶带。

无论是被老师还是被评委评价，我访谈过的所有学舞蹈的孩子都要学会如何应对紧张情绪。当我在维罗妮卡家附近的一家书店采访她时，9岁的她刚刚在精英舞蹈学院学满了三年。她告诉我，在比赛中为了处理紧张情绪，她通常"越过评委，看向观众"，这意味着她几乎没有关注那些评委。透过她的金边眼镜，维罗妮卡盯着我继续说道，她并不是每次比赛前都感到紧张；她说紧张只发生在"第一次跳一支舞的时候，然后就习惯了。总是这样，不知道为什么，每年都是如此"。第一次参赛跳舞时，维罗妮卡说："让一个朋友挠我的痒痒，然后我就不再紧张了！"

　　舞蹈选手用来应对偶发性的紧张的其他技巧还包括额外的练习和祷告，大多数人认为这种紧张只发生在一支新舞蹈的首演之前。精英舞蹈学院的克里斯蒂娜告诉我，她有一个与她的宗教信仰有关的护身符："我小的时候，总是说想成为圣露西①那样的人，所以我的校长在我生日时给了我这条镶有十字架的小项链。我总是随身带着它，在比赛前一晚和比赛开始之前，我都会用它来祷告。"另一位来自精英舞蹈学院的选手描述了她的赛前仪式："我房间里有一朵四叶苜蓿，每次比赛前我都会拿起它来说：'希望我能好好表现。'我吻一下它，然后再把它放回去。"

　　同舞蹈选手们一样，下国际象棋和踢足球的孩子们在比赛前也会紧张。就像跳舞的女生们那样，这些孩子们告诉我说他们在一个新的竞争环境中会变得紧张，比如第一次参加锦标赛或足球比赛之时。[20]他们提到了类似的应对紧张的策略，比如幸运护身符（尽管没有人提到祷告）以及一些其他处理竞赛压力的方法。一个为西田足球俱乐部踢球并在西郡国际象棋社下棋的8岁男孩非常诚实地告诉我，当他紧张时，他"会出很多汗"。当他在国

_____

　　①　圣露西（Saint Lucy）即锡拉丘兹的露西亚，基督教殉道者，天主教明确纪念的八位女性之一。

际象棋比赛中感到紧张时，他会"起身去洗手间，然后往脸上泼点水"。

8岁的特里斯坦也在西郡国际象棋社下棋，他用不同的策略来平复自己的紧张情绪。他尝试着让对手相信自己是一个更优秀的棋手，尤其在他遇到的对手排名更高的情况下。特里斯坦说"我试着这样做"，他向我展示了他是如何用手挡着眼睛并托住头。这是职业棋手使用的一种技巧，这么一来对手就看不到他们的眼睛在看向棋盘的什么地方。特里斯坦喜欢用这种技巧来向对手暗示，他们需要"绞尽脑汁"来对付他，因为他可"不好"对付。

正如特里斯坦护住自己的眼睛一般，维罗妮卡提到过舞蹈选手在比赛中故意无视评委的目光。一个女孩告诉我，在比赛中感觉紧张时她是如何应对的："我只是努力微笑，不看任何人，只看正前方。"另一个人解释说："当我第一次上台的时候，我没想到灯光会打在我身上。我看不到任何人，所以我只能想象那里没有人，我只是在跳舞。我现在都是这么想的。"

评委在舞蹈活动中的权力最大，因为舞蹈是最主观的活动。不过参与足球和国际象棋活动的孩子们也要面对来自裁判和教练的评价。像精英舞蹈学院的孩子一样，西田足球俱乐部的孩子更关心教练对球队表现的看法，而不是裁判的判罚或干预。（我采访的足球运动员中没有一个人抱怨过裁判，尽管他们的父母肯定会抱怨。）一个叫做本的男孩在一个实力很强的球队里踢球，他告诉我，有一次，教练甚至在球队赢了一场比赛后还冲他们发火。他解释说，教练认为他们在领先后就"放松了"，他们永远不应该停止拼搏。本在自家厨房里向我复述这件事，在这个过程中，他的声音逐渐严肃了起来。

　　像足球裁判一样，组织国际象棋比赛的成年人有时不得不在比赛中做出一些主观的决定，尽管比赛本身是客观的。三年级学生卡桑德拉向我讲述了她在一年级时首次参加国际象棋锦标赛的经历。她在初学者区，那里没有任何一位选手使用棋钟。在最后一轮比赛中，赛事总监认为她那盘棋下的时间已经太长了，便表示说谁当时在棋盘上的点数①更多就算谁赢。卡桑德拉解释道："我有王后、车、马和象。而对手什么都没有，他有一些兵，也许还有一个象什么的。所以（赛事总监）宣布这局我胜。"被宣布获胜后，她的比赛结束了，用她的话来说，"还得到了奖杯"。

　　下国际象棋的孩子们也受到国际象棋评级系统的监督和评估，他们往往对自己的等级分特别痴迷，在每场比赛后都会上网查看，并告诉别人自己目前的排名。我遇到的一位一年级的男孩萨米尔，在一个与国际象棋有关的场合上，每遇到一个人就问"你的等级分是多少"，甚至也问了我。我听到当一个女孩告

---

　　① 点数（Point count）是国际象棋中给棋子记分的系统，王后9点，车5点，象3点，马3点，兵1点。

诉萨米尔"我的等级分是750"时，他很快回答说："嗯，我的等级分是751。"这不仅是一个谎言（他的等级分只有500多），而且也表明了他对高等级分的渴求，他希望被人看作是厉害的棋手，超过他所遇到的每一个人。

心理学家发现，儿童（尤其从小学阶段开始）比成年人更关心他们与同龄人相比较的表现，而不是其相对于绝对标准的表现。[21]萨米尔就是一个很好的例子，因为他只关心与他遇到的人比较等级分，而不是与所有一年级学生相比较，在一年级学生中，他是略高于平均水平的。

与萨米尔不同，我遇到的一些学国际象棋的孩子不想知道对手的等级分。这似乎是一个很好的策略，因为心理学家发现，在竞争环境中，知道对手的能力水平会导致一个人对自己获胜的概率形成正面或负面的预期。[22]正如一个男孩告诉我的那样："你知道对方的等级分后就会有很大的压力，因为如果对方等级分比你高，你就觉得会输掉比赛。"

当然，也有的孩子认为与一个等级分更高的棋手对弈是一种挑战；此外，战胜更高等级的对手意味着赢得更多的等级分，或许还能获得父母额外的奖励。一位排名很高的五年级学生向我解释了他对此的感受："如果（在锦标赛上）有能力弱的选手，我通常更喜欢和等级分高的人对战，因为如果我输给了（能力弱的），那么我就会失去很多等级分。但假如我在高等级分组里输了，也不会失去太多等级分。"

踢足球的孩子们也通过自己球队的地位而对自己的相对水平有所认识。俱乐部一般都有A队和B队，哪怕他们可能用了诸如"冲锋队"或"破竹队"之类的名字，孩子们也懂得自己是否在"更强"的那支球队。一个女孩解释说："我在我们地区的一支B队里，就是说还有比我们更好的球队，那些是A队。"

在俱乐部的排名中，联盟会根据球队的战绩和能力来进行排名和分组。同样，球员知道他们是否联赛中的顶级球队，这主要是基于他们通常被明确标记为A、B或C组。对于表现非常杰出的球队，会有足球排行榜在全国范围内对每个年龄组的前100名球队进行排名。但是只有当成年人或年长的朋友和哥哥姐姐将这些告诉孩子们时，他们才会知道这些网站。考虑到我所访谈的孩子们的年龄，只有两个男孩在谈话中顺便向我提到了这些网站也就可以理解了。这些排名网站对足球儿童的生活远不像等级分榜对国际象棋儿童那么重要。

在这些竞争性活动中，最终也是最客观的评估因素是时间。时间让孩子感受到压力，以及被人评判的感觉。大多数国际象棋锦标赛给每位棋手30分钟时间来完成一局棋，尽管不同比赛的具体时间长短不一。大多数孩子不喜欢"计时比赛"。西郡国际象棋社的一个男孩解释道："我真的不喜欢计时比赛，因为它让人感到挫败和压力。"一位来自上城国际象棋社的女孩告诉我："我不喜欢国际象棋的一点就是，如果比赛中要用棋钟计时，你就必须下得很快，这样就有可能会下错，还可能会输。"

考虑到时间和被评判的压力，选手会在各种比赛现场上洒泪也就不足为奇了。威斯布鲁克"一起跳舞"舞蹈教室的一名选手总结了孩子们在比赛中哭泣的情况："嗯，有一个女孩，她如果（在比赛的舞台上）犯了一个错误就会哭。她发现自己失误后就会大喊大叫。今年，她没有再回来比赛。"她的评论与我的观察不谋而合，尤其是在国际象棋比赛中：在一次失败或失误后多次哭泣的孩子到了第二年就不再参赛了。[23]

当然，失败从来都不是让人高兴的事，在竞争性儿童活动中尤其如此，因为这种失败有更强的即时性和公开性。表演结束并接受评判后，孩子们可以很快得知自己的表现如何，然后这些结果会在颁奖典礼上公开宣布（通常也可以在网上查到）。当结果公布，孩子们有时会感到惊喜。精英舞蹈学院的学员兼独舞演员德斯特尼解释了自己在一个颁奖典礼上听到自己的名字被宣读时的感想：

> 德斯特尼：当他们宣读我的名字时，我真的很惊讶，因为有很多选手都高于我，而我打败了她们。
>
> 我：你说她们高于你是什么意思？
>
> 德斯特尼：我的舞蹈可能也就是中游水平，那些人的水平比我更高，灵活性也更好。

在学校里，成绩往往是保密的，只有老师和家长会知道，在这里则不同，每个参加比赛的人都知道其他人在竞争环境中的表现，以及他们是如何被评估的。当事情并不像德斯特尼所经历的那样顺利时，孩子们就更难以面对失败。

　　参与多项活动的孩子会以不同的方式看待不同活动中的失败，这一点不足为奇。以我和詹姆斯的一次交流为例，詹姆斯是一名四年级学生，参加了西郡国际象棋社，也是西田足球俱乐部A队的成员。

　　　　我：你还有什么不喜欢比赛的地方吗？

　　　　詹姆斯：有啊，失败啊。

　　　　我：所有的失败你都不喜欢吗？

　　　　詹姆斯：是的。

　　　　我：当你输了的时候，你会怎么办呢？

　　　　詹姆斯：跟别人握手，结束比赛，但我会有点沮丧和生气。

　　　　我：当你输掉足球比赛的时候，会感到更加沮丧吗？还是下棋输了以后会感觉更糟糕？

　　　　詹姆斯：输棋的感觉更糟糕，因为你需要思考更多东西，但是在足球比赛中，你其实一直在跑动，而不像在国际象棋中你只有双手在动。在足球比赛中，你可以运用自己的运动能力，而不仅是你的逻辑。

　　詹姆斯区分了脑力竞争和肢体竞争。许多孩子提到，国际象棋要动脑子，这就是为什么有时在国际象棋比赛中输掉会很难受；就像一个孩子所说的，这也许意味着你"不够聪明"。这与卡罗尔·德韦克的研究结果是一致的，她在研究中发现，当学生们把某项活动中的表现看作是对自身智力的一种评价时，若是他们表现不佳，便会感到耻辱。[24]

　　然而，只要坚持下棋，大多数孩子都会明白，在通往未来胜利的路上，他们会经历很多失败。麦克斯已经下了大约五年的竞技国际象棋，他告诉我说："你要挺过失败的时刻，这很让人难过。但你不会一直输，也不可能一直赢。"麦克斯还告诉我，在他输的时候，他的棋友会支持他，能让他感觉好一点。现在我来谈谈友谊，对许多孩子来说，这是竞赛经历中最重要的一环，也是他们在发展童年竞争资本的过程中应对竞争压力的一种方式。

友谊和团队精神

　　成为团队的一员并建立友谊是竞赛经历中孩子们经常谈论的一个方面。在团队内部以及跨越比赛的界线去建立友谊是孩子们已经掌握的一种策略，这样做不仅是为了应对失败，也是为了应对竞争低龄化的现实。他们的同龄人理解竞争激烈的生活是什么样子，这有助于他们建立牢固的友谊纽带。

孩子们通常会欣赏朋友或队友的才华，而不是像家长和其他成年人那样与别人互相比较。我遇到的所有孩子都很现实地看待自己与同龄人相比之下的能力。对许多孩子来说，仅作为一个胜利团队的一分子就足够了。个人竞争所带来的额外压力并不是他们想要的。当成年人和能力出色的队友在一起时，会产生的问题似乎比这群孩子之间的问题要大——尽管随着孩子年龄的增长，这种情况有可能会发生改变，他们会更加强烈地感到自己要成为佼佼者。

学国际象棋的孩子经常会用这样的话来谈论一个同学或同龄人："他真的很棒。希望我不用和他比赛下棋！"学足球和舞蹈的孩子更欣赏同龄人的才华，因为他们的大多数活动中都充满了团队合作，在足球比赛中尤其如此。虽然一些家长公开向我抱怨有关"球霸"的事情，但孩子们似乎对队友的卓越表现感到满意，尤其当他帮助整支球队获胜的时候。

西田足球俱乐部A队的一名12岁男孩说，教练要他们必须学会颠球，或者只用腿和胸颠球100次。这个名叫戴夫的男孩表示，他很敬佩两个能轻而易举地做到这些的朋友，而他必须更加努力才能达成目标。戴夫觉得和优秀的同龄人同在一个球队很幸运。他没有因为自己不能事事拔尖而感到沮丧，当然，他是球队里实力最强的守门员，如果没有这层因素，情况可能会有所不同。

跳舞的女生们也会为彼此的表现感到骄傲。我本以为精英舞蹈学院的女生之间会互相嫉妒，因为在那所舞蹈学校只有少数女生会受邀参加独舞比赛。一个女孩承认，她对没有收到独舞邀请有一种复杂的感觉："当你一个人在台上时，评委们都会盯着你，所以那并不容易。他们看着你的脚尖和手臂。你必须尽善尽美。我想我真的很难做到，我不嫉妒独舞的人。"

在地区赛和全国赛中，女孩们会去给同一个年龄组里跳独舞的朋友加油喝彩。对于自己不是独舞选手的原因，她们都表现得十分坦诚。一个叫萨曼莎的女孩告诉我："我的柔韧性和旋转能力都比不上爱丽丝。"

我在精英舞蹈学院做田野调查的那一年，10岁的爱丽丝第一年表演独舞，这对她们全家来说是一个重大喜讯。在爱丽丝第一次比赛之前，我采访了她的妈妈蒂娜，她向我讲述了全家人对爱丽丝的首次个人表演有多么紧张。蒂娜说，自己可能比爱丽丝还要担心她要"一个人在台上"。

我采访爱丽丝时，她已经在比赛里表演了四次独舞。她告诉我，第一次跳独舞是她最紧张的时刻；前一天晚上，她练习了"一百万次"，以确保自己不会忘了什么。爱丽丝主要担心的是忘记动作，总体来说她害怕"搞砸了"，尽管她从未具体说明"搞砸了"会导致什么后果。[25] 她解释说，如果她搞砸了，那只能是她的错，因为没有任何团队成员或朋友与她一起站在舞台上。

其他一些学舞蹈的女孩告诉我，她们不想跳独舞，因为她们不想独自站在舞台上面对观众和评委。一个女孩的情绪与爱丽丝有些相似："如果要跳一支独舞，我会紧张得多，因为所有的眼睛都在盯着你看，要是犯了一个错误，每个人都能看得到！"

　　成为团队的一分子而不是孤军奋战，踢足球的孩子们也提到了这方面的积极体验。一个男孩说："我喜欢身处一个团队当中，因为如果有人把你防死了，而你不知该怎么办，传球给别人就行了。这也是结交新朋友的一个办法。"孩子们喜欢团队精神，因为他们赢了可以一起庆祝，输了可以一起沮丧。其他跳舞和踢足球的孩子经常提到作为团队的一员有多好。这与运动心理学家先前的发现相一致，即儿童在个人运动中比在团队运动中表现出了更高的焦虑水平。[26]

　　想成为团体的一分子可能会促使某些孩子不愿学习如何独立竞争，以及羞于接受个人评估。虽然团队合作很重要，但这种技能可以从娱乐性活动中学到，所以当家长了解到团队合作成为阻碍孩子个人发展的绊脚石之后，就很是忧心。

　　我的田野调查进行了几个月后，幸好有一位梅特罗市上城国际象棋社的女孩向我提及，我才意识到友谊也是竞争经历的一部分。我遇到的家长们会强调学习团队合作，而友谊则更多是一种个人经历，而非来自团队。最终，在三项课外活动中都有很多孩子跟我说，他们喜欢参与是因为可以跟在别的学校上学的孩子交朋友，而没有一个家长提到过这一点。

　　一个学足球的男孩解释道："如果你每天都见到某个人，

放学后又看到他，呃，会碰见很多次……我认为不和（我队里的）人一起上学是一件好事，因为那样一来我就会对他们感到厌烦。"来自不同背景和学校（包括公立和私立）的孩子经常参加彼此的生日聚会。一名梅特罗足球合作社的成员告诉我："我在球队里有朋友（会来参加我的派对），但他们跟我不在同一个学校。我认识他们是因为我们一起在'星星'（他球队的名称）踢过比赛。"

威斯布鲁克"一起跳舞"舞蹈教室的一群女孩让我见证了一段多元化友谊的极佳范例。一个女孩解释说："我们有一个舞蹈课后的俱乐部，叫DDGT，也就是唐恩都乐①甜甜圈聚会。下课后我们这群女孩便会去唐恩都乐吃甜甜圈或冰淇淋什么的。"DDGT俱乐部由来自不同学校、不同年级的女孩们组成，她们一起比赛，在舞蹈课和排练之外一起消磨时光，结下了深厚的友谊。

在竞争性活动中建立的友谊对许多孩子来说是一种福气，他们在学校里也许没有很亲密的朋友，有一部分原因是他们对课外活动过于热衷。有个女孩告诉我她为什么喜欢去排练："我想见到我在练舞时认识的好朋友们，这就是我很乐意去上舞蹈课的原因，这样就可以再见到她们了。我觉得跟她们在一起更舒服，因为她们比学校里的同学对我更好。"另一名舞蹈选手告诉我，她

---

① 美国的一个甜甜圈连锁品牌。

不喜欢学校里的啦啦队，因为她在那里第一次遭到别人的嫉妒。在学校里，其他啦啦队的成员会抱怨她跳得更好。

在一次全国舞蹈比赛中，我注意到售卖的一件T恤上写着"别找我，我要跳舞"。一位精英舞蹈学院的学员告诉我，她有这件T恤，有一次它派上了用场："我正在上夏季舞蹈课，学校的一个朋友邀请我一起玩。我就叫她看看我的T恤！"

当然，这种社交关系也有不好的一面：如果某人有一个或多个朋友退出某项活动，那么他通常也会跟着退出。比如我遇到的史蒂文和山姆兄弟俩，他们的年龄只相差一岁，一个上二年级，一个上三年级，都参加过竞技国际象棋和足球巡回赛。两人分别告诉我，他们喜欢"踢足球"，因为他们所有的朋友都"踢足球"。山姆甚至说他踢球就是为了朋友，否则他去打篮球也一样会很开心。

在我们的访谈中，史蒂文和山姆对国际象棋没有太大兴趣，尽管他们喜欢和朋友一起去比赛。山姆解释说："如果我输了一场棋，他们有时能让我振作起来。"他们的两个朋友——乔丹和詹姆斯都打算退出国际象棋活动，这显然对史蒂文和山姆也产生了影响。在下一个学年，这四位男孩都不再下棋了。山姆和史蒂文第二年继续踢足球巡回赛，但山姆最后也开始打篮球。两年过后，他们既不下棋也不踢足球了。这两位男孩对于竞争和达到高水平的渴望在很大程度上取决于他们是否能和朋友在一起。

虽然亲密无间的友谊给参与竞争性活动的孩子们带来了积

极的影响，但也可能从某些方面影响了父母想让孩子们从参与活动中学到的经验和技能。这么多孩子认为自己是在跟朋友而不是竞争对手相处，这可能会降低他们力争上游的欲望。在某些情况下，他们可能并不想争取胜利。并没有哪个孩子亲口对我这样说过，但根据我在活动中的观察以及那些父母告诉我的信息，这是一种可能性——这种可能性对女孩而言似乎比男孩更加重要。（回想一下第四章，路易丝提到，洛蒂的女性朋友在与朋友下棋时总是试图达成平局，这样就不必打败朋友了。）

女球星和粉红男孩？

虽然竞争性活动具有社会性，可以打破年龄和孩子就读学校的界限，但性别仍然划出了一条严格的边界。我所访谈的孩子们对什么活动"适合"男孩、什么活动"适合"女孩有着非常鲜明的看法，尽管他们经常无法说清为什么有些活动对女孩"最好"，而有些活动对男孩"最好"。哪怕自己的异性兄弟姐妹也参与了这项活动，他们依然会这样想。孩子们对每项活动的性别偏好都与他们父母的想法高度相似，这表明在小学阶段，这些性别角色已经相当普遍且深入人心。

我问过每一个孩子如何看待他们所参加活动中的异性成员。这些问题经常会引发孩子们咯咯的笑声和简短明确的回答，尤其是在学国际象棋的孩子和学跳舞的孩子的陈述中，他们准确地观察到自己参加的活动主要由男孩或女孩构成，而且占主导地位的性别在活动中的表现要更出色。踢足球的孩子则比较平等，尽管他们无论训练还是比赛时都不常在球场上与异性互动。在某些活动中，某一性别占据优势，而某些体育运动则把男孩和女孩正式区分开来，这些都塑造了儿童对性别的看法，即使他们刚开始对此有一些属于自己的认识。[27]

下国际象棋的男生在评价女生时相当直率。以下是我和在西郡国际象棋社下棋的6岁男孩威廉的一次交流：

我：你认为女孩会下棋吗？

威廉：会啊。

我：和男孩下得一样好？

威廉：那倒不是。

当我问另一个学国际象棋的男孩，女生是否能像男生一样下棋时，他说："不，她们并不想下棋，大概因为这是男孩的运动。"

许多孩子对"男孩运动"和"女孩运动"有非常鲜明的观点。以下内容是从对山姆的采访中节选出来的，他在西郡参加国际象棋和足球的比赛：

　　我：如果你有一个女儿，你会让她去踢足球吗？

　　山姆：（摇头否定）

　　我：为什么不呢？

　　山姆：因为那样她更有可能受伤。她可能不喜欢踢足球……这是男孩运动。

　　我：你认为什么是男孩运动？

　　山姆：足球、篮球、棒球。网球是女孩运动也是男孩运动。这三项运动主要是男生经常参加的。

　　我：还有其他主要是男生做的事情吗？

　　山姆：有的。

　　我：比如什么？

　　山姆：汽车和电子游戏。

　　我：那什么是更适合女孩的东西呢？

　　山姆：芭比娃娃之类的。

　　有一个学足球的女孩，名叫夏洛特，她向我讲述了自己踢足球并被称为假小子的经历："在课间休息时，我好像是唯一一个踢足球的女孩。其他人都在干别的。所以他们总是叫我假小子，因为我和男孩们一起踢球。但我不是假小子。假小子就是想当男孩，并且总和男孩一起玩。我有洋娃娃，也喜欢粉红色。我真的很喜欢女孩的东西，比如我涂了指甲油（给我看她的指甲）。"当我问夏洛特什么是女孩才该做的事情时，她回答说："就比如坐在一起聊天，穿漂亮衣服，说着什么'哦，我的天哪！'"

对夏洛特来说，假小子是一个负面的、不被期待的标签。这与C.J.帕斯科的研究结论相反，他认为："在接触到更狭隘的女性特质之前，被认定为假小子会把一个女孩和男性身份认同的浪漫化的历史联系在一起。"[28]看起来，夏洛特渴望认同自己的女性特质；她涂指甲，穿粉红色的衣服，但仍然想成为一名强壮、有进取心的足球运动员，而不是一个女孩子气的女孩。她说："我们（她的球队）有时候和男生踢比赛，因为这更有利于女孩增加一点攻击性。"尽管夏洛特认为女生可以和男生踢得一样好，但也觉得女生确实需要变得像男孩一样更富攻击性。抛开夏洛特的观点不谈，我访谈过的绝大多数踢足球的男孩和女孩都告诉我，女生踢球也可以踢得不错——尽管没有男生踢得好。

夏洛特提到的男生的攻击性不仅仅是肢体上的。根据一些孩子的说法，男孩在国际象棋中也表现得更有攻击性。尽管在这种环境下，这种攻击性被认为是负面的。以下是我在国际象棋夏令营进行田野调查期间所记录的笔记节选，这段笔记直接描述了女孩和男孩如何以不同的方式看待进取心和输赢，以及成人如何塑造并强化了儿童对性别的想法：

　　汉娜正在和一个7岁的男孩塔尔下棋。他连续两天都战胜了她，赢了就会大喊："将军！"事实上，他的声音如此之大，以至于吸引了我的注意，我朝他们所坐的桌子那边看大。然后他站起来，开始吃零食。汉娜则坐在棋盘前，双手捂着眼睛。我知道她很沮丧，因为她昨天就在一场比赛中针对一步棋的走法与塔尔吵了起来。我走过去和她说话，一看到她的脸，我就知道她已经说不出话来了。我开始安慰她，后来，老师看到她哭了，便走了过来。我退到一边，让老师来处理这场冲突。老师开始说男生不如女生成熟，所以她不应该感到难过。汉娜抱怨塔尔大喊大叫，让大家都知道他把她打败了（这不是真的）。老师又说，男生和女生对待胜利的方式不同。另一个老师随后走过来，告诉汉娜她不应该如此沮丧，因为塔尔"只是一个小孩子"。（我不禁想，让汉娜知道一个幼儿园的孩子击败了她，这怎么能让她好受呢。）——汉娜不住地哭泣，而两位男老师都没给她递纸巾，最后我递了一张纸巾给她。她安静下来，两个男老师渐渐走开了。汉娜向我走过来，我给了她一个拥抱……她告诉我，她妈妈说男孩和女孩不一样，当男孩获胜并吹嘘时，她不应该感到难过，男孩子就是这样。她告诉我，她从来没有见过哪个女孩会大喊："我赢了！"汉娜偷偷在我耳边低声说，她认为女孩获胜后的表现要更成熟、更友善。

汉娜和夏洛特的言行表明，女孩们想要赢，想要有进取心，但她们仍然希望在外表或性格方面更为女性化。这两个女孩都不想被人认为是男孩。事实上，我遇到的学国际象棋、舞蹈和足球的女孩没有一个想成为男孩；同样，没有一个男孩想成为女孩。"像女生一样"是我不时听到的一种侮辱。

人们认为足球"也适合"女孩，哪怕这项活动具有攻击性，也有男孩子气的成分，其中的部分原因是在足球活动中男孩和女孩被完全隔离开来。舞蹈则不然，总有一两个男孩和女孩们一起跳舞。跳舞的女孩们并不认为男女混合舞有任何问题。

事实上，女孩们经常说这些男孩跳得很好。她们表示希望能够像自己的男队友或男对手一样跳得高、转得快。然而，她们也可以理解为什么没有更多的男孩来跳舞。一位跳舞的女孩解释道："因为当你想到跳舞，就会想到完美的头发、盘成发髻或扎成马尾辫、化妆、紧身衣、紧身裤。男生会觉得这对他们来说太女孩子气了，人们会笑话他们。我不知道为什么人们会这么想，但这就是事实。"

另一个女孩用另一种方式来区分男性和女性运动："足球更像是你试图实现的目标，比如进球得分之类。我想人们觉得这在某种程度上比跳舞更有男孩子气，因为我们不用得分。"孩子们认为舞蹈更女性化，得分代表男子气概，这也与我访谈中接触的大部分成年人的观点相一致。

我采访的所有孩子对性别和活动项目都怀有鲜明的观点，有时比他们父母的想法更为僵化。孩子们认为女孩和男孩分属不同的类别、不同的活动以及活动中不同的角色。在目前的年龄阶段，他们很难理解一个女孩如何既有女人味又有攻击性，同时又不被贴上假小子的负面标签。"粉红战士"的形象还未在他们脑海中浮现，他们最关心的是被明确地认定为男孩或者女孩——尽管夏洛特看起来正朝着"粉红战士"的方向发展，她踢足球时表现凶狠，还涂着粉红色的指甲。她们参与的竞争性活动产生并强化了她们的性别认同感，也必将在未来影响她们的身份认同。

乐趣与未来

尽管有眼泪、压力和评委，但女生和男生们都发现参与竞争性活动是很有趣的事情。他们喜欢和朋友待在一起，获得胜利很有乐趣，参加很多活动很有乐趣，赢得奖杯很有乐趣，参与活动本身也很有乐趣。运动心理学家发现，孩子们在运动中获得乐趣是很重要的，因为获得乐趣可以减少赛后压力，尤其是在输掉比赛的时候。[29]另一项最新的社会学研究指出，对孩子来说，参与有组织的活动并不意味着更大的压力。[30]事实上，那些参与活动最少的孩子出现了更多与压力相关的表现，尽管我们还不清楚竞争在他们所参与的有组织活动中起到了什么作用。

当然，有时训练或活动并不那么有趣，有的孩子抱怨没有足够的时间放松。在很大程度上，孩子们的负面评论是关于训练，而不是游戏、比赛或锦标赛。踢足球的孩子们对训练的抱怨最少，他们主要抱怨天气。一个男孩告诉我："如果天气特别热，那么我更愿意拿上一瓶水和一本书在树荫下坐着。"

　　下棋的孩子最常抱怨的是时间上的投入，说他们有时为了参加比赛会错过朋友的生日聚会。有的孩子还提到，有时候他们更想要"和朋友一起玩，要么打打电子游戏，要么看会儿电视"。其中两个孩子还补充说，有时他们更想读读书。

　　练舞蹈的女孩从不抱怨参加比赛，但她们确实提到有时放学后很疲惫，希望不必如此频繁地去上课或排练。"一起跳舞"舞蹈教室的一个女孩还告诉我："有时候电视上有一场演出或电影的首映，我会因为错过这些节目而感到伤心。但除此之外就没什么了，我喜欢去跳舞。"一名精英舞蹈学院的学员表示，她对自己紧凑的日程安排感到遗憾，"在我还小的时候，曾经想学学游泳，但现在是不可能了。我不想放弃舞蹈去游泳。舞蹈现在就是我的生命"。

　　总的来说，孩子们在这些活动中学会了处理个人繁忙的生活和日程。他们也明白自己需要获胜，明白成年人会给他们排名，他们需要弄清楚哪个成年人的意见最为重要。通过获得等级分和奖杯，我遇到的参与竞争的儿童们小小年纪就懂得了名次和评审的微妙之处。他们有能力区分真实的成就和虚假的成就。例如，他们可以根据有限的标准来判定一个参与性奖杯不如一个真正的冠军奖杯那么有意义。孩子们还意识到，父母通常只在他们获胜时才给额外的奖励，而不是完成比赛就给。显然，最大的胜利才能带来最大的奖励。

同时，孩子们知道奖励代表了身份；这些奖品作为一种象征，传达着关于孩子自身的信息。奖杯、徽章和绶带向众人宣告你是一个胜利者。但这种身份象征同时也会带来责任：如果你在发出必胜的讯号后又表现欠佳，这可能会让你名誉扫地或感到难堪。[31]因此，竞争过程的一个方面就是学习如何把自己包装成一个赢家，并表现得像个赢家。大多数时候，不仅仅是在舞台上，比赛以及所有的赛前准备工作都成了孩子们的表演时间。

我一再想要强调的是，孩子们关于参与竞争性活动的想法是很复杂的。但成年人（尤其是家长）也确实对他们有所影响。例如，在采访了大辅之后，我们站在他父母工作的律师事务所的走廊里，同他的父亲和母亲交谈。大辅是一年级的学生，从幼儿园就开始下竞技国际象棋。在我准备离开时，大辅告诉我，他其实不怎么喜欢竞赛，竞赛让他"觉得肚子疼"，他的父母插话说，等他的比赛经验多了，就不会觉得肚子疼了。显然，孩子们有时会向成年人诉说他们的压力，但成年人往往试图忽视或合理化这种压力。[32]

父母也会将自己对未来的规划转移到孩子身上，特别是关于大学录取和未来职业的定位。关于自己想上的大学，孩子们说出了如下的校名：哈佛大学、普林斯顿大学、耶鲁大学、杜克大学、麻省理工学院、雪城大学、霍华德大学、罗格斯大学和佛罗里达大学。孩子们能说出附近大学的名字，这一点就说明了这群争强好胜的孩子们对上大学的想法有多重视。一个五年级女孩同时学舞蹈和足球，她告诉我周围的人如何看待她所参加的竞争相对不激烈的活动："我参加的女童子军中有许多女孩都在考虑退出，因为她们想参加运动。但是父母想让她们留下，因为这在她们大学申请的简历上会有些效果。"

像大多数孩子一样，参与竞争性活动的孩子们对自己长大后想做什么是有想法的。许多人给出了意料之中的答案——成为电影明星、老师或体育明星；有的人则更有创意，比如成为一名制帽匠。他们说出的大多数职业都是成就导向型的，要获得其资质就需在竞争激烈的环境中浸润多年。这些职业包括医生、律师、宇航员、工程师[33]、银行家和政治家。

令人惊讶的是，极少有孩子有志于在当下参与的竞技性活动中走专才路线；这群孩子似乎比那些志存高远的孩子们更为现实。这可能是因为并没有哪位父母希望自己的孩子成为职业的棋手、舞蹈家或足球运动员，正如导论中提到的那样。即使还很年幼，孩子们好像也明白他们参与活动是达到目的的一种手段——或者说是他们简历上的一行字。当然，他们还只是孩子，并没有准备好专注于某个梦想。一位9岁的精英舞蹈学院学员告诉我："我要晚上做舞蹈老师，白天做律师，我的丈夫会照顾孩子。"

大多数孩子认为，家长觉得他们应该参加这些活动一定有他们的理由。孩子们通常不理解其中确切的原因——这并不奇怪，因为一部分家长承认，他们从未与孩子详细谈过希望他们学习的具体内容，不过孩子们总会对家长的目标有所察觉。以下说法反映了一个普遍的共识："我知道我确实学到了（一些东西），但是我还不知道它们对我有什么帮助。我知道它们会在其他方面对我有帮助，但我不确定现在有什么用。"

据一位国际象棋选手的父母所言，他们家的孩子的看法十分在理："下棋时，我像是一直在考试，给你一个棋钟，它会给你计时，给你思考的时间。考试也是有时间限制的，所以必须在规定的时间范围内进行计算，所以我认为国际象棋提升了思考的速度。国际象棋能让人在有时间限制的数学和阅读考试中更快速地思考。"而其他孩子只是知道参与这些活动会让自己变得"更聪明"。

回想一下我在导论中所引用的一位踢足球的男孩的话。他无意中说出了有趣而又深刻的评论，谈到了年幼的他生活有多忙，以及他成年后的日程可能会有多忙，他认为足球帮助他学会了"避开所有的人"："就像你要赶上一辆还有几分钟就出发的火车，你需要跑着避开所有的人。这就是足球教给我的东西。"

在很大程度上，我们并不能很好地理解竞争对孩子的长期影响。这些孩子从小就得面对排名和成绩的压力，他们最终会更好地承受大学录取过程中的心理考验，并在学业上和课外活动中表现更出色吗？还是会不堪重负？有证据表明，当孩子不断接触到竞争和外在奖励时，他们的创造力会减退，因此我们应注意孩子倦怠的迹象。[34]其他学者认为，对于某些性格特征的孩子而言，竞争可以帮助孩子培养更多的内在驱动力和创造力。[35]我们需要通过与孩子谈心，特别是在心理学家的协助下交谈，在这方面进行更多的研究，心理学家们已经开发了像"16点成就目标定向量表"这样的问卷来进行个性研究。[36]

通过与孩子谈心，你会听到他们的心声，他们的想法基本上是对父母观点的补充，但也提供了一个独特的视角，让我们了解竞争如何影响了这些孩子。因为我访谈的孩子都是小学生，他们处理竞争压力的方式可能不同于高中生。最近，备受压力的高中生已经成为媒体关注的焦点，如《徒劳的竞争》（*Race to Nowhere*）等纪录片和玛德琳·莱文（Madeline Levine）的著作。[37]在这些作品中，学习成绩优秀且成功的青少年更有可能抑郁、依赖各种药物、自残，甚至自杀。我与这群孩子的谈话表明，他们的应对能力可能比这些作品中所表现的要好。也许在年轻时培养这些应对竞争的技能将有助于他们应对随着年龄的增长而日益增加的压力。

换句话说，参与这些竞争活动的孩子显然要付出某种代价，从肚子疼到对自我价值的担忧，以及牺牲与学校朋友在一起的时间。对大多数家庭来说，参与活动是利大于弊的，对孩子来说也是如此。如果遇到弊大于利的情况，比如大辅那样，孩子就会退出。

在大多数情况下，我访谈过的孩子都比较适应，似乎在竞争性活动中如鱼得水。对我没有见过或访谈过的孩子来说，参与课外活动有可能会造成更多有害影响。但是孩子们对我非常诚实——在许多方面比家长更诚实——而且家长们总是谈论孩子什么时候哭，他们自己什么时候感到沮丧。事情并不总是一帆风顺，但家长们用护身符、友谊、奖杯和其他奖励让孩子在这个年龄段保持动力。

孩子们喜欢因为自身的成就而获得公众的认可和奖励，即使在都是朋友相伴的环境中也是如此。当童子军在20世纪初开始颁发徽章时，许多人成了"徽章神童"，竞相在他们的队伍中获得最多的徽章。[38]但与那些早期、宽松的有组织竞争的日子相比，情况已经有了很大的不同。今天的男孩和女孩把有组织的竞争活动视为学业以外的"第二轮班"。即使他们玩得很开心，这些孩子也显然在一个迷你版的成人世界中生存，他们关心的是如何获得童年竞争资本，以帮助他们在整个青春期和成年期取得成功。

结　论

竞赛儿童的出路

当人们得知到我在研究竞争性课外活动时，他们好奇我自己的孩子都参加了什么活动。我一直以"我没有孩子"来回避这个问题。但后来我不能再继续回避了。在差不多写完本书的时候，我生了一个男孩。我会教他国际象棋，希望他能参加2018年的全国锦标赛吗？我是否会让他在8岁前加入巡回足球赛？给他报名舞蹈课，这样他就能在类似《舞动妈妈》那样的电视节目里露脸？还是我会下定决心摒弃所有与奖杯有关的活动？

看上去，对于是否要摒弃所有颁发奖项的活动，许多家长正在做最后的抉择。社会上出现了一些反对竞争性童年和竞争性育儿的呼声。一些新书体现了这种趋势：《有人没有得奖》（*Not Everyone Gets a Trophy*）、《得奖杯的孩子长大了》（*The Trophy Kids Grow Up*）、《放养孩子》（*Free-Range Kids: How to Raise Safe*）、《自立儿童》（*Self-Reliant Children*）、《无为而治的父母：为什么懒父母养出更快乐健康的孩子》（*The Idle Parent: Why Laid-Back Parents Raise Happier and Healthier Kid*）以及《B减的祝福》（*The Blessing of a B Minus*）。[1]有很多讨论"鸡娃"现象的研究认为：日程安排过满、竞争欲望过强的孩子长大后其实会变得懒散，因为过度参与的"直升机父母"最终只会培养出神经质的懒虫，而不是拥有充足童年竞争资本的上进青年。[2]尽管有这些理论存在，但我们几乎没有证据表明参与课外活动是有害的——或者家长会因此让正在上小学的孩子不去参加由成年人组织的比赛。

当我开始这项研究时，我计划采访一些没有把孩子送去参加竞争性课外活动的家长。我在西郡发现了一家全国连锁公司在当地的分部，他们宣称自己是支持玩耍、反对竞争的。但结果是来参加的孩子年龄太小还不能参加竞赛，或者是除了在这种非竞争环境中进行体育锻炼外还参加了其他一些竞争性活动。因为我很难找到住在西郡和梅特罗市、完全不参加竞争的小学适龄儿童，所以我就放弃不再去找了。[3]

选择退出和离开

当然，在上述两个社区以及整个美国，都有家庭无力培养孩子的童年竞争资本。甚至有一些家庭会刻意避免参加有组织的活动，而倾向于自由放养或无为而治的育儿方式。一些学术界的社会学家（他们需要明白，不能凭借个人轶事来研究社会科学）似乎经常责备我："但我不会这样对我的孩子——我不是那个圈子里的人。"

　　这种大张旗鼓的否认，证明了当下的竞争对儿童造成了多么大的影响。家长们经常故意做出与当下所认同的标准模式相反的选择。当被追问时，许多持反对意见的父母承认，虽然他们目前没有逼迫自己还在上小学的孩子，但也明白随着孩子年龄的增长，他们必须有所专长，找到自己的"激情"所在，才能够在即将到来的大学录取以及之后的人生中脱颖而出。

　　当然，教授们掌握着一些关于学院和大学如何运作的内部知识，这也许能让他们的孩子享受一个比较放松的童年。尽管如此，他们也承认自己感受到了当下盛行的童年竞争文化的压力；他们看得见其他家长的所作所为，听得到竞争性童年产业针对家长的宣传。纽约大学社会科学学院院长、社会学家道尔顿·康利[1]在《高等教育纪事报》（*Chronicle of Higher Education*）上发表的一篇专栏文章《抽签上哈佛》（Harvard by Lottery）里详细介绍了一项研究，该研究表明，在未来的收入方面，你是否上哈佛大学或同级别的学校并不重要。但康利还写道："然而，抛开这些证据，当我放下社会科学家的身份，单纯作为一名父亲，我无法想象不带我的孩子进行一次东西海岸的大学之旅……如果不支付SAT补习班的费用，我就无法与自己和解。如果我放任他们放学后出去瞎玩，而不去参加高质量的实习和其他课外活动，那我就是个糟糕的家长。"[4]

---

　　[1]　道尔顿·康利现为普林斯顿大学亨利·普特南社会学讲席教授。

　　竞争压力显然影响了各类家庭，其中有年幼子女的家庭所占的比重越来越大。最近一篇关于幼儿园入学辅导班兴起的文章直接描绘了父母如何深陷竞争激烈的课外活动："截止到不久之前的很长一段时间里，很少有父母会试图为自己4岁的孩子准备幼儿园入学考试。但后来有几个人开始这么做，之后又多了一些人效仿，紧接着转眼之间，看起来普通的、有着正常价值观的家长们也都开始这么做，于是一种军备竞赛的心态便产生了。"[5]在这种情况下，我很难找到有哪个家庭的小学生从来没有参加过竞争性的课外活动，也是可以理解的。

　　虽然很难找到从不参与竞争活动的家庭，但我确实访谈了19位父母，他们的孩子曾经参与过国际象棋、舞蹈或足球的竞争活动，但后来就不再参加了。教练和仍在参加竞赛的家长帮我和这些家庭建立了联系——足球有9位家长，国际象棋有8位家长，舞蹈有2位家长。他们最终选择放弃是因为竞争压力、成本、时间限制、孩子缺乏天赋，还是其他什么原因？

　　很少会有小学年龄段的女生退出竞技舞蹈。据我所访谈的舞蹈老师说，退出最有可能发生在高中时期，这个阶段的学业和社交压力增大。我遇到的两个家庭针对女儿退出舞蹈活动分别给出了不同的解释。其中一位妈妈终止女儿在"一起跳舞"舞蹈教室的学习是为了让她专注于印度舞蹈。另一位母亲担心大女儿的学习成绩。她没有让她完全退出精英舞蹈学院，而是让她继续上舞蹈课，只是退出了比赛团队。不过，这位妈妈的小女儿仍然是精英舞蹈学院竞赛团队的一员。值得注意的是，虽然舞蹈的开销是三项活动中最高的，但并没有人因为费用问题而退出。

同样，八个国际象棋家庭也没有任何一个是由于费用原因而退出的。他们抱怨高水平的比赛需要投入越来越多的时间，尤其是从三年级左右开始。这些孩子中有不少人显然不是顶尖的国际象棋选手，所以他们的退出是高成就儿童现象问题的一部分，他们的父母选择将资源投入到其他活动中，如音乐和体育。也有一些孩子放弃国际象棋主要是因为朋友不再下棋了，所以国际象棋对他们来说也不再有太多乐趣。与舞蹈不同，放弃国际象棋比赛的孩子的年龄要小得多，在小学阶段退出并不罕见，事实上，这个年龄段才是最符合人们预期的。

退出足球巡回赛的人数最多，原因主要是时间限制。我遇到的家庭中没有一个孩子说自己退出足球巡回赛是因为费用或能力，甚至伤病（鉴于这项运动的身体特性，这可以构成一个因素）。相反，家长们提到，大多数孩子退出是因为他们必须在足球和另一项运动之间做出选择。大多数时候，特别是在西郡，另外的选择是长曲棍球。考虑到时间限制和对教练的要求，让孩子同时参与两项巡回赛项目几乎是不可能的。长曲棍球和足球在身体技能和赛季时间上都有很大重合。这些孩子需要高度投入，所以他们一般是从四年级开始被迫专攻某一项运动。

这些退出足球活动的家长坚定地认为，自家的孩子不能放弃体育运动——他们必须参加其他运动。这是我遇到的家长们经常重复的一句话：孩子们不能完全停止参加有组织的竞争活动。他们必须"参与点什么"，通常是不同的运动、音乐课或其他课后活动。

这些孩子退出我所研究的三项活动，虽然其原因各有不同，但最突出的一点是他们的家长没有真正抱怨过竞争对孩子的影响。当然，我无法观察这些家庭的实际行动，所以只能接受他们关于退出活动的表面说法。但考虑到活动之间的相似性和差异性，我认为自己听到的叙事是真实的。

同时我也意识到"家家有本难念的经"。回想一下第六章的大辅，他抱怨在参加国际象棋比赛时肚子疼。当我的田野调查结束时，大辅已经退出了学生国际象棋比赛，理由是他无法适应竞争激烈的环境，但我怀疑，如果一年后我见到他的父母，他们也会轻描淡写地说国际象棋所需要的时间太多，而不是自己儿子有什么不足。

同样有些让人惊讶的是，没有人把参与活动的费用作为一个限制因素，也许是他们觉得这么说有些尴尬，或者有其他更主要的因素。不过，在2008年秋的经济衰退之前，我已经完成了正式的田野调查。金融危机又对竞争性活动造成了什么影响呢？

我设想了两种参与竞赛活动的家长应对金融危机的情景：要么父母会趁机以财务问题为由让孩子不要过度参与竞争性课外活动，要么他们会让孩子更多地参与，甚至更担心阶层向下流动，并在孩子年幼时就开始的大学录取准备过程中加大投入。2009年秋天，我向所有访谈过的父母发出电子邮件并请求他们完成一份调查问卷。人约四分之二的家长回复了我的问卷，其中64%的孩子在近两年之后仍然在参与国际象棋、舞蹈和足球比赛。参加竞争性课外活动似乎并不受经济衰退的影响。

国际象棋活动的人员流失率最高，基于我之前的访谈内容，这一点不足为奇；最常见的原因还是时间。足球处于中间位置，这些孩子大多数放弃足球而选择了其他的运动。此外，舞蹈活动的人员流失最少，只有三人（一名女孩被团队除名，另外两名女孩的父母在调查中标记为"孩子选择退出"）。

虽然大多数家庭表示经济危机没有影响孩子参与课外活动，但父母确实也表示，经济危机对他们的整个家庭有所影响。参加舞蹈活动的母亲有更大的可能表示经济形势让她们开始衡量要不要参与更多活动，但这并不会导致完全退出活动。（参加舞蹈活动的母亲比参加国际象棋和足球活动的家庭更关心经济状况，这是合理的，因为与参加其他两种活动的家庭相比，她们的家庭收入通常较低，参与竞赛的成本则较高。）似乎没有家长借此从竞争中退出，而是认为获得童年竞争资本比以往任何时候都更为重要，更值得家庭投入金钱和时间。

（父母认为）孩子成功需要什么

童年竞争资本——包括内化获胜的重要性，学会走出失败、赢在未来，学会在有限时间内完成任务，学会在高压环境下获得成功，以及坦然地在公共场合接受他人的评判——在一个充满不确定性的时代被看作是重要的能力，其中部分原因是在充满不确定性的时代，学校教育变得更为重要。家长们希望各种文凭能起到一些缓冲作用，帮助他们的孩子保持在社会中的相对阶层，或者取得一定优势。哈佛大学招生办主任威廉·菲茨西蒙斯（William Fitzsimmons）说："即使是住在韦尔斯利、牛顿和布鲁克莱恩（波士顿富裕郊区）的五年级学生，成年后也将面临国际性的就业竞争，如果他们想要有进入常春藤盟校的机会，那就该开始丰富自己的简历了。"在充满不确定性的时代，许多家长都会认同这句话。[6]

每一个类似菲茨西蒙斯所领导的招生办公室每年都会收到成千上万的专才"全国冠军"和通才"尖子生"的申请。对荣誉的瓜分始于童年，贯穿于整个青少年时期，直到成年阶段的初期。一篇发表于2010年的文章《优等生层出不穷，谁才是真正的优等生？》（As Honor Students Multiply, Who Really Is One?）再次引用了菲茨西蒙斯关于学生荣誉团体的看法："许多大学招生办公室无意中促进了这类社团的发展，但其实招生办也对此感到费解。'有这么多不同的荣誉团体和如此花样繁多的标准，很难知道我们所看到的简历背后到底是什么样的学生。'（菲茨西蒙斯说。）"[7]拥有多个荣誉团体的成员身份越来越像拥有无意义的参与性奖杯。正如一位教育专家所说："要是每个人都装扮了一身的水钻，你可能就不会注意到有人戴着钻石了。"[8]

　　毫无疑问，家长们强加给孩子的课程（比如与童年竞争资本相关的课程）与他们心目中哈佛大学等精英学术机构所偏爱的课程之间是紧密相关的。但是，我们并不能明确地知道这些占据了美国富裕儿童闲暇时光的活动，一定会让他们一直保持优势到成年。有一种可能是，即使不参加竞争性的课外活动，凭借物质上的优势或得天独厚的才华，"钻石"们也会发光。

　　我们所知道的是，父母们为孩子未来的成功所做的准备基于他们自己对成功的理解。无论这是不是一种功能失调的阶层狂热，本书已经显示了这种狂热是如何随着时间的推移而演变的，以及基础设施的发展如何支持了这种狂热。一套日益庞大的科层体制将哈佛招生办主任的提议转化为儿童机构，并慢慢地占据了美国中产阶级家庭生活中的很大一部分。

　　通过对国际象棋、舞蹈和足球这三项活动的案例研究，我展示了竞争性儿童课外活动的背景，探讨了为什么父母愿意鼓励孩子参加课外活动并取得成功。第一章描述了这些活动的历史演变过程，展示了美国教育体系的各种变化（从义务教育的兴起到大学入学竞争的加剧）是如何导致了现有体制的形成，在当下的格局中，中产阶级中上层的孩子们在竞争激烈的课外活动中占据了主导地位。

　　通过广泛的田野调查以及对成年人和儿童的观察和访谈（见第二章），我详细描述了父母的决定是如何嵌入到那些童年教育机构中的。将家长的决定放在这样的背景下有助于我们明白，那些令人质疑的育儿决定不仅仅是出于明显异常的个人心态。第五章中介绍的各种活动的相似之处表明，竞争激烈的童年是一个制度化的世界，它让父母相信竞争的必要性。活动中的其他相似之处，如钻孩子年龄的空子和高成就儿童的问题，进一步为当代美国人的童年如何围绕竞争而构建提供了例证。

当然，正如第四章所示，不同的活动之间也存在差异，尤其是在性别方面。在这一章我描述了一个重要的发现：基于父母为其选择的课外活动，中产阶级上层的女孩对进入男性主导的文化领域似乎比中产阶级下层的女孩有着更具策略性的准备。根据我与一些女孩和男孩的访谈，他们显然明白父母希望他们修习那些具有策略意义的课程，即使他们不太清楚其中的原因。第六章表明，参与竞赛的儿童已经学会了在活动中建立友谊来应对竞争的压力，他们通常认为这些活动是很有趣的。

无论童年竞争资本能否帮助孩子们成功考入名校，它都在塑造孩子与家人和朋友之间的关系。许多研究儿童自尊和自我价值评估的心理学家声称，人们有理由担心儿童过于关注胜利，但童年竞争资本的其他元素是人生早期要学会的重要技能。学习管理时间和压力都很重要，学习如何从失败中恢复过来也很有必要。虽然有些人可能不想让好胜的孩子们在别人面前表现自己，但这就是现代生活的现实，我们每天都在工作和其他方面接受别人的评判，例如在社交媒体上。

　　我们是否需要教给这么小的孩子这些东西？这是一个有待解决的问题。随着这些小学年龄段的孩子逐渐长大，我们将能够更好地评估童年时期参与竞争性活动的长期后果，包括积极后果和消极后果。我在一个特定的时期遇到了这些为赢而战的孩子们，还没到他们真正申请大学甚至高中的时候。有的孩子只参加了几年的竞争性活动，所以很难确定这些特定的活动对他们的生活造成了多大的影响——无论是积极的还是消极的。

　　当然，以上并不是本书探讨的唯一问题。由于我集中关注的是美国的中产阶级家庭，因此必然会忽略一些其他的观点。同样的道理也适用于我对参与竞争性活动的人的集中关注。此外，由于这项研究是定性研究，我所遇到的95个家庭绝不能在统计意义上代表所有美国中产阶级家庭。这种研究工作的一个优点是，我可以持续跟踪其中一些孩子，直到他们上大学甚至毕业以后。通过访谈的形式，我将能够继续从孩子和他们的父母那里获知他们一些微妙的思考——这些回答是不太可能通过简单答几道多选题来获得的。

　　例如，在访谈中，家长们会表达出一种复杂的情绪，其中既有赶上别人的"需要"，也有为了赶上别人而产生的疲惫。即使是那些常拿冠军的孩子，他们的父母也对让孩子在这么小的年纪就专注于赢得奖杯而感到矛盾。一位父亲的儿子是国际象棋选手，在其年龄组名列前五名，这位父亲说："下棋最难的地方就是一个6岁孩子的赢和输。我们像他这么大的时候，我们的父母有没有让我们参加一场你赢我输的比赛？赢了就拿奖杯，输了就拿不到？在我看来，这才是国际象棋对于一个孩子来说最难的地方。"

上面的这段话体现了一种有关最佳育儿方法的极深的矛盾心理，这种心理也贯穿在本书所引用的许多话语中，而不仅在我访谈过的家庭中存在。最近，在一本关于为什么法国育儿方式比现行的美国方式更有效、更轻松的书中，作者德鲁克曼写道："似乎没有人喜欢美国（中产阶级）无情、不快乐的育儿方式，尤其是那些父母自己。"[9]她还正确地指出，极端育儿的故事不只是纽约人的专利。[10]

尽管深感不快和矛盾，但家长们仍在继续为自家孩子报名参加这些活动。很多父母不止一次地发现，一旦你开始参加一项竞争性活动就很难停下来。这些行业里的人希望你能持续参与，他们会极力称赞参与活动的潜在好处，以防你退出活动。如果你的孩子玩得很开心，并且看起来学到了东西，就会进一步促进持续的参与。

不过最重要的是，胜利会让人上瘾。看到自己的孩子得胜是令人激动的，就算他并没有获得冠军，那种失败也会给竞争火上浇油。总的来说，竞争性活动在吸引和留住参与者方面非常成功，这是儿童和成人竞争世界的一个相似之处。在一本关于竞技性狗展的书中，一位高级评委解释道："像该领域的其他人一样，我买了一条狗，被人说服去参加狗展，赢得了一条绶带，并从此终生着迷。"[11]虽然很少有孩子对国际象棋、舞蹈和足球等特定活动"终生着迷"，但他们的父母希望孩子们通过年少时期的学习，可以对竞争和获胜的过程终生着迷。

童年是一场自助餐

通过阐述童年竞争活动在过去和当代的背景，并分析父母让孩子参与这些活动的原因，本书可以帮助父母充分理解自己做出的决定。为这本书做调研时，我最满意的时刻之一就是当一位母亲告诉我，我们的访谈帮助她理解了自己每天为儿子们所做出的决定。这位母亲来自西郡，有两个踢足球又下国际象棋的儿子，她同我约在一家咖啡店见面，我们进行了一场两个半小时的生动且随意的谈话。我们讨论了不同的童年（她的、她儿子的，甚至我自己的）、对美国社会的看法以及诗歌。第二天，我给她发了一封电子邮件，感谢她如此慷慨地贡献了自己的想法和时间。她在回信中写道："冒着滥用诗歌意象的风险，如果我们的思想有时像孤独的马匹所漫步的牧场，每一匹马都在啃食属于自己的一片草地，那么昨天我所有的马都聚集在了一起，让我看清了我真正的想法，这很有趣。真的，非常有趣。"

冒着滥用陈词滥调的风险，我希望我的儿子成功并快乐——这也是这位充满诗意的母亲以及我遇到的每一位父母所希望的。

不过，和道尔顿·康利一样，我明白那些研究和数据表明上哪所大学可能并不是那么重要。我也知道8岁时在足球场上发生的事情不会决定我儿子的未来。

但就像本书中的那些家长们一样，我根据我对世界如何运转的观点来构建我的行为，不管这些观点是对是错。出于这个原因，我的儿子很有可能在他还上小学的时候就参加至少一项竞争性课外活动。尽管他现在只有一岁，我们还是给他展示了家里的国际象棋棋盘，并试听了波士顿芭蕾舞学校开设的幼儿音律课。当我们送他去上婴儿游泳课时，我在我们本地犹太裔社区的社区中心看到了"超级足球巨星"①的广告。后面的事情，你应该就知道了……

儿子出生后，我读了一本关于男孩养育的书。这段话深深打动了我，它与我的职业和个人生活都密切相关：

> 在我们的竞争文化中，生活的很多方面都必须以策略、表现或结果为基础，这很容易让我们把同样的做法应用到为人父母上。怀着培养一个全天下最优秀的男孩的期冀，我们可能会着手培养传统男性特质中最好的一面（聪明、强壮、稳重、不抱怨），然后通过增强情绪素养、减少他身上的暴力行为和过度的侵略性，来完善他的能力，这样他就能在

---

① 即Super Soccer Stars，纽约市的一家青少年体育训练俱乐部。

生活中取得成功，许多父母所谈论的育儿就好像是学校布置的一个庞大规划：只要你开始得足够快，读过了合适的研究成果，做了正确的事情，你就能得到你想要的那款最终"产品"。[12]

通过进行这项研究，我很幸运能够深入思考自己的育儿哲学，并在我儿子还小的时候把我所有孤独的野马都聚集到牧场上。但是，与其把整个童年看作一个规划，我更愿意把它看作一场自助餐。在自助餐会上，你可以品尝许多菜肴，然后回去取更多你喜欢的菜。我计划用享用自助餐的方式来对待孩子的课余时间：孩子们应该品尝许多不同的东西，这样才能找出他们的最爱。

父母选择让孩子接触什么，这最终是由各种个人和社会因素决定的。还是用那个自助餐的比喻，不是每个人都会在周日自助餐吃谷碴粥①或熏鲑鱼，但大多数人都会吃鸡蛋和培根。（有的人会选走地鸡和有机鸡蛋，有的人则不会。）例如，在这个国家的某些地方，冰球的人气颇高，而在其他地区，流行华纳橄榄球则占据了主导地位。除了受地区影响，父母的背景也很重要。受教育程度更高的父母可能会避开他们觉得危险的活动，如拳击，转而支持周末数学补习班。正如我所展示的，即使是在同一个家

---

① 将玉米磨碎煮成的糊状物。

庭里，父母也会倾向于给男孩和女孩选择不同种类的活动。

　　有的家庭里的妈妈拉小提琴，所以她希望自己的女儿也拉小提琴。或者也许妈妈从来没有演奏过任何乐器，而这正是她如此坚持让孩子学习乐器的原因。其他家长可能更看重身强体健，所以加入运动队才最重要。在音乐和体育的类别下存在很多选择。一个孩子可以演奏弦乐器、钢琴、鼓、竖笛或单簧管，等等。体育运动甚至更为复杂：一个孩子要参加团队运动还是个人运动？是像足球或网球那样广受欢迎的运动，还是像长曲棍球或壁球那样更加高雅的运动？

　　当然，这不是一件非此即彼的事。许多孩子会参加运动，会弹奏一门乐器，还会做一些其他的事情（学习绘画、中文、戏剧或国际象棋，等等）。回想一下第三章中的母亲，她生动地描述着自己的育儿策略，说她正在努力培养"小全才"。

　　然而，并不是每个男孩都会成长为全才，也不是所有的孩子都注定要"全面发展"，虽然这些都是值得追求的目标，但父母也必须倾听孩子的心声。根据我与本书访谈的这些孩子们的互动，我知道他们在选择某一活动的过程中是必不可少的一部分。某些情况下，孩子们会把自己想尝试的活动告诉父母。也许是学校里的一个朋友在玩滑板，或者是一个女孩看到体操运动员在奥运会上赢得金牌后便也想尝试体操。如果一个孩子对某项特定活动表现出兴趣，研究一下这方面的课程会是一个好主意——如果你不喜欢滑板，可以选择自行车；如果你认为体操不安全，可以考虑跳舞或啦啦操。

在其他情况下，例如父母提出某项活动而孩子想要放弃时（或是当孩子要求更深入地参加某项活动时），父母都应该倾听孩子的想法，尤其是在投入太多时间和金钱之前。重要的是，孩子们在年幼的时候接触了多种多样的选择，这样他们便能够探索、产生创造力，并开始有一技之长。这样做有助于确保孩子们受到内在驱动，并有望在某个领域培养出真正的兴趣和热忱。

父母应该介入的，是考虑自己花钱请来教孩子的老师的资质。正如我在第五章中所写的，在这些活动中，孩子的教练和老师不一定有正式的资格证书或受过培训。在某些情况下，他们甚至没有经受过基本的安全审查，例如确保他们从未有过儿童性骚扰的前科。[13]任何人都可以开设舞蹈教室、收取国际象棋培训费或开办足球俱乐部。父母在为他们的孩子选择活动时必须谨慎；立法者甚至保险公司也应当介入，以更好地保护那些在家庭和学校之外投入越来越多时间的孩子们。这个新的童年空间必须得到更好的监管，以便切实保护好孩子们。

不过，培养孩子总体来说没有对错之分，只要你倾听孩子的声音并遵从自己的常识。没有一个关于活动总量或参与时间的魔法数字可以确保你的孩子进入常春藤盟校。没有公式可以告诉我们如果自己的孩子去学芭蕾舞而不是空手道，他们在以后的生活中是否会更叛逆。但有一种方法可以让童年充满乐趣、创造力和探索精神，同时训练孩子为人生下一步做好准备。那就是让孩子们在一系列结构化的选项中摸索，这样他们进入初中和高中后才会知道自己真正喜欢什么，到了那个时候，这些具体的选择就开始变得格外重要。

通过当今所有的文凭关卡是一个漫长的过程。大学不再是终点站。我们学院设有硕士、博士和博士后项目。我有朋友去读法学院，然后做了法官书记员，其他人从医学院毕业，然后参加了住院医师实习和专科医学的奖学金项目。我们的儿子肯定会在很小的时候就开始为类似的关卡做准备，他会通过参与一些竞争来积累他的童年竞争资本——他可能会在我们为他准备的自助餐会上品尝到国际象棋、舞蹈和足球。因为现实是，只要胜利仍然是美国文化中的重要一环，为赢而战将持续成为许多美国人童年的焦点。

附　录
向孩子提问：田野调查和访谈的经验

　　按照经典民族志和现代民族志的传统，[1]我以此附录来详细说明我个人在该领域的经历如何影响了我的研究。本附录回顾了我田野调查的三个方面：第一，我是如何着手确定调查的地点和研究主题的；第二，我用来管理我个人作为研究员这一角色的策略；第三，儿童受访者的特点和挑战。我还讨论了我从访谈城市和郊区的孩子和家庭的研究人员那里学到的一些实用策略。

选择田野现场和受访者：在"下客即走"的背景下接触家庭

　　我选择梅特罗市和西郡作为我的城市和郊区研究地点，有一部分原因是地理上的便利，此外也考虑到这两个地区已有的活动项目。然后我确定了这些社区中有哪些具体活动项目、俱乐部和培训班；通过最初的几场访谈了解了一些情况之后，我又扩展了更多的地点。进行多地点民族志研究的目的有二：第一，遇见一群有不同经历的人，以确保样本的广泛性；第二，在不同地点测试回答的有效性。

我的田野调查工作以研究学生国际象棋比赛为起点，国际象棋是我开始本次研究时了解最少的一项活动，田野调查最终以舞蹈活动结束，舞蹈是我此前了解最多的活动。在开始这项研究之前，我对国际象棋所知甚少，甚至不知道每枚棋子都叫什么，也不知道它们该如何移动，更不懂如何下棋。我从阅读国际象棋的历史开始，发现美国最古老的国际象棋俱乐部之一就在梅特罗市区。在浏览俱乐部的网站时，我发现他们面向孩子提供国际象棋指导，于是我联系了俱乐部教练，并请求他为我推荐学生国际象棋项目。这让我得以与梅特罗的上城国际象棋社合作。在他们那里进行了一个半月的田野调查后，我在一次比赛中遇到了一位来自梅特罗联合国际象棋社的老师，他邀请我去参观他们的夏令营和课程。

要结识上城国际象棋社的家长很容易。他们通常在比赛、夏令营和上课时出现。在比赛以及其他所有的活动中，我都会首先找出那些最积极参与活动的家庭，然后在活动现场结识更多的父母和家庭。只有在寻找家里有孩子退出国际象棋比赛的父母时，我才用到了雪球抽样①。

---

① 雪球抽样是一种根据研究已有对象的介绍，不断辨识和找出其他研究对象的抽样方法，这种方法介于随机抽样和非随机抽样之间。研究者首先从总体中的少数人员入手，认定和访问几个具有研究特征的人，再通过这些人去了解更多的人，并以此继续。一般认为雪球抽样的代表性比较低。

　　通过这三项活动，我开始了解一系列家庭的经历。我通常重点关注有多个子女、表现突出或表现一般、少数族裔的家庭。在所有的田野调查地点中，我一直遵从格拉泽（Glaser）和施特劳斯（Strauss）的"扎根理论"[2]来收集、编码和分析数据，直到达到理论饱和（theoretical saturation），因此每项活动至少要花费六个月的时间。

　　我总是试图访谈那些在孩子们参加的活动中做了大部分决定的家长，我会问他们访谈哪一位更合适。有三个家庭要求我分别访谈父亲和母亲，但大多数家庭都会推举出更了解情况的一方。这与之前的研究结果相符，尤其是安妮特·拉鲁的相关文章《我妻子会告诉我，我认识谁》（My Wife Can Tell Me Who I Know）。[3]有六个家庭提议我同时访谈两位家长。我发现这种访谈最难进行，因为在回答问题之前，家长们通常会观察彼此的脸色，他们的回答也就不那么详细和公开。在我田野调查的后期，如果父母双方都想接受访谈，我会尝试分别与他们谈话。

　　所有访谈均使用定性数据软件AtlasTI进行转录和编码。[4]表4按时长、数量和活动项目总结了家长、教师/教练和孩子的访谈。

　　与梅特罗联合国际象棋社的家长建立联系要比上城国际象棋社困难得多。虽然我很轻松地与上城国际象棋社的孩子们打成一片（田野调查中我最开心的记忆之一是坐了两个小时，任由一群女生给我编头发——直到我觉得她们可能要把我的头发全拔光了），但我从未真正接触过这些孩子的父母，甚至几乎没见到过

表4　访谈的次数和时长

	总人数	平均时长 （单位：分钟）
家长*（平均时长：91分钟）		
国际象棋	29	130
舞蹈	35	85
足球	32	83
老师/教练（平均时长：83分钟）		
国际象棋	13	76
舞蹈	8	65
足球	21	93
孩子（平均时长：41分钟）		
国际象棋	15	45
舞蹈	11	38
足球	17	41

　　*我还访谈了19个退出某项活动的家庭（其中国际象棋8个，足球9个，舞蹈2个）

他们。联合国际象棋社的教练负责把孩子们从活动地点送回家。最终我请求教练把我介绍给一些家长，但教练们告诉我，作为一个问一大堆问题的白人女性——并因为一项人类学研究课题而要求家长签署保密协议——大多数家长可能会把我视为政府代表而不愿意与我交谈。艾莉森·皮格（Alison Pugh）在研究儿童消费时，花了许多年时间来接触类似的低收入父母群体。[5]所以说，我遇到的问题虽然令人沮丧，却也绝非偶然。

略有些让人惊讶的是，我也很难见到参加足球活动的学生家长，不过背后的原因不太一样。家长们一般都会去看比赛，会把孩子送到训练地点。然而，在一种我称为"下客即走"的情形下，父母会直接把车停在球场旁，将孩子放下后就径直去忙其他事。接孩子的过程则是反过来的。在比赛过程中与家长们攀谈也很困难，因为他们的注意力都集中在比赛上——与国际象棋活动不同，参加足球活动的家长们可以全程观看自家孩子的比赛——然后在比赛结束后迅速离开。这在两个足球俱乐部都是一样的，但在梅特罗足球合作社，由于训练和比赛时家长会拼车，这个问题变得尤其突出。（考虑到训练和比赛地点的距离，以及一些家庭没有汽车的情况，拼车行为在梅特罗比在西郡更为盛行。）

两个足球俱乐部里都有家庭参加了梅特罗市和西郡的国际象棋社，这实实在在地帮助我获得了接触更多家庭的机会，这是田野调查初始阶段的一个愉快的巧合。有一次，我在梅特罗上城国际象棋社的一场锦标赛中进行调查时，几位家长打听到现场也有一个来自西郡的家庭。我被介绍给这位来自西郡的母亲，她有两个孩子，此时决定来梅特罗挑战更有难度的国际象棋锦标赛。她在西郡的国际象棋圈也是非常活跃的领头人物，所以她能够把我介绍给西郡的班级、教练以及其他家庭。她家的两个男孩碰巧也在西田足球俱乐部踢足球，西田足球俱乐部是西郡最受关注的活动组织。我第一次知道西田足球俱乐部是通过路上的广告，在调查了各种俱乐部后，我认定它最适合我的研究。当时我已经开始和西田足球俱乐部的领导层开展合作，所以在国际象棋比赛中结识这位母亲是一个特殊又可喜的巧合。多亏了这次偶遇，我在启动西田足球俱乐部的正式田野调查之前，就已经遇到了一个在那里学足球的家庭，并在西郡国际象棋圈里建立起了初步的私人关系。

我从许多梅特罗上城国际象棋社的家庭那里了解到梅特罗足球合作社，这些家庭有孩子或朋友的孩子在参加合作社的活动。当我联系合作社的领导层，询问如何获得访问权并参加活动时，这些家庭为我做了担保。无论是在上述情况下还是在其他时候，许多家长都非常乐于助人，慷慨地分享自己的经历，向我推荐其他受访者，并帮助我与具体的人或组织取得联系。

由于国际象棋和足球都与舞蹈没有太多重叠，我通过其他方式联系上了研究舞蹈的机构。我最初是在梅特罗市的精英舞蹈学院开始了田野调查，因为我小时候去看过舞蹈比赛，多年前就对该学院的声名有所耳闻。虽然我自己从未亲身上过场，但我母亲曾作为比赛评委给精英舞蹈学院的学生打过分，所以我在最初接触梅特罗精英舞蹈学院时提起了她的名字，这一举动帮我进入了这家顶级舞蹈学校。

在国际象棋活动中，我可以只身一人去参加比赛和活动，也很容易见到学生的父母，研究舞蹈活动则不同，精英舞蹈学院的老师最初要求我在比赛期间与他们坐在一起。虽然这对我很有帮助，因为我听到了他们对比赛、舞蹈选手和学生家庭的看法（这通常是令人愉快的对话，因为我们通常谈论舞蹈和个人生活），但也同样限制了我去结交许多家庭的可能。我首先访谈了老师推荐的人——这有点让我担心他们只会给出同一类型的反馈。然后我让这些家长推荐其他家长。到了第三次比赛时，家长们已经认识了我，我便直接与他们接触交流，这让我感到很舒适。

就像西田足球俱乐部一样，我发现威斯布鲁克"一起跳舞"舞蹈教室是因为它在社区里的声望。虽然威斯布鲁克的舞蹈学员并没有参加过西田俱乐部的足球赛（两名威斯布鲁克舞蹈学员参加过其他俱乐部的足球巡回赛），但我对该社区的了解使我能够很快与这里的家庭和老师建立融洽的关系。和在精英舞蹈学院一样，"一起跳舞"舞蹈教室的老师帮助我联系家长。在其中一位母亲的帮助下，我通过一份舞蹈公司的名单得到了许多威斯布鲁克学员家庭的电子邮件地址，这有助于推动访谈的进度，而无须局限于老师引荐的家庭。

总的来说，我遇到了两个出乎意料的问题。首先是同时访谈父母双方会遇到很多困难。在这些访谈中经常遇到许多停顿，当父母们对视时，我往往会担心他们的回答会不会已经暗中有所调整。分别访谈父母的效果更好，因此我建议其他研究人员哪怕花费更长时间，也要对家长进行单独访谈。

另一个令我惊讶的问题是在采集郊区民族志时遇到的困难：

前面提到过的"下客即走"的问题。有车就意味着父母露面更少，他们很少在舞蹈学校的等候室或足球训练场外面停留，而是匆匆忙忙赶去超市或处理别的杂务。即使是在西郡学国际象棋的孩子的家长也不太可能进入教室里接孩子，而是让孩子自己走到汽车这边来。而在梅特罗市，虽然一些学足球的孩子家里有车，但因为停车位稀缺，家长们会在训练地点附近转悠，而且在训练期间办其他事不像在西郡那么容易。我确实觉得，由于亲自到场的人更多，城市里的民族志研究更容易开展。尽管"下客即走"这种特定问题可能只涉及同时需要父母和孩子来进行的田野调查，但那些想在郊区进行田野调查的研究人员必须考虑调查对象开车的问题，这意味着用来闲逛的空间和时间要更少。

"哪个是你的孩子？"——在现场的身份

我总是小心翼翼地向业内人士展示自己，而且从不羞于承认自己对活动了解有限，比如不懂下棋或踢足球。我格外在意自己的外表，并深入思考家长们如何看待我，是当成一名模范的学生还是一位潜在的家长。

在国际象棋赛场上做调查时，我很少考虑自己的穿着，因为那里的环境总体上是"穿什么都行"，当涉及足球和舞蹈时，我会更加注意穿着。当我去参加足球训练和比赛时，我会尽量穿得运动一点，比如短裤或牛仔裤加上运动鞋，这样我才能融入活动参与者之中。舞蹈的话，我经常会穿短裙、连衣裙以及更女性化颜色的衣服，比如粉色和紫色。在舞蹈比赛中，我的着装经常受到夸奖，这基本上是唯一有人注意到我外表的场合，虽然如果我在国际象棋比赛里做田野调查时若盛装打扮，父母有时也会注意到我，问我之后要去做什么。

　　每当进行家长访谈时，我都小心谨慎地让自己看起来比一般的研究生更有职业气息，这意味着避免穿牛仔裤。在家长的办公室进行访谈时尤其如此。当我意识到自己常被视为家长后，便更加注重自己的外表了。

　　家长们常常不知道该怎么理解我在训练和比赛中的存在。例如，在田野调查的早期，有人问我："哪个是你的孩子？"第一次发生这种情况时我很惊讶。作为一个25岁左右的年轻女性，从生理角度来说，我确实可能有一个足够大的孩子来参加这个夏令营，但考虑到我的教育背景，这在社会层面上是意想不到的。我在田野笔记中记录了这次交流，因为它让我注意到了现场的人看待我的方式。

　　几周后，有人问了我同样的问题，我也以同样的方式回答，说我在进行一项研究。那个向我提问的女人觉得自己有些失礼，感到有些尴尬，她对我的研究产生了兴趣，并表示愿意坐下喝杯咖啡，分享她家庭的经历。在这一点上，我开始思考在做有关民族志的调查过程中，我是否有自己的孩子可能会给我带来助益，但也可能会带来麻烦。

　　我第三次被问到这个问题是在足球场上，这一次我意识到这是一个值得更深入思考的问题。当年轻的白人女性出现在孩子们的身边时，人们会自然而然地认为她是个母亲，这意味着什么？如果我不是白人或者我是男性，人们的反应会有多大不同？[6] 基于这个看似无关痛痒的问题，我开始思考如何在儿童周围进行田野调查，这对一个民族志学者来说是一个特殊的挑战。[7]

　　因为当时我还没有自己的孩子，我在田野调查中遇到的孩子在两个方面帮助我建立了关系。其一，他们帮助我建立了与老师的关系，老师经常充当看管人，控制着我对家庭和各种场所的接触。例如，在梅特罗市的国际象棋训练营当了两天观察者后，我开始给孩子们系鞋带，安慰输掉比赛后哭泣的孩子，并给他们贴上创可贴。这一周接近尾声时，班主任告诉我："孩子都喜欢你，孩子真的能看到人（的内心）。"因为孩子们信任我，老师们也就信任了我，允许我继续参加夏令营并接触更多的家庭。

　　其二，有的孩子把我的事告诉了家长，促使家长要求见我。有一次交流尤为突出，一位母亲在某一天的晚些时候来到训练营，要求见见"新来的女老师"。[8] 因为几乎所有与学生国际象棋比赛相关的成年人都是男性，她的儿子回家后对有一个"女老师"而感到异常兴奋，所以这位母亲想见见我。当我解释说我其实是在这里做研究时，她很快递给我一张名片（不是她自己的，而是她6岁儿子的），并说因为她的儿子非常喜欢我，她会很乐意协助我。[9]

我通过孩子认识的其他父母也同样愿意帮助我完成研究。有趣的是，一些父母说他们喜欢我（当时还）没有自己的孩子这一点。在某次访谈关掉录音后，一个父亲向我解释说，如果我有孩子，他就不会对我这么坦诚了，因为他会认为我在暗中把他的儿子和我的孩子进行比较——这表明，不仅孩子在这些活动中争强好胜，有的父母可能也是如此。

凭借我的学历，包括我在普林斯顿大学的研究生身份，许多家长将我视为成就和竞争方面的专家。在得知我曾在哈佛大学读本科后，家长们也会经常问我："我的孩子怎么才能进哈佛？"我的学术背景帮我迅速赢得了一些家长的信任，而我也利用了这一点。我总是小心翼翼地使用我学校的电子邮件地址，并在名片上印上我办公室的地址。我有时确实会担心某些父母可能试图给我留下好印象［迈克尔·梅斯纳（Michael Messner）曾在研究青少年体育时有过类似的担忧[10]］或者更有可能强调他们对精英大学的兴趣。最后，我觉得我的学术背景给了父母一个讨论选择大学的天然契机。也有的家长似乎并不关心或并不非常在意我作为普林斯顿学生的身份；他们唯一关心的是我什么时候能完成"论文"，而他们什么时候能拿到一份稿子。

向孩子提问

我只在见到并访谈过家长之后才访谈他们的孩子。起初，我只向那些我觉得关系很好的父母提议访谈他们的孩子。随着时间的推移，一些家长主动要求我和他们的孩子谈谈。由于得到了积极的回复，在田野调查进行到一半左右时，我开始很放松地去询问那些还不太熟的人，是否可以单独访谈他们的小孩。

我会向孩子们解释说他们在帮我完成作业，我需要写一篇"超级长的作业"，家长们签署了同意书，孩子们签署了一份简化的同意表格，上面说明这个孩子愿意和我谈论自己参与国际象棋、舞蹈或足球活动的情况。而且表格里明确地写着："我已被告知此项研究的内容。我明白这不是一次考试，我的老师和父母不会确切地知道我将告诉你的内容。我也知道自己可以随时停下。"然后孩子们在空白处写下他们的名字、生日和当天的日期。关于表格，孩子们提出的唯一问题是日期。一些孩子在写当天日期的地方写了自己的生日，但画了一个箭头来纠正他们的错误。

在开始访谈儿童之前，我有一些关于研究方法的问题——比如如何建立默契关系以及如何解释我的研究——所以我查阅文献想获得指导。结果我发现，关于进行儿童访谈的文章并没有我预期中那么多。我找到的一篇文章总结了这类情况：

鉴于在与青少年和成年人的访谈中存在着权力和概念

的差异，社会科学家在青少年研究中频繁使用访谈的形式，似乎意味着有关建立和开展青少年社会研究访谈的实用信息是很多的。然而，文献综述表明，除了进行儿童临床访谈之外，此类访谈的相关信息十分有限。[11]

有的社会学教科书会关注以儿童为对象进行研究的方法。最著名的是加里·艾伦·费恩和肯特·桑德斯特伦（Kent Sandstrom）所著的《了解儿童》（*Knowing Children*）。[12]最近，威廉·科萨罗（William Corsaro）在一本有关不同类型的儿童研究（包括营利性研究和心理学研究）的文集中写了一篇对儿童进行田野调查的文章。[13]艾米·贝斯特（Amy L.Best）编辑的《代表青年》（*Representing Youth*）讲述了如何研究和塑造青年，希拉·格林尼（Sheila Greene）和黛安·霍根（Diane Hogan）编辑的文集《研究童年经历：方法和途径》（*Researching Children's Experiences: Methods and Approaches*）阐述了如何研究和描述青少年，该书主要关注伦理问题以及访谈、观察和焦点小组的运用。[14]

其他学科也有相关的文献。人类学家通过四本文集为理解儿童和民族志提供了更明晰的见解。[15]作者关注的是民族志学者将自己的孩子带进田野调查地点的经历，以及孩子如何影响了研究。与北美的同行们相比，欧洲的学者、医学研究者、社会工作者、教育研究者和地理学家发表了更多关于在研究过程中访谈儿童的文章。[16]

在我初涉这个领域时，这些著作都很有帮助。尽管如此，在我对孩子们进行田野调查的过程中，还是遇到了文献中从未涉及的两个问题：我直接询问孩子们时他们的行为，以及孩子们问我的问题。

分心和被打断的访谈

在访谈中，大多数儿童和成年人的表现有明显不同。家长们会给出更加精心设计的回答和自我叙事。正如有人指出的那样，成年人倾向于提供更冗长的答案，有时甚至滔滔不绝，并对他们在访谈中想要提及或讨论的内容有所规划。[17]而儿童通常不了解访谈的社会规范或（后天习得的）禁忌，因此很少对言行举止进行自我审查。

孩子们在访谈中的行为是无拘无束的，而且孩子们一般不如成年人专注，经常在我们说话的时候做其他事情。有一个学足球的女孩在访谈过程中跳上了她的床，试图翻跟头。当我们跟一个学国际象棋的女孩坐在餐桌旁聊天时，她为我画了一幅画，在我们的谈话结束时，她问我如何拼写我的名字并把画送给了我。（我感到十分荣幸，至今仍保留着这幅画。）一个学国际象棋的男孩在访谈的时候，正同时执白棋和黑棋自己跟自己下棋。我试图评论白棋皇后的状况，把他的棋局融入我们的谈话。虽然下棋并没有分散他回答问题的注意力，但缺少了眼神交流，而且他显然对当下发生的事情漠不关心，这与我访谈成年人的经历截然不同。起初，孩子们的这些行为令我不安，因为我担心我让孩子们感到厌烦或者不舒服。但随着时间的推移，我开始意识到这些行为是正常的，虽然它们看起来可能会分散注意力，但孩子们依然是用心的，他们只是一心多用。

与这些分心的孩子相似的是，一些成年人也会因他们的手机而分心。并不只有孩子才容易分心。不过，成年人确实做得更好，对我们的谈话表现出极大的专注和兴趣，哪怕并不是真心如此。我从未见过中止访谈的家长，即使我们的访谈进行了很长时间，这与其他研究人员的经历相似。[18]如果家长不得不去处理别的事情，他们会提出暂时离开去接个电话，随后会回到谈话中来。从来没有发生过父母在访谈中处理工作的情况，但父母总是会接孩子打来的电话，他们在电话打过来的时候就能认出手机屏幕上的号码。

有一次，在访谈一个7岁的足球选手时，这个男孩没有任何解释就转而去做其他事情，这让我很吃惊。在访谈的中途，他突然站了起来，一声不吭地走出了我们当时谈话的起居室。随后我听到外面传来关门声。一开始我担心自己是不是惹他生气了。大约一分钟后，我犹豫是不是应该去找他的妈妈。但后来听到马桶冲水和门再次打开的声音，我才意识到他是要去洗手间。他回到客厅，从我们中断的地方继续说起，却对自己刚才的离席只字不提。我被打了个措手不及，以至于在访谈结束后，我也没有向他或他的妈妈提及访谈被打断的事。

虽然这是我经历的唯一一次没有打招呼的离席，但我确实与孩子们有过其他的、完全意料之外的互动——当孩子们掌控了整个访谈过程时。一个男孩要求我明确告诉他还剩多少个问题。当我告诉他还剩下大约五个问题时，他一直数着，在我问到第五个问题时，他便不再允许我追问或问任何澄清性问题。另外有几个孩子试图从我的访谈提纲表（总是写得很潦草）里念出我要问的问题，他们尽量小心地这样做，但我还是会注意到。

此外还有一个名叫阿奇博尔德的一年级国际象棋选手。阿奇博尔德从我手里拿走了访谈提纲表，开始大声朗读起来。他想赶紧结束访谈，然后去看下午的动画片，于是他说："你要问我几个问题？"然后我们进行了如下交流：

　　　　阿奇博尔德：你问完所有问题了吗？

　　　　我：还没有，不过快了。

　　　　阿奇博尔德：还有多少？你现在准备问什么？

　　　　我：我想我们问到这里了（在表格上指给他看）。我们可以继续了吗？

　　　　阿奇博尔德：你已经问了我好几个问题了。

当阿奇博尔德问我"准备问"什么问题时，我很难回答，因为访谈是半结构化的，被列出的问题是需要涵盖的主题，并没有严格的固定顺序。我们继续交谈，我每问阿奇博尔德一个问题，他都盯着那张纸。有一次他拒绝回答其中一个问题，因为这个问题没有列在我那张纸上。几分钟后，他加重了语气，单方面宣布：

> 阿奇博尔德：还剩一个问题。
>
> 我：再问一个问题，好的，你来问还是我来问？
>
> 阿奇博尔德：（想了一会儿）你问我吧。

我们的访谈就以最后的那一个问题和阿奇博尔德简短的回答告终。

你参与过这项活动吗？

虽然不是所有的孩子都像阿奇博尔德那样直截了当，但只要有机会，许多孩子都会直接问我问题。其他研究人员也写过，孩子们会问访谈者的年龄、来自哪里以及为什么要访谈。[19]我访谈的所有孩子都希望对我的生活有更多了解，而不仅仅是我在哪里上过学——这是在访谈中孩子和大部分父母表现出的另一个不同。

特别值得一提的是，孩子们想知道我小时候是否参加过他们的活动。超过一半的孩子问我是否下棋、跳舞或是踢足球。他们会用稍微不同的方式问这个问题。一个孩子问"你参加了什么呢？"另一个则问"你年轻的时候参与过这些活动吗？"其他人会问"你以前跳舞吗？"或"你跳舞吗？"最后，一个孩子尖锐地问起我小时候参加舞蹈活动的情况："是你自己想跳舞，还是你妈妈想让你跳？"

在一次访谈结束时，一个学舞蹈的女孩问了我一个完全不相关的问题："你有宠物吗？"我说我没有。她回答说"好的"。当我问她是否还有其他问题要问我时，她回答说没有。我仍然不确定她为什么问了这个特别的问题，因为在我们的谈话中她没有提到过动物或宠物。我得承认，当我对她的问题做出否定答复时，我感觉自己似乎没有通过某种测试。

许多孩子问我的另一个话题是我的学业和"作业"的目标，孩子们往往想知道的是"你在哪里上学？"也有人问"大学难吗？"一个男孩想知道"你是高中生吗？"我很感谢他觉得我这么年轻，然后解释说我实际上已经读完了高中和大学，现在仍在上学。

当他们问我的"作业"会有多长（回答：将近300页）时，许多孩子都对我的回答感到震惊。他们想知道自己什么时候能读到这篇作业（回答：几年内都不行）。一个女孩问："那么我会在第几页呢？"（回答：我还不知道，但我会给你起个化名，这样你的父母和老师就不会知道你到底说了什么）。

我给所有的访谈对象都取了化名，只有三个成年人例外，因为他们是国际象棋界的公众人物。一些定性研究人员认为应该放弃使用化名，[20]但我觉得有些父母和他们的孩子若在他们所在的社区中被认出来可能会感到尴尬或不舒服（当然，哪怕名字发生了变化，其他识别特征也做了修改，某些具体的俱乐部、团队或培训班的成员还是有可能认出某个家庭）。一些研究人员在用于发表的文章里允许访谈对象自己取化名。[21]在研究儿童的学者中，玛乔丽·奥雷拉娜（Marjorie Orellana）和弗吉尼亚·莫罗（Virginia Morrow）允许儿童选择自己的化名。[22]然而，像黛比·爱泼斯坦（Debbie Epstein）一样，[23]我决定不让儿童自己选择化名，因为我想在种族和性别方面保持与真实姓名的相似性。爱泼斯坦发现孩子们经常选择与自己毫不相关的名字，或者关系最好的朋友的名字。[24]

　　我和几个下棋的孩子有一段特殊的经历，他们会我教下棋。正如我所说，在开始这项研究时，我甚至不知道该怎么移动棋子。一个女孩邀请我在国际象棋训练营和她一起下棋，我只好告诉她我不会下。她马上主动提出教我，很快另一个女孩也加入了。后来其他孩子也来教我下棋，告诉我某些开局的名称，比如意大利开局，以及特殊规则，比如王车易位。遇到这种情况时，我立即想起了威廉·科萨罗在意大利进行的儿童研究，以及他那不流利的意大利语如何帮助他与孩子们建立联系，因为孩子们都喜欢"给老师上课"。[25]我的"缺乏经验"最终帮助我建立了融洽的关系。随着我对国际象棋了解得越来越多（尽管我肯定没有成为一个特别强的选手），我经常要小心翼翼，不要打败孩子们，这样他们就能继续感觉能教我点什么——老实说，他们确实能教我不少东西。

经验教训：对孩子进行定性研究的实用性建议

在长达16个月的国际象棋、舞蹈和足球的田野调查中，我学会了如何当一名更好的定性研究者，特别是一名擅长与儿童打交道的研究者。在实践层面上，我想强调三个重要的教训：安排与孩子的会面，孩子对待问题的不同方式，以及管理与孩子的良好关系。

当安排与家长的会面时，我可以直接向他们讲述我的研究，邀请他们参与，并安排一个方便见面的时间。与孩子们访谈时，家长成了第三方，即使我已经通过田野调查和孩子混熟了，所有与访谈相关的初始互动还是必须通过家长进行。我要探寻孩子们对自己生活的想法，但我无从知道他们的父母是否以积极或消极的方式影响了他们对访谈的态度以及回答。幸运的是，只有一位家长不允许我进行访谈，但如果家长们在孩子想接受访谈并分享自己的想法时加以阻止，这可能会是一个问题。

伦理审查委员会①要求在儿童正式参与研究之前得到成人的同意，但除了要提醒家长注意研究可能带来的影响之外，并没有其他什么作用。我感到有趣的是，在这次研究中，伦理审查委员会根本没有对我向孩子或成人提出的问题的实质发表看法。相

———————————

① 伦理审查委员会（Institutional Review Board，简称IRB）也被称为独立伦理委员会（IEC），其职责是通过审查研究方法来确保其符合伦理，通常审查人类学、社会学、医学和心理学等方面的研究。

反，他们关注的是那两份同意书的内容和格式。

　　我在与孩子们接触时面对的另一个问题是时间。我的田野调查持续了两个夏天，在第一个夏天我没有访谈任何孩子，因为那时我的研究刚刚开始。第二年夏天我访谈了学舞蹈和足球的孩子（那时我已经完成了有关国际象棋的所有研究），但是在访谈学足球的孩子时遇到了重重困难。这跟夏令营有关。这群孩子中有许多人会一下子离开几周或几个月，所以很难安排时间与他们见面。在失败了九次之后，我不再尝试在这个时间访谈学足球的孩子，而是等到学校下学期开学后再去访谈他们。在舞蹈方面，我碰到的问题较少，因为女孩们夏季在舞蹈教室和比赛中都有活动，一直延续到至少7月，所以她们在初夏的时候都在家附近。对于想在夏天进行儿童研究的人来说，这是一个重要且实际的角度——尤其对于中产阶级上层家庭的孩子来说。我还没有遇到任何研究人员描述寄宿制夏令营带来的问题，但它可能会妨碍对儿童的研究，如果研究人员有严格的时间规划，应该考虑到这一点。

　　当我能够找到合适的时间正式坐下来访谈孩子们时，我学到了另一个实用的教训。我访谈的孩子最小是7岁，大多数在9岁到11岁之间，还包括一些12岁的孩子。其中年龄较小的孩子给出的答案没有那么详细，这一点与本领域的其他研究结果一致。他们经常只回答是或否，但在得到一些提示后确实会说得稍微详细些。整体来看，我从最小的孩子那里得到的描述较少，他们很少在没有被直接问到的情况下提供额外的信息或叙事。如果发生了这种情况，研究幼童的学者不应该感到惊慌，也不要认为这意味着儿童无法提供关于自身生活的很多信息。

　　给出简短的答案并不意味着孩子们提供的信息是不完整或不准确的——一些受资助的研究机构和研究人员有时会这么认为。[26]一组研究人员写道："儿童的回答要经常拿来与成人对事件的报告进行比较验证，成人的回答可以被视为评估儿童所提供的信息在可靠性方面的'黄金标准'或基准。"[27]我的研究对这一常识提出了质疑。我发现孩子们通常比父母更了解自己的活动安排和参赛的纪录。当我问父母他们的孩子在一周当中都参加了什么活动时，他们经常会忘记某些活动，但孩子们从来不会忘记。家长们也承认他们不记得孩子参加了什么比赛，或者孩子在某项比赛中表现如何。正如他们在第六章中所展示的那样，孩子们在回忆或详述自己过去的经历时并没表现出任何困难。

　　我自己对孩子们的比赛日程、他们在比赛中的表现以及他们日常活动的内容方面的了解，帮助我与孩子们建立了融洽的关系。我还确保自己了解一些青少年的潮流，比如《歌舞青春》（*High School Musical*）和新款的游戏掌机，这样我就可以把与他们生活相关的各种话题加以运用。对许多孩子来说，我似乎很"酷"，一些家长甚至告诉我，他们需要我给他们讲讲青少年的流行文化。

　　在整个研究过程中，我意识到自己与孩子们建立了良好的关系。最初，我担心有的孩子会不愿意和我聊，特别是因为成人给孩子留下的"陌生人有危险"的印象。[28]因此，我最初只访谈了在一些活动或训练当中见过我并知道我认识他们父母的孩子。这也引发了一段时间的担忧，我担心这些孩子也许更不愿意分享他们在竞争过程中的负面经历——犯错、紧张或感受到来自成年人的压力——因为害怕我会把这些告诉他们的老师、父母或朋友。虽然我提供了一份同意书，上面表明我不会这样做，但保密性对孩子们来说是一个难以理解的概念。[29]不过最终我不再担心这些问题，因为所有的孩子都很开放；很多孩子向我讲述了他们在比赛中遇到的一些不愉快的经历，比如因为竞争过分激烈而导致肚子疼或满头大汗的情况。

令我惊讶的一个区别是，有几段最专注的访谈是和我不太熟悉的孩子一起进行的。和我比较熟的孩子们在访谈中对于失礼或胡闹（例如在床上翻跟头）会表现得更无所谓。研究人员不应该认为他们在访谈前必须很好地了解一个孩子，尽管在许多情况下这样做是有帮助的。也有其他建立融洽关系的方法，比如谈论流行的歌曲、电视节目或体育比赛。

总的来说，我觉得我和孩子们之间的访谈非常重要，也很有意思。虽然有其他研究人员不主张对儿童进行访谈，认为这是"更适合成年人的方法"，[30]但我相信，通过认真对待儿童在访谈中的陈述、行为和提问，我们正在加深对童年和研究方法的理解。不仅如此——我和孩子们聊得很开心，收获了他们的拥抱、绘画和其他纪念品，这无疑是我田野调查经历中的一个亮点。

注　释

引　言

1．我认为此类作品最好的例子是Jay MacLeod的*Ain't No Makin' It*（1995），这本书是我1999年在一门社会学必修课上一口气囫囵读完的。MacLeod在哈佛大学读本科时开始研究居住在波士顿地区政府安置住房项目里的黑人青少年和白人青少年的志向和道路，尽管他不是社会学领域的专家，但这本书已经多次再版，仍然是如何进行重要且有效的社会学研究的一个典范。

2．Brooks 2012.

3．Spence 1985: 1285.

4．Tocqueville 2003.

5．Orenstein 2009.

6．Duina 2011: 60.

7．D'Esto 1995: 602.

8．有关这类话题，我推荐以下图书、纪录片和电视节目：TLC电视台2009年的系列节目*Toddlers & Tiaras*；2009年的纪录片*Bigger Stronger Faster*；2002年的纪录片*Spellbound*；及2007年的纪录片*King of Kong*。此外，轮滑确实是一项体育运动（http: //rollersoccer .com /）。

9．Fagone 2006: 16.

10．Lamont 1992: 41.

11．Schumpeter 2010: 70.

12．For example, see Brewer et al. 1999; Dale and Krueger 2002.

13．Rivera 2011.

14．Dominus 2009.

15．Otterman 2009.

16．Best 2011.

17.. Hibbard and Buhrmester 2010.

18．Lepper and Greene 1973.

19．Chua 2011: 5.

20．Chua 2011: 97.

21．For example, Stabiner 2010.

22．Conley 2008: 369.

导　论

1．四狂象棋，也被称为乱斗象棋或者交叉象棋，通常有四名玩家，在较短的时间限制下进行对弈。正常的国际象棋规则均适用，只是被吃掉的棋子会被放回到对方的那一边。

2．本书出现的所有人名和地名都是化名，主要识别特征（如职业）也进行了改动，但这些改动都在一定程度上保留了相似性。

3．For example, see Foderaro 2006; Miranda 2006; Winerip 2008.

4．Hochschild and Matchung 1989.

5．Darrah et al. 2007.值得注意的是，既然孩子们似乎不是"独自打保龄"（Putnam 2001），那他们的父母也同样不是。也许在繁忙的家务劳动和工作任务裹挟下（如包括带孩子去参加活动），父母很难有时间参与自己的活动和社群，但儿童活动的坏境现在为成年人提供了建立社群联系的空间——正如乔希提到要在国际象棋比赛期间组建家长读书俱乐部。乔希也作为家长志愿者充当了助理足球教练，这种新形式的志愿服务很少得到学术界的认可或研究。

6．Bianchi et al. 2006.

7．Hofferth et al. 2009.

8. Wrigley 1995: 126.

9. Goodwin 2006: 93.

10. Lareau 2003.

11. 此外，拉鲁以及其他研究社会化的学者的大部分观察，都是局限在目标家庭的住宅或住宅区，而我的田野调查则跨越了这两个环境，深入到竞争场所的内部。

12. "竞技舞蹈"是指为各种形式的舞蹈所组织的地区性和全国性的营利性舞蹈比赛。

13. Kinetz 2004.

14. Heisman 2002: 4.据报道，这些成员中约有3万人不满15岁（Mitchell 2006: 69）。2008年8月，美国国际象棋联盟官方通过与申请人的私人通信确认，当时它们大约有2.88万名12岁以下的成员。

15. 巡回足球也被称为"精英足球"或"俱乐部足球"，具体名称取决于所在地区。

16. McClelland 1967.

17. Collins 1979; English 2005.

18. Weber 1978: 999–1000.

19. Macleod 1983: 25.

20. Saulny 2006.

21. Paul 2008: 150.

22. Martinez 2011.

23. For example, see Armour 2007; Carroll 2005; Fortin 2008.

24. For example, see Boncompagni 2006; Hu 2008.

25. Easterlin 1987: 30.

26. Newman 1994.

27. Druckerman 2012: 4.

28. Ellis 2012; Gilmore 2012.

29. Ferguson 2011; Rothman 2012.

30. Lareau 2008: 7.

31. For example, see Warren and Warren Tyagi 2003.

32. Lamont 1992: 71.

33. Ramey and Ramey 2010.

34. Shulman and Bowen 2001.

35. For example, see Dunn 1995; Onishi 2008.

36. Levey 2009a.

37. Golden 2006; Kaufman and Gabler 2004.

38. Sullivan Moore 2005.

39. 一些家长鼓励自家孩子参加体育比赛，希望他们在赛场上的成功能转化为奖学金。但是赢得NCAA奖学金的概率很低，尤其是一级联赛学校的奖学金。例如，在2003—2004学年的640万名大学生运动员中，只有2%的人获得了NCAA大学的奖学金（Pennington 2008）。如果你的体育水平高到足以进入大学校队，那么进入哈佛大学的概率要比获得任何大学的体育奖学金的概率还要高。

40. Shulman and Bowen 2001: xxxvi.

41. Karabel 2006.

42. Karabel 2006: 3.

43. Golden 2006: chapter 4.

44. Rivera 2011.

45. Stevens 2007: 15.

46. Elkind 2007.

47. Levey 2009a.

48. Bourdieu 2007; Bourdieu and Passeron 1973.

49. Attewell 2001; Frank and Cook 1995.

50. Kindlon 2006.

第一章

1. 这一章的另一个版本可见Levey 2010a。

2．Lareau 2003.

3．Applebome 2004; Tugend 2005. overscheduled这个术语来自Rosenfeld and Wise 2001。

4．Belluck 2005; Gupta 2005; Hack 2005.

5．Nir 2001.

6．Kleiber and Powell 2005: 23.

7．值得注意的是，竞争性课外活动的增长似乎经常发生在美国参加重大战争之后：第二次世界大战、越南战争以及海湾战争之后。

8．关于这一时期儿童救助实践的全面讨论，参见Katz,1986：第五章。

9．最近的一次"更好的婴儿"比赛是在1952年举行的。

10．Dorey 1999.

11．我们可以把这些比赛想象成儿童选美比赛的雏形。

12．Zelizer 1994.

13．Halpern 2002: 180.

14．Paris 2008: 53.

15．Spears and Swanson 1988: 179.

16．MacLeod 1983: 32.这也是男童子军、营火少女团（Campfire Girls）、女童子军、森林知识团（Woodcraft Folk）等活动开创的时期。由于这些活动的关注点在于徽章和成就等级，所以也可以将这些定义为竞争性活动，尽管它们并没有明确这一点。另外值得注意的是，这些活动并无意成为进步时代里更大规模的儿童救助运动的一部分，尽管它们于同一时期发生。正如历史学家Stacy Cordery在讨论女童子军时指出的，"黛西·洛（Daisy Low）和她的组织并非有意识地成为这更大运动的一部分。她既不认识改革者，也不太关注他们的行动，除了在赫尔会所发起了女童子军运动之外"（2012: xi）。有趣的是，带有竞争性活动（比如分队对抗）的夏令营也是这段时间发展起来的。

17．Halpern 2002: 181.

18．Cited in Jable 1984: 222.

19．Jable 1984: 232.

20．Maguire 2006: 56.

21. Clement 1997: 89.

22. Maguire 2006: 68.

23. DiMaggio and Mullen 2000: 137.

24. Horowitz 1990: 68.

25. Graff 1995: 271.

26. Clement 1997: 162.

27. Miller 2007: 203.

28. Berryman 1988: 5.

29. Margolin 1994; Stone 1992.

30. Passer 1988: 203.

31. Fine 1987: 4.

32. Stearns 2003.

33. Chudacoff 2007: 133.

34. Farrey 2008: 19.

35. 这种说法是基于业内评估（Stanley 1989: 265）而不是数据提出的，甚至一直到现在也没有收集到关于这种说法的确凿证据。

36. Gallagher 1977.

37. Chudacoff 2007: 165.

38. Seefeldt 1998: 337.

39. Kleiber and Powell 2005: 28.

40. Chudacoff 2007: 165–66.

41. Grasmuck（2005）.

42. Hofferth and Sandberg 2001.

43. Sternheimer 2006.

44. For example, see Adler and Adler 1998; Fine 1987; Levey 2009a.

45. Brower 1979.

46. Engh 2002.

47. Averbuch and Hammond 1999.

48. Matchan 2012.

49．Farrey 2008: 159.

50．For example, see Saint Louis 2007; Sheff 2006.

51．Bick 2007.

52．Pennington 2003.

53．Ryan 2000: 142.

54．Talbot 2003.

55．Sand 2000: 157.

56．Feldman 1991: 4.

57．Quart 2006.

58．Adams and Bettis 2003.

59．Torgovnick 2008: xvii.

60．The Insider 2005.

61．Yalom 2004.

62．Ashley 2005: 48.

63．Shenk 2006.

64．Waitzkin 1984.

65．Weinreb 2007: 93.

66．Heisman 2002: 4.

67．Ashley 2005: 53

68．Ashley 2005: 54.

69．Fortanasce et al. 2001: 15.

70．足球（Soccer）这个词是怎么来的呢？根据Hendrik Hertzberg的说法，它"不是什么美国佬的新词，而是一个地地道道从英国传过来的词……Soccer在牛津剑桥英语中相当于rugger。'soc'是'assoc'的部分缩写，而'assoc'是'association'的缩写，如'association football'"（2010: 29–30）。

71．McShane 2002: 10.

72．Markovits and Hellerman 2001: 123.

73．虽然很难得到证实，但一些作者提出了这一说法，如Averbuch and Hammond（1999: 4）和Haner（2006: 48）。

74．Haner 2006: 48.

75．"训练员"仅负责训练，而"教练"则可能在比赛中带领球队。大多数球队教练都会同时身兼二职。

76．Haner 2006: 29.

77．Applebome 2004; Foer 2004: 235.

78．O'Neill 1948.

79．McMains 2006: 72.

80．Kendall 1984: 7.

81．Hall 2008; Masten 2009.

82．Chancey 2004: 6.

83．Roberts 1999: 129.

84．McMains 2006: 89.

85．Picart 2006: 70.

86．Tu and Anderson 2007: 70.

87．Kinetz 2004.

88．Darrah et al. 2007: 49.

89．Stearns 2003.

90．关于群体规模对生活经历的影响，可参见Easterlin 1987。

91．Stearns 2003: 100.

92．Shulman and Bowen 2001: 21.

93．Stevens 2007.

94．Stearns 2003: 104.

95．Faust et al. 1999.

96．For example, see Jih 2009.

97．For example, see Willen 2003.

98．For example, see Williams 2007.

99．Collins 1979: 94.

100．Zelizer 1994.

101．Dean 2012: 74–75.

102．Scott 2007: 9.

103．Bean 2005: 1.

104．Markovits and Hellerman 2001: 50.

105．English 2005: 72.

106．Horowitz 1990: 14.

107．Fagone 2006.

108．Anand and Watson 2004: 60.

109．*Brooklyn Castle* 2012.

第二章

1．众所周知，东北部是一个竞争格外激烈的地区。然而，全国各地的地方性和地区性报纸以及作家和社会评论家，都曾撰文报道儿童生活中日益激烈的竞争，以及他们参与的有组织的竞争性活动。心理学家的相关研究，如Hinshaw and Kranz（2009）、Levine（2006）和Luthar（2003），都说明了全国范围内富裕儿童所承受的各种压力。我还与美国各地的父母进行了交流，他们都谈到了自家孩子所承受的压力，孩子们需要面对的竞争，激烈程度远超父母小时候的水平。虽然东北部的竞争由于各种原因而加剧，但更大的争议似乎正影响整个美国的小学适龄儿童。

2．除了学生锦标赛，还有"公开赛"——对所有人开放，但通常由成年人主导。一些有天赋的孩子也会参加公开赛，但大多数还是专注于学生赛事，所以学生赛事是我的研究重点。

3．Redman 2007: 69.此外，根据美国国际象棋联盟的网站（http：//main.uschess），其余的8.5万名会员主要为男性，成人会员大多受过大学教育且家境富裕。（http：//main.uschess.org/content/view/7850/385，截至2008年5月。）

4．美国国际象棋联盟还推出了一份月刊《国际象棋生活》（*Chess Life*），其中有一些旨在供普通联盟会员阅读的学术性文章。

5．关于更完整的讨论，请参见Glickman and Doan 2008; Goldowsky 2006。

6. Heisman 2002: 71.

7. 几乎所有的学生国际象棋锦标赛都使用瑞士制，这是一种非淘汰制的循环赛形式，旨在让强者对战强者，弱者对战弱者。在第一轮比赛中，顶尖选手和较弱的选手根据等级分分别进行匹配。下一轮中，胜者和胜者对弈，败者和败者对弈。配对也是基于等级分，将高水平和低水平选手进行匹配。在接下来的几轮比赛中——为期一天的地区性锦标赛通常会有四轮，而州级或国家级锦标赛会有七轮，赛事会根据选手在以往锦标赛中的表现和等级分来与其他选手进行匹配。

8. 当一名选手所在组别的人数不为偶数，且其在该轮比赛中没有匹配到对手时，该选手将获得一次轮空。

9. 最负盛名的国际象棋冠军：特级大师和国际大师，是由世界国际象棋联盟（FIDE）颁发的。世界国际象棋联合会使用的评分系统类似于美国国际象棋联盟，一流棋手必须获得FIDE积分，并参加FIDE锦标赛才能得到认证。美国绝大多数学生选手不会参加FIDE锦标赛。

10. Chabris and Glickman 2006.

11. 记录国际象棋走法的记谱法名为代数记谱法（Algebraic notation）。代数记谱法使用符号来代表棋子和特定的走法，如将军或王车易位。比赛时记录棋谱有两个重要的作用：能够在比赛后研究棋局，分析下法以供教学之用，并留存比赛记录，以防有任何争议。学生国际象棋中最常见的争议与一个被称为"摸子必动"（Touch move）的规则有关：如果棋手触碰了一个棋子，就必须移动它。孩子们经常争论哪个棋子在哪里，谁碰了哪个棋子。

12. 最短的国际象棋比赛是"超快棋"（Blitz），对局仅有数分钟，通常不会超过五分钟。超快棋会在大型学生比赛中作为一个趣味性的附带活动举行，但不作为赛事的主要焦点，因为超快棋基本被视为一个有趣的技巧或技能。

13. 互联网国际象棋俱乐部（The Internet Chess Club）是最受欢迎的服务提供商之一。

14. 值得注意的是，其他国际象棋组织也会把自己的一些比赛称为"全国赛"，但这些比赛没有美国国际象棋联盟全国锦标赛那么高的声望。

15. 根据美国国际象棋联盟提供的信息（私人通信，2009年5月11日），伯特·勒纳是学生国际象棋的长期支持者，他的儿子捐款赞助了全国初级锦标赛，附带条件是用他父亲的名字来为比赛冠名。

16．Waitzkin 1984.

17．学生国际象棋的其他流行地区是得克萨斯州、加利福尼亚州和佛罗里达州。

18．国际象棋课程指的是作为正常学校教学内容的国际象棋课程。这些课程通常一周一次，就像作为传统副科课程的体育课、艺术课或音乐课。

19．美国不同地区指代竞技足球的术语也不尽相同，但在东北部一般都是用"巡回足球"，所以我也将主要使用这个术语。

20．Farrey 2008: 183.

21．此处指美国青年足球协会。通过美国青年足球组织、业余体育联盟甚至当地的基督教青年会踢足球的儿童总数甚至要更多。

22．Glamser and Vincent 2004.

23．我做田野调查的两个足球俱乐部都给有需要的家庭提供了奖学金，需要填一份申请表，附一份家庭1040税表的复印件。我访谈的家庭中没有人申请或领取过这笔钱。我确实听说了一些高中球员拿到了奖学金，或者他们队友的家庭用奖学金偿付了培训费（特别是如果一名球员极具天赋，可以帮助整个球队达到国家级水平）。

24．许多参加巡回足球赛的孩子的另一个目标是想参加本州奥林匹克发展计划（ODP）正式队或预备队。我没有进一步讨论奥林匹克发展计划，因为我关注的孩子都太小，还不能参加这个项目。

25．Black 2008; *Kicking and Screaming* 2005; Star 2008.

26．虽然梅特罗市有许多喜欢足球的拉丁美洲移民，但在小学阶段，他们并没有参加足球合作社的球队，虽然这种情况会在高中阶段有所改变。

27．*First Position* 2012.

28．*Mad Hot Ballroom* 2005.

29．值得注意的是，任何人都可以成为舞蹈老师或开设舞蹈教室。除了给舞蹈教室提供保险的保险公司之外，并没有关于谁能做或不能做这份工作，以及做好这份工作需要何种培训类型的规定。

30．令人惊讶的是，即使是大型的全国性组织，如青少年棒球联盟，也不会记录参赛选手的特点，如性别（Messner 2009: 17）。

31. Showstopper.

32. 我查看了多个舞蹈竞赛系统的网站，但经常找不到什么公开的标准，然而我从未听到老师或家长抱怨这种信息的缺失。

33. 拍照和摄像在比赛场内是被禁止的，这既是为了防止过去发生的编舞剽窃，也是为了使比赛组织者能够通过售卖这些视觉记录来盈利。

34. Ryan 2000.

35. 在我合作过的所有机构中，精英舞蹈学院是历史最悠久的。其他机构在当下的领导层和所有者的带领下，以目前的形式大概存在了五到十五年。

第三章

1. Blair-Loy 2003.

2. Frank 2007: 65.

3. Bearman 2005.

4. Hofferth et al. 2009.

5. 学国际象棋的孩子退出活动的时间也更早。

6. 虽然在我所研究的家庭中，只有不到一半的孩子上私立学校，但这远远高于美国整体的水平。（2008年，大约有24%的美国孩子就读于私立小学和私立中学。）国际象棋活动里上私立学校的孩子最多（近一半），舞蹈活动最少（不到五分之一），而且这些上私立学校的女孩都在一所教会学校就读。这是不同活动体现阶级差异的另一个指标。

7. Levey 2009a.

8. Lareau 2003.

9. Messner 2009: 13.

10. Blair-Loy 2003; Hays 1998.

11. Lareau 2003.

12. Bourdieu and Passeron 1973.

13. For example, see Dumais 2006.

14. Bourdieu 2007.

15. Bourdieu 2007.

16. Rohde 2001.

17. Kusserow 2004.

18. 家长们有时确实表示，会在学校和课外活动之间根据学习成绩和开销来做取舍。因为这些孩子年龄小，比高中生的学业压力小。家长们经常说，如果家里年龄较大的孩子学习成绩有所下降，那么他们将不得不放弃一些课外活动。但在高中阶段之前我没有听说过这样的情况。

19. For example, see Jarovsky 1995.

20. Lever 1978: 472.

第四章

1. Lareau 2003.

2. West and Zimmerman 1987.

3. Bettie 2003: 33; Pascoe 2007: 12.

4. Fine 1987; Grasmuck 2005.

5. Thorne 1993.

6. Adler and Adler 1998; Eder et al. 1995.

7. Eder et al. 1995, see chapter 7 in particular, "Learning to Smile through the Pain."

8.在男性社会化的研究中，家庭在很大程度上也是缺失的。例如，在*Annual Review*最近一篇关于男性气概的学术文章中，只讨论了媒体和学校（Schrock and Schwalbe 2009）。

9. Lever 1978: 480.

10. Ring 2009: 35.

11. Jable 1984: 232.

12. DeBare 2005: 98.

13. Lamont 1992: 121.

14. Ostrander 1984.

15. Friedman 2010; Goudreau 2011; Jones 2002.

16. Stevenson 2010.

17. For example, see Erickson 1996.

18. Hibbard and Buhrmester 2010: 413.

19. McGuffey and Rich 1999.

20. One exception is Ferguson 2001.

21. Bettie 2003; Lareau 2008: 7.

22. Lacy 2007.

23. 工人阶级家庭被定义为那些低于中产阶级下层标准，但不低于贫困线的家庭。

24. 巴特芒（battement）是一个芭蕾舞/舞蹈术语，指的是踢腿或伸腿的动作。

25. Adler et al. 1992: 170.

26. Connell 1995.

27. Connell 1995: 67.

28. Britton 2000.

29. Pascoe 2007: 133.

30. Kane 2006: 149; McGuffey and Rich 1999: 621.

31. Graff 1995.

32. For example, see Best 2000; Pascoe 2007: 41– 42, 69.

33. Shahade 2005.

34. Polgar and Truong 2005.

35. Goffman 1959.

36. Collins 1993.

37. Aranda–Alvarado 2012.

38. Grainey 2012: 6.

39. Rudd et al. 2008.

40．Daniels and Leaper 2006: 876.

41．Pierce 1995: 24.

42．Hinshaw and Kranz 2009.

43．Pascoe（2007）讨论了"运动员""书呆子"和"娘炮"的等级。

44．Messner 2009: 160.

45．我访谈了四个男孩其中三位的母亲，但这三个男孩都已经从小学毕业了；两人在上初中，一人在上高中。第四个男孩的父母没有理会我提出的数次访谈请求。

46．Adler and Adler 1998; Pascoe 2007.

47．Theberge 2000: 1.

48．Newman et al. 2004: 29.

49．Pascoe: 63.

50．回想一下《歌舞线上》（*A Chorus Line*）中的歌曲《我能做到》（*I Can Do That*），其中的角色讲述他姐姐生病时，他将袜子塞进姐姐的舞鞋，这样一来他就可以跳舞了。

51．Chafetz and Kotarba 1995.

52．Thompson 1999.

53．回想一下舞蹈老师在本章开头所做出的评论，根据我的田野调查，真实的情况就是这样，参与舞蹈活动的总是妈妈。由于绝大多数学习舞蹈的孩子都是女孩，这几乎完全是母女之间的活动。

第五章

1．请注意，这不仅仅适用于这些竞争性活动的儿童比赛。例如，成人竞技交际舞同样有许多下游产业：比赛主办方、舞蹈教室、裁缝、舞鞋制造商、杂志出版商和音乐发行商（McMains 2006: 1）。

2．Becker 1984.

3．请注意，"没有关于舞蹈比赛的严肃研究，也没有将舞蹈作为一个产业的体制和经济结构进行的批判性调查"（McMains 2006: 199）。本书，特别是这一章，致力于在数量不断增多的舞蹈相关研究中填补这一空白。

4. Tanier 2012.

5. 请注意，西田足球俱乐部和梅特罗足球合作社都是注册在案的非营利组织，专门为儿童提供足球指导（不过它们是商业非营利组织，因为它们还是收取费用的）。梅特罗国际象棋社隶属于一个非营利组织，但这个非营利组织的经营范围不仅限于国际象棋。至于为什么足球俱乐部可以有非营利组织的资格，而舞蹈教室没有，原因不得而知。二者之间的主要区别是，舞蹈教室的所有者将所有利润收入囊中，而足球俱乐部将利润存入银行账户，供俱乐部日后使用，这是由于所有非营利组织不得进行二次分配（有关讨论，请参见Hansmann 1996）。但舞蹈教室和足球俱乐部都是为了产生赢家和利润。在有关非营利企业的文章中，Glaeser and Schliefer（1998）特别研究并列出了选择成为非营利组织的四个原因，但足球俱乐部的情况并不属于其中的任何一个。Hansmann解释说，一些日托中心选择成为非营利组织，以吸引顾客，并获得税收和监管方面的优惠，足球俱乐部可能就是这种情况。但是这仍然不能解释为什么舞蹈教室是营利性的，尤其是当艺术性组织总体上都趋向于非营利资格的时候。在过去，艺术组织一直是非营利的，而体育活动则以营利为目的，所以在当代竞技儿童活动中，这是一个相当大的逆转。

6. 考虑到有关童年生活的传统观点，尤其是它被视为神圣和纯真的年龄段，这并不奇怪。此外，许多家长的假设和偏好是这些教师足够关心他们的孩子，愿意尽力帮助他们，而不考虑经济动机。这与许多父母对儿童日托中心的考虑类似，因为这个市场是如此"高度社会化和关系化"（Zelizer 2005: 300），其他形式的育儿工作也是如此。

7. Ericksen 2011: 11.

8. 表示拒绝的那位老师是一名舞蹈老师，她有个商业伙伴的丈夫是一名会计，说这不是合法的税收减免。我和一位税务顾问谈过，他也证实了这一点。根据税法，只有在孩子13岁或更小的时候，父母才可以报销学费（过了这个年龄就不行了）。此外，只有在没有成年人陪同儿童参加活动的情况下才能够报销。（因此舞蹈和足球不算在内，因为它们的活动地点在学校以外，但一些国际象棋课属于这个范围。）

9．Grainey 2012: 6.

10．在我的田野调查中，这是又一次有人认为我是一位母亲，我将在附录中更全面地讨论这一点。

11．我在Levey Friedman 2011c中也写过这个经历。

12．Rosenbury 2007.另一个例子是现在普遍的做法：由高中生参加的会议，如全国青年领袖峰会（National Young Leaders Conference）。本质上，这些会议是伪装成学生荣誉项目的营利性活动（Schemo 2009）。这些活动早已不是非营利性的，但公司依然试图将自己描绘成一个非营利组织。2009年，商业改进局将该组织降级为"F"级，但不幸的是，大多数儿童活动和比赛都不属于商业改进局的管辖范围，所以它们不能被降级或惩戒。

13．Farrey 2008: 165.

14．Harrington 2007.

15．尽管在传统上，只有精英阶层的孩子才会在家接受教育，但这一情况正在改变，因为越来越年轻的准精英们现在也走上了在家接受教育的道路，这能给他们一些额外的优势。

16．Sokolove 2010.

17．DuBois 2007.

18．Farrey 2008: 160.

19．这在精英儿童的竞技性活动中往往不是问题，如体操、网球、高尔夫和花样滑冰（Jordan 2008），因为表现优异的儿童会上体育学院，如佛罗里达的IMG体育学院，或在家接受教育，每天可以花更多的时间用于训练。国际象棋也有类似的情况，但只适用于那些已经走上大师之路的孩子，而在我访谈的家庭没有这样的情况。

20．Chaves 2004.

21．Goode 1978: 166.

22.在儿童选美比赛中也很常见，正如我在其他著作中所写的（Levey 2007）。选美比赛的体系实际上授予每个获胜者一个"称号"，其中一些听起来很荒谬，比如"终极大至尊"或"4—12迷你美女至尊"。

23. Stearns 2003: 116.

24. En glish 2005.

25. McMains 2006: 77.

26. Sauder and Espeland 2009: 63.

27. Sauder and Espeland 2009: 73.

28. 注意，篮球运动更为激烈。个人球员从9岁开始就已经被列在Hoop Scoop这样的网站的排行榜上了（Himmelsbach 2009）。

29. Dean 2012: 123.

30. For example, see Grasmuck 2005; Messner 2009: 137.

31. Lareau and Weininger 2008: 447.

32. 精英舞蹈学院曾经有一个观察窗，但由于这个窗口在母亲之间、母亲和舞蹈老师之间，以及母亲和孩子之间制造了太多问题，学院将其取消了。

33. Hall 2008: 50.

34. 这一想法源于Fagone在自己讨论大胃王比赛的著作（2006: 21）中和加里·艾伦·费恩的对谈。

35. 爱尔兰竞赛舞在赛季中也有一个"转会规则"，因为有天分的孩子被视为稀缺的资源（Hall 2008: 55）。

36. 国际足球里也发生过这样的情况；Grainey（2012: 130–31）描述了尼日利亚和阿塞拜疆的案例。

37. Associated Press 2001.

38. Ring 2009: 3.

39. Deming and Dynarski 2008; Musch and Grondin 2001.

40. Buchmann et al. 2008.

41. Graue and DiPerna 2000: 513.

42. Levey Friedman 2010, 2011a.

43. Gerson 1985: 44–45.

44. 有趣的是，冲突并没有在舞蹈活动中更频繁地出现，因为家长们不太能够理解舞蹈活动的组织性和规范性。舞蹈中的等级体系是如何出现的，参与者如何描绘这种等级？对于家长来说，只能凭借自身的评估能力来理解，即判断孩子可以表演哪些类型的技能，以及他们在表演时与其他舞蹈培训班或电视上的儿童选手相比起来水平如何。但由于这依赖于父母的能力，所以那些对舞蹈了解有限的人很容易一头雾水。知道什么是符合规范的行为有助于规范舞蹈界的混乱状况，家长们可以互相帮助进行判断。老师们在舞蹈比赛中也会采取相同的模式。

45. Messner 2009: 96.

46. Hunt 1973; *Racing Dreams* 2010; Thomas 2010.

47. Hall 2008; Levey 2009a; *Mad Hot Ballroom* 2005; *Pursuit of Excellence: Synchronized Swimming* 2007; Ruh 2011; Ryan 2000; *Sync or Swim* 2011.

48. Araton 2011; Grasmuck 2005; Jordan 2008; Nir 2011; Powell 2003; Ring 2009.

49. Fatsis 2002; Hu 2011; *Spellbound* 2004; Wolitzer 2011; *Word Wars* 2005.

50. Dean 2012; Fagone 2006; *Pursuit of Excellence: Ferrets* 2007; *Pursuit of Excellence: Lords of the Gourd* 2007; Scott 2011.

51. Levey Friedman 2011b.

52. Paris 2008: 81.

第六章

1. 这一章的另一个版本以《奖杯、胜利和眼泪：儿童在竞争性活动中的经历》（Trophies, Triumphs, and Tears: Children's Experiences with Competitive Activities）为名，发表于Heather Beth Johnson, ed., *Sociological Studies of Children and Youth* （Bingley, UK: Emerald Group, 2010），319–49。

2. Christenson and James 2000.尽管有这种转变，但我们仍然并不了解孩子们会如何理解自己参加日常课外活动的目的。Adler and Adler（1998）用了一章的篇幅来讨论课外活动中同伴的作用，但他们从未询问过孩子对这些活动的看法，而是把重点放在活动的分类上。加里·艾伦·费恩（1987）和谢里·格拉斯穆克（2005）都研究过青少年棒球，并与年轻球员一起度过了无数个小时。虽然他们用整章的篇幅来讲述成年人对于这项运动的观点，但留给孩子们的篇幅却很少，而且是根据成年人的观念和理解来描述他们的行为。此外，费恩和格拉斯穆克都详述对孩子的访谈，比如明确地询问他们对青少年棒球各个方面的看法。

3. For example, see Dweck 1999.

4. 附录中有更多关于我如何访谈儿童的细节，以及在田野调查过程中出现的与儿童相关的具体问题。

5. 他提出的理由是，他担心儿子会把问题想得太复杂，还可能会觉得自己有什么毛病，我对此的猜想是，要么他的儿子以前抱怨过比赛，而父亲不想让儿子告诉我这些，要么是父亲没有与儿子讨论过参加比赛的目的，而他觉得应该跟儿子讨论这些，但不想让我知道他没有跟儿子讨论过。

6. 尽管没有采访这些孩子让我感到失望，但让我感到宽慰的是，当他们的父母、老师和一些朋友都已经同意之后，孩子依然拒绝了我。Gallagher（2010）认为，儿童有时在表示同意时会受到社会性影响，但我知道在我的田野调查活动中，并不是每个儿童都受到了这种影响。

7. Harden et al. 2000: 11.

8.（男孩和女孩的）童子军臂章是为了让孩子们"将他们的竞争力展现在自己的袖子上"（Cordery 2012: 238）。

9. For example, see Tierney 2004.

10. Roberts 1980.

11. 关于奖金和贿赂等有形激励的讨论，参见O'Leary et al. 1972。

12. 节目单是有制作成本的，所以并不是每个人在每次舞蹈比赛中都能领到。

13. 锦标赛主办方告诉我，他们颁发这种类型的奖项是为了让年龄较大的孩子继续参加学生锦标赛，而不是转向公开赛，公开赛会将奖金授予最优秀的参赛者（通常是成年人）。

14. Ablard and Parker 1997.

15. See Greene and Lepper 1974; Lepper and Greene 1973, 1975.

16. 他们还发现，那些期待得到这种奖励的孩子行动更快，但效果更差，这种情况随着时间的推移仍持续存在。

17. Goode 1978: 167.

18. Dahl 2011.

19. 精英舞蹈学院很少有中途退出的学员，而且很少有人在上中学之前退出学院，这表明这种策略可能有助于让孩子们有更长期的参与。

20．这也是前精英人物在Scanlan等人的编著（1991: 107）中提到的压力和焦虑的主要来源。

21．Roberts 1980.

22．Epstein and Harackiewicz 1992: 129.

23．在国际象棋比赛中哭泣的孩子很多，以至于在最近一本关于国际象棋和教育的书中有一章专门讨论了哭泣。在其他地方（Root 2006a），Root认为国际象棋比赛中的眼泪有时可能"是一种超越竞争欲望的表达"（2006b: 16），或许确实是这样。但我见过的以及与孩子们谈论的哭泣更多源于失望、不满或失落的情绪；当然，私下哭泣可能是因为错过了机会、想有更好的表现，但我并没有亲眼看到。

24．Dweck 1999: 3.

25．爱丽丝有一个朋友，同样是在一次地区比赛中第一次跳独舞，她在做一个跳跃动作时摔倒在舞台上，这也能清楚地说明什么叫"搞砸"。庆幸的是她没有受伤，并且由于她的舞蹈难度系数很高，她最后仍然得到了高分。

26．Simon and Martens 1979.

27．Thorne 1993.

28．Pascoe 2007: 117.

29．Scanlan and Passer 1979: 151.

30．Hofferth et al. 2009: 198.

31．Goffman 2007: 260.

32．在访谈的几个月后，大辅就退出了国际象棋锦标赛，尽管他仍然在学校里上国际象棋课。

33．一个男孩告诉我，他想成为一名工程师，主要是为了"赚大钱"。

34．For example, see Amabile 1982.

35．Reeve and Deci 1996.

36．As used in Epstein and Harackiewicz 1992: 132.

37．Levine 2006, 2012; *Race to Nowhere* 2009.

38．Macleod 1983.

结　论

1．Alsop 2008; Hodgkinson 2010; Mogel 2010; Skenazy 2010; Tulgan 2009.

2．Kimmel 2008: 27.

3．请注意，我没有联系西郡或梅特罗当地的学校，因为我对活动本身和比赛最感兴趣。另一种研究方向可以是专注于某所学校的二年级、三年级或四年级学生，而不是通过活动本身去寻找家庭。这样做可能会让我接触到一些没有参加任何竞争性甚至是有组织课外活动的家庭，但会降低我在这些俱乐部和培训室所收获的研究深度。

4．Conley 2012.

5．Se nior 2010.

6．Quoted in Jan 2008.

7．Hu 2010.

8．Hu 2010.

9．Druckerman 2012. 4.

10．Druckerman 2012. 140.

11．Dean 2012. xi.

12．Thompson and Barker 2009. 25.

13．Levey Friedman 2011b.

附　录

1．For example, see Lareau 2000; Whyte 1993.

2．Glaser and Strauss 1967.

3．Lareau 2000.

4．表4中的访谈人数总计是181人，而不是172人，因为一些家庭的孩子参加了两项活动，或者家里的一个孩子参加了一项活动，而另一个参加了另一项活动。

children who competed in two activities, or one child in one activity and another in a different activity.

5．Pugh 2009: 31.

6．作为一名白人男性学者，Robert Petrone（2007）研究中西部城市玩滑板的青春期男孩时的经历提供了参考——当其他父母发现他并没有孩子在滑板公园玩，却在公园周围"闲逛"时，经常直截了当地问他："你是恋童癖吗？"

7．这一部分的内容改编自我发表在*Qualitative Sociology*上的文章《"哪个是你的孩子？"：儿童与民族志》（"Which One is Yours?"Children and Ethnography）（Levey 2009b）。针对这些问题，那篇文章中有更完整的讨论。

8．由于自身水平有限，我从来没有教过国际象棋，但是孩子们经常称我为老师，因为他们也不知道除此之外还能样称呼我。这类似于黛比·爱泼斯坦（1998）的儿童研究经历；他们经常称她为老师，因为他们没有另一种称呼来解释她的存在。

9．这个孩子就是大辅，在第六章和结论中都提到过。

10．Messner 2009: 18.

11．Weber et al. 1994: 42.

12．Fine and Sandstrom 1988.

13．Corsaro and Molinari 2000.

14．Best 2007; Greene and Hogan 2005.

15．Butler and Turner 1987; Cassell 1987; Flinn et al. 1998; Sutton and Fernandez 1998.

16．For example, see Cree et al. 2002; Hart 1997; Irwin and Johnson 2005; Morrow 2008.

17．Harden et al. 2000: 11.

18．Lareau 1996: 212.

19．Gallagher et al. 2010: 476.

20．For example, see Duneier 2000.

21．For example, see Liebow 1995.

22．Morrow 2006; Orellana et al. 2003.

23. Epstein 1998.

24. Epstein 1998: 35.

25. Corsaro and Molinari 2000.

26. As discussed in Boocock and Scott 2005: x.

27. Hogan et al. 1999: 94.

28. Irwin and Johnson 2005: 823.

29. Gallagher et al. 2010.

30. Pugh 2009: 39.

参考文献

Ablard, Karen E., and Wayne D. Parker. 1997. "Parents' Achievement Goals and Perfectionism in Their Academically Talented Children." *Journal of Youth and Adolescence* 26（6）: 651–67.

Adams, Natalie Guice, and Pamela J. Bettis. 2003. *Cheerleader! An American Icon.* New York: Palgrave Macmillan.

Adler, Patricia A., and Peter Adler. 1998. *Peer Power: Preadolescent Culture and Identity.* New Brunswick, NJ: Rutgers University Press.

Adler, Patricia A., Steven J. Kless, and Peter Adler. 1992. "Socialization to Gender Roles: Popularity among Elementary School Boys and Girls." *Sociology of Education* 65（July）: 169–87.

Alsop, Ron. 2008. *The Trophy Kids Grow Up.* New York: Jossey-Bass.

Amabile, Teresa M. 1982. "Children's Artistic Creativity: Detrimental Effects of Competition in a Field Setting." *Personality and Social Psychology Bulletin* 8: 573–78.

Anand, N., and Mary R. Watson. 2004. "Tournament Rituals in the Evolution of Fields: The Case of the Grammy Awards." *Academy of Management Journal* 27（1）: 59–80.

Applebome, Peter. 2004. "Remember, Soccer Fans, Children Start Kicking in the Womb." *New York Times,* October 17.

Aranda-Alvarado, Belen. 2012. "Give a Girl a 'Hook,' Get Her into College." *New York Times,* May 29.

Araton, Harvey. 2011. "12-Year-Old Girl May Embody McEnroe's Vision." *New*

York Times, March 7.

Armour, Stephanie. 2007. "'Helicopter' Parents Hover When Kids Job Hunt." *USA Today,* April 23.

Ashley, Maurice. 2005. *Chess for Success: Using an Old Game to Build New Strengths in Children and Teens.* New York: Broadway.

Associated Press. 2001. "He's 14: Almonte's Team Forfeits LLWS Victories." September 1. http：// sportsillustrated.cnn.com/more/news/2001/08/31/ Almonte_14_ap/.

Attewell, Paul. 2001. "The Winner–Take–All High School: Organizational Adaptations to Educational Stratification." *Sociology of Education* 74（4）：267–95.

Averbuch, Gloria, and Ashley Michael Hammond. 1999. *Goal! The Ultimate Guide for Soccer Moms and Dads.* Emmaus, PA: Rodale Press.

Bean, Dawn Pawson. 2005. *Synchronized Swimming: An American History.* Jefferson, NC: McFarland.

Bearman, Peter. 2005. *Doormen.* Chicago: University of Chicago Press.

Becker, Howard S. 1984. *Art Worlds.* Berkeley: University of California Press.

Belluck, Pam. 2005. "Girls and Boys, Meet Nature: Bring Your Gun." *New York Times,* September 18.

Bernstein, Basil. 2003. *Class, Codes, and Control.* New York: Routledge.

Bernstein, Lenny. 2011. "Home Schooling for Child Athletes Raises Questions Large and Small." *Washington Post,* August 9.

Berryman, Jack W. 1988. "The Rise of Highly Organized Sports for Preadolescent Boys." In Frank L. Smoll, Richard A. Magill, and Michael J. Ash, eds., *Children in Sport.* 3rd ed. Champaign, IL: Human Kinetics Books. 3–16.

Best, Amy L. 2000. *Prom Night: Youth, Schools, and Popular Culture.* New York: Routledge.

———, ed. 2007. *Representing Youth: Methodological Issues in Critical Youth Studies.* New York: New York University Press.

Best, Joel. 2011. *Everyone's a Winner: Life in Our Congratulatory Culture.* Berkeley:

University of California Press.

Bettie, Julie. 2003. *Women without Class: Girls, Race, and Identity.* Berkeley: University of California Press.

Bianchi, Suzanne M., John P. Robinson, and Melissa A. Milkie. 2006. *Changing Rhythms of American Family Life.* New York: Russell Sage Foundation.

Bick, Julie. 2007. "Looking for an Edge? Private Coaching, by the Hour." *New York Times,* February 25.

Black, Alan. 2008. *Kick the Balls: An Offensive Suburban Odyssey.* New York: Hudson Street Press.

Blair–Loy, Mary. 2003. *Competing Devotions: Career and Family among Women Executives.* Cambridge, MA: Harvard University Press.

Boncompagni, Tatiana. 2006. "Baby Shall Enroll: Mommy Knows." *New York Times,* May 11.

Boocock, Sarane, and Kimberly Scott. 2005. *Kids in Context: The Sociological Study of Children and Childhoods.* New York: Rowman and Littlefield.

Bourdieu, Pierre. 2007. *Distinction: A Social Critique of the Judgment of Taste.* Cambridge, MA: Harvard University Press.

Bourdieu, Pierre, and Jean–Claude Passeron. 1973. "Cultural Reproduction and Social Reproduction." In Richard K. Brown, ed., *Knowledge, Education, and Cultural Change.* London: Tavistock. 71–112.

Brewer, Dominic J., Eric R. Eide, and Ronald G. Ehrenberg. 1999. "Does It Pay to Attend an Elite Private College? Cross–Cohort Evidence on the Effects of College Type on Earnings." *Journal of Human Resources* 34 (1) : 104–23.

Britton, Dana M. 2000. "The Epistemology of the Gendered Organization." *Gender & Society* 14 (3) : 418–34. *Brooklyn Castle.* 2012. Dir. Kate Dellamaggiore. DVD. Producers Distribution Agency.

Brooks, David. 2012. "The Opportunity Gap." *New York Times,* July 9.

Brower, Jonathan J. 1979. "The Professionalization of Organized Youth Sport: Social Psychological Impacts and Outcomes." *Annals of the American Academy of Political and*

Social Sciences 445: 39–46.

Buchmann, Claudia, Thomas A. DiPrete, and Anne McDaniel. 2008. "Gender Inequalities in Education." *Annual Review of Sociology* 34: 319–37.

Butler, B., and D. M. Turner, eds. 1987. *Children and Anthropological Research.* New York: Plenum Press.

Carroll, Felix. 2005. "No Escape from 'Helicopter Parents': Constant Hovering Can Kick Up a Cloud of Troubles." *Albany Times Union,* January 27.

Cassell, Joan, ed. 1987. *Children in the Field: Anthropological Experiences.* Philadelphia: Temple University Press.

Chabris, Christopher, and Mark E. Glickman. 2006. "Sex Differences in Intellectual Performance: Analysis of a Large Cohort of Competitive Chess Players." *Psychological Science* 17 (12) : 1040–46.

Chafetz, Janet Saltzman, and Joseph A. Kotarba. 1995. "Son Worshippers: The Role of Little League Mothers in Recreating Gender." *Studies in Symbolic Interaction* 18: 217–41.

Chancey, Pam. 2004. *The Right Moves: Preparing for Dance Competitions.* New York: Rosen Group.

Chaves, Mark. 2004. *Congregations in America.* Cambridge, MA: Harvard University Press.

Christenson, Pia, and Allison James. 2000. "Introduction: Researching Children and Childhood: Cultures of Communication." In Pia Christenson and Allison James, eds., *Research with Children: Perspectives and Practices.* London: Routledge/Falmer. 1–9.

Chua, Amy. 2011. *Battle Hymn of the Tiger Mother.* New York: Penguin Press.

Chudacoff, Howard P. 2007. *Children at Play: An American History.* New York: New York University Press.

Clement, Priscilla Ferguson. 1997. *Growing Pains: Children in the Industrial Age, 1850–1950.* New York: Twayne.

Collins, Randall. 1979. *The Credential Society.* New York: Elsevier.

———. 1993. "Women and the Production of Status Cultures." In Michele Lamont and Marcel Fournier, eds., *Cultivating Differences: Symbolic Boundaries and the Making of Inequality.* Chicago: University of Chicago Press.213–31.

Conley, Dalton. 2008. "Reading Class between the Lines（of This Volume）: A Reflection on Why We Should Stick to Folk Concepts of Social Class." In Annette Lareau and Dalton Conley, eds., *Social Class: How Does It Work?* New York: Sage. 366–73.

———. 2012. "Harvard by Lottery." *Chronicle of Higher Education,* April 1.

Connell, R. W. 1995. *Masculinities.* Berkeley: University of California Press.

Cookson, Peter W., Jr., and Caroline Hodges Persell. 1985. *Preparing for Power: America's Elite Boarding Schools.* New York: Basic Books.

Cordery, Stacy A. 2012. *Juliette Gordon Low: The Remarkable Founder of the Girl Scouts.* New York: Viking.

Corsaro, William A., and Luisa Molinari. 2000. "Entering and Observing in Children's Worlds: A Reflection on a Longitudinal Ethnography of Early Education in Italy." In Pia Christenson and Allison James, eds., *Research with Children: Perspectives and Practices.* London: Routledge/Falmer. 179–200.

Cree, Viviene E., Helen Kay, and Kay Tisdall. 2002. "Research with Children: Sharing the Dilemmas." *Child and Family Social Work* 7: 47–56.

Dahl, Roald. 2011. *Charlie and the Chocolate Factory.* New York: Puffin.

Dale, Stacy Berg, and Alan B. Krueger. 2002. "Estimating the Payoff to Attending a More Selective College: An Application of Selection on Observables and Unobservables." *Quarterly Journal of Economics* 117（4）: 1491–527.

Daniels, Elizabeth, and Campbell Leaper. 2006. "A Longitudinal Investigation of Sport Participation, Peer Acceptance, and Self–esteem among Adolescent Girls and Boys." *Sex Roles* 55: 875–80.

Darrah, Charles N., James M. Freeman, and J. A. English–Lueck. 2007. *Busier Than Ever! Why American Families Can't Slow Down.* Stanford, CA: Stanford University Press.

Dean, Josh. 2012. *Show Dog: The Charmed Life and Trying Times of a Near–Perfect Purebred.* New York: HarperCollins.

DeBare, Ilana. 2005. *Where Girls Come First: The Rise, Fall, and Surprising Revival of Girls' Schools.* New York: Tarcher Penguin.

Deming, David, and Susan Dynarski. 2008. "The Lengthening of Childhood." *Journal of Economic Perspectives* 22（3）: 71–92.

D'Esto, Carlo. 1995. *Patton: A Genius for War.* New York: Harper.

DiMaggio, Paul, and Ann L. Mullen. 2000. "Enacting Community in Progressive America: Civic Rituals in National Music Week, 1924." *Poetics* 27: 135–62.

Dominus, Susan. 2009. "Connecting Anxious Parents and Educators, at $450 an Hour." *New York Times,* August 18.

Dorey, Annette K. Vance. 1999. *Better Baby Contests: The Scientific Quest for Perfect Childhood Health.* Jefferson, NC: McFarland.

Druckerman, Pamela. 2012. *Bringing Up Bebe: One America Mother Discovers the Wisdom of French Parenting.* New York: Penguin.

DuBois, Joan. 2007. "National Burt Lerner Elementary Chess Championship Attracts 2100+ Young Competitors to Music City." USCF Press Release, June 22. http：//main.uschess.org/content/view/7684/319/.

Duina, Francesco. 2011. *Winning: Reflections on an American Obsession.* Princeton, NJ: Princeton University Press.

Dumais, Susan. 2006. "Early Childhood Cultural Capital, Parental Habitus, and Teachers' Perceptions." *Poetics* 34： 83–107.

Duneier, Mitchell. 2000. *Sidewalk.* New York: Farrar, Straus and Giroux.

Dunn, Ashley. 1995. "Cram Schools: Immigrants' Tools for Success." *New York Times,* January 28.

Dweck, Carol S. 1999. "Caution: Praise Can Be Dangerous." *American Educator* 23（1）: 4–9.

Easterlin, Richard A. 1987. *Birth and Fortune: The Impact of Numbers on Personal Welfare.* Chicago: University of Chicago Press.

Eder, Donna, Catherine Colleen Evans, and Stephen Parker. 1995. *School Talk: Gender and Adolescent Culture.* New Brunswick, NJ: Rutgers University Press.

Elkind, David. 2007. *The Power of Play: How Spontaneous, Imaginative Activities*

Lead to Happier, Healthier Children. Cambridge, MA: Da Capo.

Ellis, Blake. 2012. "Harvard, Prince ton Post Record Low Acceptance Rates." *CNN Money*, March 30.

Engh, Fred. 2002. *Why Johnny Hates Sports: Why Organized Youth Sports Are Failing Our Children and What We Can Do About It.* Garden City Park, NY: Square One.

English, James F. 2005. *The Economy of Prestige.* Cambridge, MA: Harvard University Press.

Epstein, Debbie. 1998. " 'Are You a Girl or Are You a Teacher?' The 'Least Adult' Role in Research about Gender and Sexuality in a Primary School." In G.Walford, ed., *Doing Research in Education.* London: Falmer Press. 27–41.

Epstein, Jennifer A., and Judith M. Harackiewicz. 1992. "Winning Is Not Enough: The Effects of Competition and Achievement Orientation on Intrinsic Interest." *Personality and Social Psychology Bulletin* 18: 128–38.

Ericksen, Julia. 2011. *Dance with Me: Ballroom Dancing and the Promise of Instant Intimacy.* New York: New York University Press.

Erickson, Bonnie. 1996. "Culture, Class, and Connections." *American Journal of Sociology* 102: 217–51.

Fagone, Jason. 2006. *Horse men of the Esophagus: Competitive Eating and the Big Fat American Dream.* New York: Crown.

Farrey, Tom. 2008. *Game On: The All-American Race to Make Champions of Our Children.* New York: ESPN Books.

Fatsis, Stefan. 2002. *Word Freak: Heartbreak, Triumph, Genius, and Obsession in the World of Competitive Scrabble Players.* New York: Penguin.

Faust, Kimberley, Michael Gann, and Jerome Mckibben. 1999. "The Boomlet Goes to College." *American Demographics* 21（6）: 44.

Feldman, David Henry. 1991. *Nature's Gambit: Child Prodigies and the Development of Human Potential.* New York: Teachers College Press.

Ferguson, Andrew. 2011. *Crazy U: One Dad's Crash Course in Getting His Kid into College.* New York: Simon & Schuster.

Ferguson, Ann. 2001. *Bad Boys: Public Schools in the Making of Black Masculinity.* Ann Arbor: University of Michigan Press.

Fine, Gary Alan. 1987. *With the Boys: Little League Baseball and Preadolescent Culture.* Chicago: University of Chicago Press.

Fine, Gary Alan, and K. L. Sandstrom. 1988. *Knowing Children: Participant Observation with Minors.* New York: Sage.

First Position. 2012. Dir. Bess Kargman. DVD. MPI Home Video.

Flinn, J., L. Marshall, and J. Armstrong, eds. 1998. *Fieldwork and Families: Constructing New Models for Ethnographic Research.* Honolulu: University of Hawaii Press.

Foderaro, Lisa W. 2006. "Families with Full Plates, Sitting Down to Dinner." *New York Times,* April 5.

Foer, Franklin. 2004. *How Soccer Explains the World: An Unlikely Theory of Globalization.* New York: Harper Perennial.

Fortanasce, Vincent, Lawrence Robinson, and John Oullette. 2001. *The Official American Youth Soccer Organization Handbook.* New York: Fireside.

Fortin, Judy. 2008. "Hovering Parents Need to Step Back at College Time." CNN, February 4.

Frank, Robert H. 2007. *Falling Behind: How Rising Inequality Harms the Middle Class.* Berkeley: University of California Press.

Frank, Robert H., and Philip J. Cook. 1995. *The Winner-Take-All Society: Why the Few at the Top Get So Much More Than the Rest of Us.* New York: Penguin.

Friedman, Danielle. 2010. "Female Jocks Rule the World." *Daily Beast,* September 29.

Gallagher, Jim. 1977. "Pageants: Little Misses, Big Dreams (for Their Mommies)." *Chicago Tribune,* July 28.

Gallagher, Michael, Sarah L. Haywood, Manon W. Jones, and Sue Milne. 2010. "Negotiating Informed Consent with Children in School-Based Research: A Critical Review." *Children and Society* 24: 471–82.

Gerson, Kathleen. 1985. *Hard Choices: How Women Decide about Work, Career, and Motherhood.* Berkeley: University of California Press.

Gilmore, Janet. 2012. "Campus Releases 2012–3 Freshman Admissions Data." UC Berkeley News Center, April 17.

Glaeser, Edward L., and Andrei Schliefer. 1998. "Not-for-Profit Entrepreneurs." NBER Working Paper 6810.

Glamser, Francis D., and John Vincent. 2004. "The Relative Age Effect among Elite American Youth Soccer Players." *Journal of Sport Behavior* 27（1）: 31–38.

Glaser, Barney G., and Anselm L. Strauss. 1967. *Discovery of Grounded Theory: Strategies for Qualitative Research.* New York: Aldine.

Glickman, Mark E., and Thomas Doan. August 21, 2012. "The USCF Rating System." January 29. http：// www.glicko.net/ratings/rating.system.pdf.

Goffman, Erving. 1959. *The Presentation of Self in Everyday Life.* London: Penguin.

————. 2007. "Information Control and Personal Identity: The Discredited and the Discreditable." In Edward J. Clarke and Delos H. Kelly, eds., *Deviant Behavior.* New York: Macmillan. 259–63.

Golden, Daniel. 2006. *The Price of Admission: How America's Ruling Class Buys Its Way into Elite Colleges–and Who Gets Left Outside the Gates.* New York: Brown.

Goldowsky, Howard. 2006. "A Conversation with Mark Glickman." *Chess Life,* October: 29–33.

Goode, William J. 1978. *The Celebration of Heroes: Prestige as a Control System.* Berkeley: University of California Press.

Goodwin, Marjorie Harness. 2006. "Socialization for the Competitive Spirit and Excellence: A Case Study." Sloan Center on Everyday Lives of Families Working Paper.

Goudreau, Jenna. 2011. "The Secret to Being a Power Woman: Play Team Sports." *Forbes,* October 12.

Graff, Harvey J. 1995. *Conflicting Paths: Growing Up in America.* Cambridge, MA: Harvard University Press.

Grainey, Timothy F. 2012. *Beyond Bend It Like Beckham: The Global Phenomenon of*

Women's Soccer. Lincoln: University of Nebraska Press.

Grasmuck, Sherri. 2005. *Protecting Home: Class, Race, and Masculinity in Boys' Baseball.* New Brunswick, NJ: Rutgers University Press.

Graue, M. Elizabeth, and James DiPerna. 2000. "Redshirting and Early Retention: Who Gets the 'Gift of Time' and What Are Its Outcomes?" *American Educational Research Journal* 37: 509–34.

Greene, David, and Mark. R. Lepper. 1974. "Effects of Extrinsic Rewards on Children's Subsequent Intrinsic Interest." *Child Development* 45（4）: 1141–45.

Greene, Sheila, and Diane Hogan. 2005. *Researching Children's Experience: Methods and Approaches.* Thousand Oaks, CA: Sage.

Gupta, Sanjay. 2005. "NASCAR Ride 'More Than a Little Terrifying.' " CNN, October 13.

Hack, Damon. 2005. "Youth Is Served Earlier in LPGA." *New York Times,* July 3.

Hall, Frank. 2008. *Competitive Irish Dance: Art, Sport, Duty.* Madison, WI: Macater Press.

Halpern, Robert. 2002. "A Different Kind of Child Development Institution: The History of After–School Programs for Low–Income Children." *Teachers College Record* 104（2）: 178–211.

Haner, Jim. 2006. *Soccerhead: An Accidental Journey into the Heart of the American Game.* New York: North Point Press.

Hansmann, Henry. 1996. "The Changing Roles of Public, Private, and Nonprofit Enterprise in Education, Health Care, and Other Human Ser vices." In Victor Fuchs, ed., *Individual and Social Responsibility: Child Care, Education, Medical Care, and Long–Term Care in America.* Chicago: University of Chicago Press. 245–76.

Harden, Jeni, Sue Scott, Kathryn Backett–Milburn, and Stevi Jackson. 2000. "Can't Talk, Won't Talk? Methodological Issues in Researching Children." *Sociological Research Online* 5（2）.

Harrington, David E. 2007. "Markets: Preserving Funeral Markets with Ready–to–Embalm Laws." *Journal of Economic Perspectives* 21（4）: 201–16.

Hart, Roger. 1997. *Children's Participation: The Theory and Practice of Involving Young Citizens in Community Development and Environmental Care.* New York: UNICEF.

Hays, Sharon. 1998. *The Cultural Contradictions of Motherhood.* New Haven, CT: Yale University Press.

Heisman, Dan. 2002. *A Parent's Guide to Chess.* Milford, CT: Russell Enterprises.

Hertzberg, Hendrik. 2010. "The Name of the Game." *New Yorker,* July 12 and 19: 29–30.

Hibbard, David R., and Duane Buhrmester. 2010. "Competitiveness, Gender, and Adjustment among Adolescents." *Sex Roles* 63（5–6）: 412–24.

Himmelsbach, Adam. 2009. "First Impressions Can Create Unrealistic Expectations for Recruits." *New York Times,* March 10.

Hinshaw, Stephan, and Rachel Kranz. 2009. *The Triple Bind: Saving Our Teenagers from Today's Pressures.* New York: Ballantine Books.

Hochschild, Arlie, and Anne Matchung. 1989. *The Second Shift: Working Parents and the Revolution at Home.* New York: Avon.

Hodgkinson, Tom. 2010. *The Idle Parent: Why Laid–Back Parents Raise Happier and Healthier Kids.* New York: Tarcher.

Hofferth, Sandra L., Kinney, David A., and Janet S. Dunn. 2009. "The 'Hurried' Child: Myth vs. Reality." In Kathleen Matsuka and Charles Christiansen, eds., *Life Balance: Multidisciplinary Theories and Research.* Bethesda, MD: AOTA Press. 183–206.

Hofferth, Sandra L., and John F. Sandberg. 2001. "Changes in Children's Time with Parents: United States, 1981–1997." *Demography* 38（3）: 423–36.

Hogan, Diane M., Kathleen E. Etz, and Jonathan R. H. Tudge. 1999. "Reconsidering the Role of Children in Family Research: Conceptual and Methodological Issues." *Contemporary Perspectives on Family Research* 1: 93–105.

Horowitz, Joseph. 1990. *The Ivory Trade: Music and the Business of Music at the Van Cliburn International Music Competition.* New York: Summit Books.

Hu, Winnie. 2008. "Where the Race Now Begins at Kindergarten." *New York Times,* August 6.

————. 2010. "As Honor Students Multiply, Who Really Is One?" *New York Times*, January 1.

————. 2011. "For Students Raised on iPods, Lessons in Bridge." *New York Times*, April 24.

Hunt, C. O. 1973. "Why Competitive Music Festivals: The Music Festival Provides a Check on the Competence of Teachers." *School Musician Director and Teacher*, December: 46–47.

The Insider. 2005. "Tiny Texas Cheerleaders."

Irwin, Lori G., and Joy Johnson. 2005. "Interviewing Young Children: Explicating Our Practices and Dilemmas." Qualitative Health Research 15: 821–31.

Jable, Thomas J. 1984. "The Public Schools Athletic League of New York City: Organized Athletics for City Schoolchildren, 1903–1914." In Steven A. Reiss, ed., The American Sporting Experience: A Historical Anthology of Sport in America. Champaign, IL: Kinetics Press. 219–38.

Jan, Tracy. 2008. "Colleges Scour China for Top Students: A Star Search That May Affect U.S. Applicants." Boston Globe, November 9.

Jarovsky, Ben. 1995. Hoop Dreams. New York: Turner.

Jih, Sophia. 2009. "Record Applicant Numbers for Class of 2013 Fall Short of Peers." Daily Princetonian, February 2.

Jones, Del. 2002. "Many Successful Women Also Athletic." USA Today, March 26.

Jordan, Pat. 2008. "Daddy's Little Phenoms." New York Times, March 2.

Kane, Emily W. 2006. " 'No Way My Boys Are Going to Be Like That!' Parents' Responses to Children's Gender Nonconformity." Gender & Society 20: 149–76.

Karabel, Jerome. 2006. The Chosen: The Hidden History of Admission and Exclusion at Harvard, Princeton, and Yale. New York: Mariner Books.

Katz, Michael B. 1986. In the Shadow of the Poor house: A Social History of Welfare in America. New York: Basic Books.

Kaufman, Jason, and Jay Gabler. 2004. "Cultural Capital and the Extracurricular Activities of Girls and Boys in the College Attainment Process." Poetics 32: 145–68.

Kendall, Elizabeth. 1984. Where She Danced: The Birth of American Art–Dance. Berkeley: University of California.

Kicking and Screaming. 2005. Dir. Jesse Dylan. DVD. Universal Pictures.

Kimmel, Michael. 2008. Guyland: The Perilous World Where Boys Become Men. New York: Harper.

Kindlon, Dan. 2006. Alpha Girls: Understanding the New American Girl and How She Is Changing the World. New York: Rodale.

Kinetz, Erika. 2004. "Budding Dancers Compete, Seriously." New York Times, July 7.

King of Kong. 2008. DVD. Dir. Seth Gordon. New Line Home Video.

Kleiber, Douglas, and Gwynn M. Powell. 2005. "Historical Change in Leisure Activities During After–School Hours." In Joseph L. Mahoney, Reed W. Larson, and Jacqeulynne S. Eccles, eds., Organized Activities as Contexts of Development: Extracurricular Activities, After–School and Community Programs. Mahwah, NJ: Lawrence Erlbaum. 23–44.

Kusserow, Adrie. 2004. American Individualisms: Child Rearing and Social Class in Three Neighborhoods. New York: Palgrave Macmillan.

Lacy, Karyn R. 2007. *Blue–Chip Black: Race, Class, and Status in the New Black Middle Class.* Berkeley: University of California Press.

Lamont, Mich è le. 1992. *Money, Morals, and Manners: The Culture of the French and the American Upper–Middle Class.* Chicago: University of Chicago Press.

Lareau, Annette. 1996. "Common Problems in Field Work: A Personal Essay." In Annette Lareau and Jeffrey Shultz, eds., *Journeys through Ethnography.* New York: Westview. 196–236.

———. 2000. "My Wife Can Tell Me Who I Know: Methodological and Conceptual Problems in Studying Fathers." *Qualitative Sociology* 23（4）: 407–33.

———. 2003. *Unequal Childhoods: Class, Race, and Family Life.* Berkeley: University of California Press.

———. 2008. "Introduction: Taking Stock of Class." In Annette Lareau and Dalton

Conley, eds., *Social Class: How Does It Work?* New York: Russell Sage. 3–24.

Lareau, Annette, and Elliot B. Weininger. 2008. "Time, Work, and Family Life: Reconceptualizing Gendered Time Patterns through the Case of Children's Organized Activities." *Sociological Forum* 23（3）: 419–54.

Lepper, Mark R., and David Greene. 1973. "Undermining Children's Intrinsic Interest with Extrinsic Reward: A Test of the 'Overjustification' Hypothesis." *Journal of Personality and Social Psychology* 28（1）: 129–37.

———. 1975. "Turning Play into Work: Effects of Adult Surveillance and Extrinsic Rewards on Children's Intrinsic Motivation." *Journal of Personality and Social Psychology* 31（3）: 479–86.

Lever, Janet. 1978. "Sex Differences in the Complexity of Children's Play and Games." *American Sociological Review* 43（4）: 471–83.

Levey, Hilary. 2007. "Here She Is and There She Goes." *Contexts*, Summer: 70–72.

———. 2009a. "Pageants Princesses and Math Whizzes: Understanding Children's Activities as a Form of Children's Work." *Childhood* 16（2）: 195–212.

———. 2009b. "Which One Is Yours? Children and Ethnography." *Qualitative Sociology* 32（3）: 311–31.

———. 2010a. "Outside Class: A Historical Analysis of American Children's Competitive Activities." In Karen Sternheimer, ed., *Childhood in American Society.* Boston: Pearson Allyn & Bacon. 342–54.

———. 2010b. "Trophies, Triumphs, and Tears: Children's Experiences with Competitive Activities." In Heather Beth Johnson, ed., *Sociological Studies of Children and Youth.* Bingley, UK: Emerald Group. 319–49.

Levey Friedman, Hilary. 2010. "Capitalized Communism in U.S. Sports from Women's Gymnastics to IMG Academies." *Huffington Post*, November 10.

———. 2011a. "Age Cut-offs, Limits, and Manipulations in Sports." *Blog Her*, August 2.

———. 2011b. "In the Wake of the Sandusky Scandal, a Call for Youth Coaching Certifications." *Huffington Post*, November 14.

————. 2011c. "Why Summer Camp Isn't as Safe as You Think." *Huffington Post*, August 9.

Levine, Madeline. 2006. *The Price of Privilege: How Parental Pressure and Material Advantage Are Creating a Generation of Disconnected and Unhappy Kids.* New York: HarperCollins.

————. 2012. *Teach Your Children Well: Parenting for Authentic Success.* New York: Harper.

Liebow, Elliot. 1995. *Tell Them Who I Am: The Lives of Homeless Women.* New York: Penguin.

Luthar, Suniya S. 2003. "The Culture of Affluence: Psychological Costs of Material Wealth." *Child Development* 74（6）: 1581–93.

Luthar, Suniya S., Karen A. Shoum, and Pamela J. Brown. 2006. "Extracurricular Involvement among Affluent Youth: A Scapegoat for 'Ubiquitous Achievement Pressures'?" *Developmental Psychology* 42（3）: 583–97.

Macleod, David I. 1983. *Building Character in the American Boy: The Boy Scouts, YMCA, and Their Forerunners, 1870–1920.* Madison: University of Wisconsin Press.

MacLeod, Jay. 1995. *Ain't No Makin' It: Aspirations and Attainment in a Low-Income Neighborhood.* New York: Westview.

Mad Hot Ballroom. 2005. Dir. Marilyn Agrelo. DVD. Paramount.

Maguire, James. 2006. *American Bee: The National Spelling Bee and the Culture of Word Nerds. The Lives of Five Top Spellers as They Compete for Glory and Fame.* New York: Rodale.

Margolin, Leslie. 1994. *Goodness Personified: The Emergence of Gifted Children.* New York: Aldine.

Markovits, Andrei S., and Steven L. Hellerman. 2001. *Offside: Soccer and American Exceptionalism.* Princeton, NJ: Princeton University Press.

Martinez, Jose. 2011. "Manhattan Mom Sues $19k/yr. Preschool for Damaging 4-Year-Old Daughter's Ivy League Chances." *Daily News*, March 14.

Masten, April. 2009. "The Challenge Dance." Unpublished paper. Shelby Cullom

Davis Center for Historical Studies, Prince ton, NJ.

Matchan, Linda. 2012. "Defying Societal Habits, Spelling Regains Its Dignity." *Boston Globe,* January 9.

McClelland, David. 1967. *The Achieving Society.* Free Press: New York.

McGuffey, C. Shawn, and B. Lindsay Rich. 1999. "Playing in the Gender Transgression Zone: Race, Class, and Hegemonic Masculinity in Middle Childhood." *Gender & Society* 13: 608–27.

McMains, Juliet. 2006. *Glamour Addiction: Inside the American Ballroom Dance Industry.* Middletown, CT: Wesleyan University Press.

McShane, Kevin. 2002. *Coaching Youth Soccer: The European Model.* Jefferson, NC: McFarland.

Messner, Michael A. 2009. *It's All for the Kids: Gender, Families, and Youth Sports.* Berkeley: University of California Press.

Miller, Susan A. 2007. *Growing Girls: The Natural Origins of Girls' Organizations in America.* New Brunswick, NJ: Rutgers University Press.

Miranda, Carolina A. 2006. "The Magic of the Family Meal." *Time,* June 12: 50–54.

Mitchell, Deborah. 2006. "Chess Is Child's Play." *Mothering,* November/December: 68–71.

Mogel, Wendy. 2010. *The Blessing of a B Minus.* New York: Scribner.

Morrow, Virginia. 2006. "Conceptualizing Social Capital in Relation to Children and Young People: Is It Different for Girls?" In B. O'Neill and E. Gidengil, eds., *Social Capital and Gender.* London: Routledge. 127–50.

———. 2008. "Ethical Dilemmas in Research with Children and Young People about Their Social Environments." *Children's Geographies* 6（1）: 49–61.

Musch, Jochen, and Simon Grondin. 2001. "Unequal Competition as an Impediment to Personal Development: A Review of the Relative Age Effect in Sport." *Developmental Review* 21: 147–67.

Newman, Katherine S. 1994. *Declining Fortunes.* New York: Basic Books.

Newman, Katherine, Cybelle Fox, David Harding, Jal Mehta, and Wendy Roth. 2004.

Rampage: The Social Roots of School Shootings. New York: Basic Books.

Nir, Sarah Maslin. 2011. "Little Lambs, Not the Sheep, Get Early Lessons in Rodeo Life." *New York Times,* July 25.

O'Leary, K. Daniel, Rita W. Poulos, and Vernon T. Devine. 1972. "Tangible Reinforcers: Bonuses or Bribes?" *Journal of Consulting and Clinical Psychology* 38（1）: 1–8.

O'Neill, Rosetta. 1948. "The Dodworth Family and Ballroom Dancing in New York." In Paul Magriel, ed., *Chronicles of the American Dance: From the Shakers to Martha Graham.* New York: Da Capo. 81–100.

Onishi, Norimitsu. 2008. "For English Studies, Koreans Say Goodbye to Dad." *New York Times,* June 8.

Orellana, Marjorie Faulstich, Lisa Dorner, and Lucila Pulido. 2003. "Accessing Assets, Immigrant Youth as Family Interpreters." *Social Problems* 50（5）: 505–24.

Orenstein, Peggy. 2009. "Kindergarten Cram." *New York Times,* May 3.

Ostrander, Susan A. 1984. *Women of the Upper Class.* Philadelphia: Temple University Press.

Otterman, Sharon. 2009. "Tips for the Admissions Test . . . to Kindergarten." *New York Times,* November 21.

Paris, Leslie. 2008. *Children's Nature: The Rise of the American Summer Camp.* New York: New York University Press.

Pascoe, C. J. 2007. *Dude, You're a Fag: Masculinity and Sexuality in High School.* Berkeley: University of California Press.

Passer, Michael. 1988. "Determinants and Consequences of Children's Competitive Stress." In Frank L. Smoll, Richard A. Magill, and Michael J. Ash, eds., *Children in Sport.* 3rd ed. Champaign, IL: Human Kinetics Books. 203–27.

Paul, Pamela. 2008. *Parenting, Inc.: How We Are Sold on $800 Strollers, Fetal Education, Baby Sign Language, Sleeping Coaches, Toddler Couture, and Diaper Wipe Warmers—and What It Means for Our Children.* New York: Times Books.

Pennington, Bill. 2003. "As Team Sports Conflict, Some Parents Rebel." New York

Times, November 12.

———. 2008. "Expectations Lose to Reality of Sports Scholarships." New York Times, March 10.

Petrone, Robert. 2007. "Facilitating Failure." Paper and discussions from the 2007 Spencer Foundation Fall Fellows' Workshop, Santa Monica, CA.

Picart, Caroline Jean S. 2006. From Ballroom to DanceSport: Aesthetics, Athletics, and Body Culture. Albany: State University of New York Press.

Pierce, Jennifer L. 1995. Gender Trials: Emotional Lives in Contemporary Law Firms. Berkeley: University of California Press.

Polgar, Susan, and Paul Truong. 2005. Breaking Through: How the Polgar Sisters Changed the Game of Chess. New York: Everyman Chess.

Powell, Robert Andrew. 2003. We Own This Game: A Season in the Adult World of Youth Football. New York: Grove Atlantic.

Pugh, Allison J. 2009. Longing and Belonging: Parents, Children, and Consumer Culture. Berkeley: University of California Press.

Pursuit of Excellence: Ferrets. 2007. Dir. Mark Lewis. DVD. PBS.

Pursuit of Excellence: Lords of the Gourd. 2007. Dir. Mark Lewis. DVD. PBS.

Pursuit of Excellence: Synchronized Swimming. 2007. Dir. Mark Lewis. DVD. PBS.

Putnam, Robert D. 2001. Bowling Alone. New York: Simon & Schuster.

Quart, Alissa. 2006. Hothouse Kids: The Dilemma of the Gifted Child. New York: Penguin Press.

Race to Nowhere. 2009. Dir. Vicki Abeles. Reel Link Films.

Racing Dreams. 2010. Dir. Marshall Curry. DVD. Hannover House.

Ramey, Garey, and Valerie A. Ramey. 2010. "The Rug Rat Race." Brookings Papers on Economic Activity, Spring: 129–76.

Redman, Tim. 2007. "A Second Scottish Enlightenment? CISCCON." Chess Life, December: 38–40.

Reeve, Johnmarshall, and Edward L. Deci. 1996. "Elements of the Competitive Situation That Affect Intrinsic Motivation." Personality and Social Psychology Bulletin 22:

24–33.

Ring, Jennifer. 2009. Stolen Bases: Why American Girls Don't Play Baseball. Urbana: University of Illinois Press.

Rivera, Lauren. 2011. "Ivies, Extracurriculars, and Exclusion: Elite Employers' Use of Educational Credentials." Research in Social Stratification and Mobility 29: 71–90.

Roberts, Debbie. 1999. The Ultimate Guide to a Successful Dance Studio. Louisville, KY: Chicago Spectrum Press.

Roberts, Glyn C. 1980. "Children in Competition: A Theoretical Perspective and Recommendations for Practice." Motor Skills: Theory into Practice 4（1）: 37–50.

Rohde, David. 2001. "Refereeing Grown-ups Who Meddle in Child's Play." New York Times, September 6.

Root, Alexey. 2006a. "Chess Crying: Children's Preparation and Tournament Structure." In Tim Redman, ed., Chess and Education: Selected Essays from the Koltanowski Conference. Dallas: Studies on Chess in Education. 179–94.

———. 2006b. Children and Chess: A Guide for Educators. Westport, CT: Teacher Ideas Press.

Rosenbury, Laura. 2007. "Between Home and School." University of Pennsylvania Law Review 155: 833.

Rosenfeld, Alvin, and Nicole Wise. 2001. The Over-Scheduled Child: Avoiding the Hyper-Parenting Trap. New York: St. Martin's Press.

Rothman, J. D. 2012. The Neurotic Parent's Guide to College Admissions. Pasadena, CA: Prospect Park Media.

Rudd, Elizabeth, Emory Morrison, Renate Sadrozinski, Maresi Nerad, and Joseph Cerny. 2008. "Equality and Illusion: Gender and Tenure in Art History Careers." Journal of Marriage and Family 70（February）: 228–38.

Ruh, Lucina. 2011. Frozen Teardrop: The Tragedy and Triumph of Figure Skating's "Queen of Spin." New York: Select Books.

Ryan, Joan. 2000. Little Girls in Pretty Boxes: The Making and Breaking of Elite Gymnastics and Figure Skaters. New York: Warner Books.

Saint Louis, Catherine. 2007. "Train Like a Pro, Even If You're 12." *New York Times,* July 19.

Sand, Barbara Lourie. 2000. *Teaching Genius: Dorothy DeLay and the Making of a Musician.* Pompton Plains, NJ: Amadeus Press.

Sauder, Michael, and Wendy Nelson Espeland. 2009. "The Discipline of Rankings: Tight Coupling and Or gan i za tion al Change." *American Sociological Review* 74 （February）: 63–82.

Saulny, Susan. 2006. "In Baby Boomlet, Preschool Derby Is the Fiercest Yet." *New York Times,* March 3.

Scanlan, Tara, and Michael W. Passer. 1979. "Sources of Competitive Stress in Young Female Athletes." *Journal of Sport Psychology* 1: 151–59.

Scanlan, Tara K., Gary L. Stein, and Kenneth Ravizza. 1991. "An In–depth Study of Former Elite Figure Skaters: III. Sources of Stress." *Journal of Sport & Exercise Psychology* 13: 103–20.

Schemo, Diana Jean. 2009. "Congratulations! You Are Nominated. It's an Honor. （It's a Sale Pitch.）." *New York Times,* April 19.

Schrock, Douglas, and Michael Schwalbe. 2009. "Men, Masculinity, and Manhood Acts." *Annual Review of Sociology* 35: 277–95.

Schumpeter Column. 2010. "Too Many Chiefs: Inflation in Job Titles Is Approaching Weimar Levels." *Economist,* June 26: 70.

Scott, Aurelia C. 2007. *Otherwise Normal People: Inside the Thorny World of Competitive Rose Gardening.* Chapel Hill, NC: Algonquin Books.

Scott, Julia. 2011. "The Race to Grow the One–Ton Pumpkin." *New York Times,* October 5.

Seefeldt, Vern. 1998. "The Future of Youth Sport in America." In Frank L. Smoll, Richard A. Magill, and Michael J. Ash, eds., *Children in Sport.* 3rd ed. Champaign, IL: Human Kinetics Books. 335–48.

Senior, Jennifer. 2010. "The Junior Meritocracy." *New York Magazine,* January 31.

Shahade, Jennifer. 2005. *Chess Bitch: Women in the Ultimate Intellectual Sport.* Los

Angeles: Siles Press.

Sheff, David. 2006. "For 7th Grade Jocks, Is There Ever an Off-Season?" *New York Times*, July 20.

Shenk, David. 2006. *The Immortal Game: A History of Chess.* New York: Doubleday.

Showstopper. "Welcome to Show Stopper." http: //www.showstopperonline.com/aboutus/ (accessed April 30, 2009) .

Shulman, James L., and William G. Bowen. 2001. *The Game of Life: College Sports and Educational Values.* Prince ton, NJ: Princeton University Press.

Simon, Julie A., and Rainer Martens. 1979. "Children's Anxiety in Sport and Nonsport Evaluative Activities." *Journal of Sport Psychology* 1: 160–69.

Skenazy, Lenore. 2010. *Free-Range Kids: How to Raise Safe, Self-Reliant Children* (Without Going Nuts with Worry) . New York: Jossey-Bass.

Sokolove, Michael. 2010. "How a Soccer Star Is Made." *New York Times Magazine*, May 31.

Spears, Betty, and Richard Swanson. 1988. *History of Sport and Physical Education in the United States.* Dubuque, IA: Championship Books.

Spellbound. 2004. Dir. Jeffrey Blitz. DVD. Sony Pictures Home Entertainment.

Spence, Janet T. 1985. "Achievement American Style: The Rewards and Costs of Individualism." *American Psychologist* 40 (12) : 1285–95.

Stabiner, Karen. 2010. *Getting In.* New York: Voice.

Stanley, Anna. 1989. *Producing Beauty Pageants: A Director's Guide.* San Diego: Box of Ideas.

Star, Nancy. 2008. *Carpool Diem.* New York: 5 Spot.

Stearns, Peter N. 2003. *Anxious Parents: A History of Modern Childrearing in America.* New York: New York University Press.

Sternheimer, Karen. 2006. *Kids These Days: Facts and Fictions about Today's Youth.* Lanham, MD: Rowman & Littlefi eld.

Stevens, Mitchell. 2007. *Creating a Class.* Cambridge, MA: Harvard University Press.

Stevenson, Betsy. 2010. "Beyond the Classroom: Using Title IX to Measure the

Return to High School Sports." *Review of Economics & Statistics* 92 (2) : 284–301.

Stone, Elizabeth. 1992. *The Hunter College Campus Schools for the Gifted: The Challenge of Equity and Excellence.* New York: Teachers College Press.

Sullivan Moore, Abigail. 2005. "The Lax Track." *New York Times*, November 6.

Sutton, David, and Renate Fernandez. 1998. Introduction to special issue of *Anthropology and Humanism*, 111–17.

Sync or Swim. 2011. Dir. Cheryl Furjanic. DVD. Garden Thieves Pictures.

Talbot, Margaret. 2003. "Why, Isn't He Just the Cutest Brand–Image Enhancer You've Ever Seen?" *New York Times Magazine*, September 21.

Tanier, Mike. 2012. "Big Price Tags Attached to Even the Littlest Leagues." *New York Times*, April 23.

Theberge, Nancy. 2000. *Higher Goals: Women's Ice Hockey and the Politics of Gender.* Albany: State University of New York Press.

Thomas, Kate. 2010. "Competitive Cheer Fans See Ac cep tance in Future." *New York Times*, July 22.

Thompson, Michael, and Teresa H. Barker. 2009. *It's a Boy! Your Son's Development from Birth to Age 18.* New York: Ballantine.

Thompson, Shona M. 1999. *Mother's Taxi: Sport and Women's Labor.* Albany: State University of New York Press.

Thorne, Barrie. 1993. *Gender Play: Girls and Boys in School.* New Brunswick, NJ: Rutgers University Press.

Tierney, John. 2004. "When Every Child Is Good Enough." *New York Times*, November 21.

Tocqueville, Alexis de. 2003. *Democracy in America.* New York: Penguin Classics.

Torgovnick, Kate. 2008. *Cheer! Three Teams on a Quest for College Cheerleading's Ultimate Prize.* New York: Touchstone.

Tu, Jeni, and Jennifer Anderson. 2007. "Past, Present, and Future." *Dance Teacher*, October: 70–72.

Tugend, Alina. 2005. "Pining for the Kick–Back Weekend." *New York Times*, April

15.

Tulgan, Bruce. 2009. *Not Everyone Gets a Trophy*. New York: Jossey-Bass. U.S. Youth Soccer. "What Is Youth Soccer?" http: // www.usyouthsoccer.org/aboutus/ WhatIsYouthSoccer.asp（accessed April 15, 2009）.

Waitzkin, Fred. 1984. *Searching for Bobby Fischer: The Father of a Prodigy Observes the World of Chess.* New York: Penguin.

Warren, Elizabeth, and Amelia Warren Tyagi. 2003. *The Two-Income Trap: Why Middle-Class Mothers and Fathers Are Going Broke.* New York: Basic Books.

Weber, Linda R., Andrew Miracle, and Tom Skehan. 1994. "Interviewing Early Adolescents: Some Methodological Considerations." *Human Organization* 53（1）: 42–47.

Weber, Max. 1978. *Economy and Society*. Ed. Guenther Roth and Claus Wittich. Berkeley: University of California Press.

Weinreb, Michael. 2007. *The Kings of New York: A Year among the Geeks, Oddballs, and Geniuses Who Make Up America's Top High School Chess Team.* New York: Gotham.

West, Candace, and Don H. Zimmerman. 1987. "Doing Gender." *Gender & Society* 1（2）: 125–51.

Whyte, William Foote. 1993. *Street Corner Society: The Social Structure of an Italian Slum.* Chicago: University of Chicago Press.

Willen, Liz. 2003. "New Yorkers Queue to Buy Their Kids a Future." Bloomberg, February 14.

Williams, Alex. 2007. "And for Sports, Kid, Put Down 'Squash.' " *New York Times*, December 9.

Winerip, Michael. 2008. "It's a Mad, Mad, Mad, Mad Dash." *New York Times*, September 24.

Wolitzer, Meg. 2011. *The Fingertips of Duncan Dorfman.* New York: Dutton Juvenile.

Word Wars— Tiles and Tribulations on the Scrabble Game Circuit. 2005. Dir. Eric Chaikin and Julian Petrillo. DVD. Starz Anchor Bay.

Wrigley, Julia. 1995. *Other People's Children.* New York: Basic Books.

Yalom, Marilyn. 2004. *Birth of the Chess Queen: A History.* New York: HarperCollins.

Zelizer, Viviana A. 1994. *Pricing the Priceless Child: The Changing Social Value of Children.* Princeton, NJ: Princeton University Press.

———. 2005. *The Purchase of Intimacy.* Princeton, NJ: Princeton University Press.